供应链管理

高成本、高库存、重资产的解决方案

| 第2版 |

SUPPLY CHAIN
MANAGEMENT
Solutions to High Cost, High Inventory and
Asset Heavy Problems, 2nd Edition

[美] 刘宝红◎著

机械工业出版社
CHINA MACHINE PRESS

图书在版编目（CIP）数据

供应链管理：高成本、高库存、重资产的解决方案／（美）刘宝红著．—2版．—北京：机械工业出版社，2023.3
ISBN 978-7-111-72591-6

I. ①供… II. ①刘… III. ①供应链管理 IV. ① F252.1

中国国家版本馆 CIP 数据核字（2023）第 030360 号

北京市版权局著作权合同登记　图字：01-2022-6775 号。

供应链管理

高成本、高库存、重资产的解决方案　第 2 版

出版发行：机械工业出版社（北京市西城区百万庄大街 22 号　邮政编码：100037）

策划编辑：杨振英　　　　　　　　　　　责任编辑：杨振英　　岳晓月
责任校对：韩佳欣　　梁　静　　　　　　责任印制：邵　敏
印　　刷：三河市宏达印刷有限公司　　　版　　次：2023 年 4 月第 2 版第 1 次印刷
开　　本：170mm×240mm　1/16　　　　印　　张：16.25
书　　号：ISBN 978-7-111-72591-6　　　定　　价：89.00 元

客服电话：（010）88361066　68326294

拐点来临，企业拿什么守成

经过二三十年的攻城略地、快速增长，本土企业[⊖]的"家底"已经相当厚，虽说创业还是主旋律，但守成的压力也越来越大，很多企业**处于从创业到守成的拐点**。表现在增长上，就是从高速增长变为中低速增长；表现在运营上，就是从野蛮成长转向精耕细作。

创业与守成对能力的要求有差异。创业需要**企业家精神**，而正是众多的企业家善于抓住机会，投入资源，敢于冒险，才造就了这千年一遇的经济高速发展；守成需要提高**管理水平**，通过完善组织、流程和系统，让企业更加平稳、高效地运营。创业需要领袖，领袖更多是"野生的"，自然选择的结果；守成需要经理人，经理人更多是"家养的"，后天培养的成分居多。

可以骑马打天下，但不能骑马治天下。创业时代是骑马打天下，做不精，做不细，企业主要由业务模式单轮驱动。在守成阶段，我们要开始双轮驱动：一方面要继续开展业务模式上的创新，另一方面要改善供应链运营。骑马治天下，沿用创业的方式来守成，注定问题多多。

细看这些问题，不管企业大小，很多都是因为把创业的方法用在了守成上，比如不断追逐热点和风口，进入过多的领域，导入过多的产品线、

⊖ 本书中的"本土企业"皆指中国本土企业。

产品型号，都是典型的创业做法。其结果是，产品复杂度大增，批量越来越小，规模效益逐渐丧失，导致成本做不低，速度做不快。

再如，创业者大都是**行动偏见**，认为计划赶不上变化，习惯性地忽视计划。没有计划性，二三十个人的小分队"摸着石头过河"，可以说是实干精神；几万人一起摸着石头过河，那就是闹剧、悲剧了。我们常说的粗放，首先就是粗放在计划上，习惯性地依赖执行来弥补计划的不足，甚至计划的不作为。

复杂度大增，计划缺失，再加上垂直整合下的重资产运作，总结起来，就是**前端杂、后端重、中间乱**，这是供应链的成本做不低、速度做不快、资产回报率低的根本原因。结果，生意越做越多，钱却越赚越少；或者说，账面上赚了，却都赚到库存和产能里去了。上至千亿级的大企业，下至几亿、几千万规模的中小企业，虽然规模大不相同，但这些问题却惊人地相似。解决方案也有共性，总结起来就是三句话：前端防杂，后端减重，中间治乱（见图 0-1）。

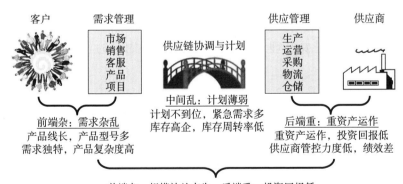

图 0-1　前端防杂、后端减重、中间治乱，系统改善供应链绩效

第一，供应链从产品开始，**产品复杂度**是成本的驱动器。产品复杂度

降低了，相应的组织、流程才可以简化，复杂度驱动的成本自然就降低了。企业要改变有设计但没有产品管理、有销售但没有需求管理的局面，推动产品的标准化、系列化和模块化。

第二，在垂直整合下，**重资产**的需求单一，规模效益不足，单位成本高，固定成本刚性大，没法随着业务的变化而调整。解决方案是依靠专业供应商获取资源。这就要提高管理供应商的能力，特别是和关键供应商建立长期关系，以有效约束其博弈和竞合行为。

第三，计划薄弱，需求与供应没法有效匹配，造成**高库存**。这需要改善供应链计划，有效对接销售和运营。企业要改变强于执行而弱于计划的现状，认识到库存和诸多供应链绩效问题一样，表面上是没做到，实际上是没想到，要从改进计划着手来改善。

前端杂、后端重、中间乱往往交互影响、盘根错节，让供应链的各种问题变得更复杂。比如产品线越长，产品型号越多，批量就越小，计划就越难做准，库存周转率就越低，产能利用率也越低；产能利用率越低，就要建越多的产线，导致重资产的问题更严重。

反过来，重资产下，为了不让产能闲置，销售就不得不接各种各样的订单，进入各种边角料市场，接受更为苛刻的交付条件和定制要求，这又助长了产品的复杂度。库存高企，重资产运作，企业的资金困在库存和产能里，没有足够的资源投入到研发、销售和供应链管理中，导致产品开发、需求管理和供应管理更加不到位，最终成了恶性循环。

这些问题的根本解决方案，还是要回到**前端防杂、后端减重、中间治乱**上来。这些年来，我把这套方法论推广到制造、贸易、电商、新零售、互联网、服装、服务等多个行业，企业的反应惊人地一致：在公司层面，这套方法论有利于形成跨职能、跨层级的共识，推动公司范围的供应链改进，真正把成本做下来，把速度和资产周转率做上去。

当然，作为一个在工业界浸淫多年的实践者，我深知企业的复杂性，它们做什么、不做什么、怎么做，都是在特定环境下，受限于现有能力而做出的理性选择。只有真正理解具体企业的特定环境，理解它们的能力限制，才有可能为它们开出合适的"药方"。我熟悉众多行业的最佳实践，你熟悉你所在行业、企业的具体情况，将两者相结合，希望能够产生可落地执行的解决方案。

　　2015 年写《供应链管理：高成本、高库存、重资产的解决方案》第 1
版时，我刚结束了在北美的职业人生涯，对中国本土企业尚欠深刻了解。
第 1 版虽然有清晰的方法论，但结构不够严谨，有些看法也不够成熟、全
面。其后几次想重写，结果每每开笔，就发现前端防杂、后端减重、中间
治乱的内容实在太多了，写着写着就写成了三本专门的书，其中两本是关
于计划的，一本是聚焦重资产的：

- 《供应链的三道防线：需求预测、库存计划、供应链执行》（第 2 版）
  聚焦计划的"七分管理"，主要是打通销售和运营协调流程，整合最
  佳的历史经验和对未来的最佳预判，制订准确度最高的计划，这是避
  免大错特错的关键。

- 《需求预测和库存计划：一个实践者的角度》聚焦计划的"三分技术"，
  介绍需求预测、库存计划的常见数据模型，确保在可重复性高的业务
  环境下，计划能做到精益求精，尽量提高客服水平，同时控制整体库
  存和运营成本。

- 《供应链管理：重资产到轻资产的解决方案》总结了欧美企业走过的
  轻资产之路，旨在提醒我们的企业，虽然垂直整合的重资产之路增加
  了我们的管控力度，但我们也付出了很高的代价，比如需求单一，规
  模效益不足；长期竞争不充分，能力必然退化。如果增速放缓，这些

问题会更加难对付。解决方案就是外包非核心业务，走轻资产之路。而外包又需要提高选择和管理供应商的能力。

这三本书在特定的话题上，都超越了本书的第 1 版，它们更详细、更全面，也更具操作性。但是，本书第 1 版还在广泛流传，因为它有存在的价值：它提纲挈领，在**企业层面**为改善供应链绩效提供了整体思路，帮助企业达成跨职能、跨层级的共识。假如你是企业老总或者供应链的负责人，想让销售、市场、产品、研发团队深度参与供应链绩效的改进，这本书的思路就是你要解释给他们的。

但是，第 1 版远非完善。比如当时我更多是看到了问题，对解决方案理解不够；当时主要是针对制造业的，而对电商、贸易、新零售和其他服务行业涉足不多。当时国有企业正值供给侧结构性改革，民营企业的领导者还以"草莽"出身者为主，思路转变很重要；离第 1 版出版过去快 10 年了，我们的企业变得更大也更正规，管理能力也大为不同，但仅有思路转变还不够，还要有落地执行来配套。

于是我下定决心写第 2 版。

整个写作过程意想不到地艰辛，因为大多数内容在三本专门的书中已详细覆盖，现在要提纲挈领地总结、提高，并处理好和其他几本书的关系，挑战很大。我尽量从宏观层面来阐述，兼顾运营层面，但鉴于完整性，有些基本概念会重复，有些章节会引自其他三本专著，如果你已经读过了，就当作回顾和总结。毕竟，我们很少能学习一次就真正领会，而是需要多次重复。

用一位美国总统的话，就是（对新政策）要一遍又一遍地宣传，直到老百姓看到登有新政策的报纸就顺手扔到垃圾桶里，才算宣传到位了。公司层面的供应链绩效改进也是，它涉及产品设计、市场营销和供应链各职能，其方法论需要多次解释给销售、设计和中高层管理者，只有大家真正理解了，才可能达成跨职能、跨层级的共识，制定和落实改进战略。

在第 2 版的写作过程中，正值全球新冠疫情肆虐，导致供应链出现问题。这些突发事件，作为个体能够改变的相对有限，需要的是**耐心**。但在供应链的绩效改进上，我们还是有很多可为之处的，需要有**勇气**来改变。当然，我们更需要的是**智慧**，以便分辨哪些是要忍耐的，哪些是能改变的。

在写第 2 版的时候，我参考了京东、当当、微信读书、豆瓣等平台上的几百条读者反馈，特别是对第 1 版不完善之处的反馈。良药苦口，这些中肯的反馈鞭策我把第 2 版写得更好。我前后花了 9 个多月，写了 5 稿，从第 1 版的 20 万字中精简掉 18 万字，又扩充到 16 万字，到了最后，真正体会到什么是才疏学浅。力不从心之处，也只有恳请读者见谅了。

最后，我想感谢众多的客户和职业经理人，没有与他们的近距离接触，没有理解并帮助解决他们的问题，这本书就不可能产生。我也要感谢读者，正是你们多年来不离不弃，才让我有动力一直写下去。还有机械工业出版社的编辑们，他们对文稿进行了细心的编排，不但在格式上，还有遣词造句上，感谢他们辛苦、细致的工作。当然，作为本书的作者，我对本书全面负责，如果你有任何建议，敬请发 Email 或微信给我，以期后续改进。

谢谢！

刘宝红 | Bob Liu

"供应链管理专栏"创始人 | 西斯国际执行总监

www.scm-blog.com | bob.liu@scm-blog.com

1（510）456 5568（美国）| 136 5127 1450（中国，微信同）

2023 年 2 月 13 日于硅谷

刘宝红，畅销书《采购与供应链管理：一个实践者的角度》《供应链管理：高成本、高库存、重资产的解决方案》《供应链的三道防线：需求预测、库存计划、供应链执行》作者，"供应链管理专栏"（www.scm-blog.com）创始人，西斯国际执行总监。

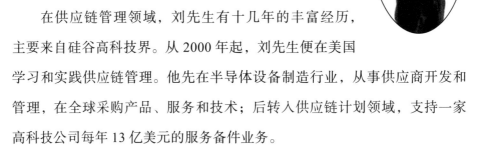

在供应链管理领域，刘先生有十几年的丰富经历，主要来自硅谷高科技界。从 2000 年起，刘先生便在美国学习和实践供应链管理。他先在半导体设备制造行业，从事供应商开发和管理，在全球采购产品、服务和技术；后转入供应链计划领域，支持一家高科技公司每年 13 亿美元的服务备件业务。

从 2004 年起，刘先生致力于介绍、宣传供应链管理，帮助本土企业制定供应链转型战略、完善供应链管理、培养中高层管理人员。2010 年以来，他给几十家海内外企业提供内训服务，包括华为、海尔、通用电气、诺基亚西门子、阿克苏诺贝尔、林德、日立、喜利得、OPPO、vivo、华为终端、天珑移动、联想、浪潮、中国移动、中国电信、上汽大众、广汽丰田、长安汽车、北汽福田、海信、创维、TCL、长虹、美的、美芝、比亚迪、蓝思、歌尔、信利光电、视源电子、西飞、金风科技、远景能源、振华重工、三一重工、招商重工、特变电工、上海核电工业、中铁工程装备、海思、上海微电子、北方微电子、中兴、烽火通信、锐捷网络、科瑞集团、国电南自、易事特、华润置地、招商局地产、珠江投资、中海壳牌、中油建设、中建一局五公司、金螳螂、老板电器、威高、西贝莜面村、青岛啤酒、伊利、海鸥卫浴、华孚色纺、水星家纺、安踏、双汇、牧原、香飘飘、超威、药明康德、欧普照明等。他的内训客户还包括大批的电商、新零售、互联网企业，比如百度、京东、腾讯、小米、三只松鼠、找钢网、美菜网、美团快驴、美团买菜、地上铁租车、史泰博、Wook、名创优品、微鲸科技、钱大妈、快鱼服饰、希音等。

刘先生的专著《采购与供应链管理：一个实践者的角度》于2012年由机械工业出版社出版、2015年再版、2019年出版第3版，每年居供应链管理门类图书销量榜首。他的第二本专著《供应链管理：高成本、高库存、重资产的解决方案》于2016年出版，第四本专著《供应链的三道防线：需求预测、库存计划、供应链执行》于2021年再版，都成为供应链领域的畅销书。围绕这些畅销专著，刘先生推出一系列培训，先后培训了千百家国内外公司的员工，覆盖汽车家电、电信设备、航空航天、机械制造、石油石化、电商、快时尚等多个行业。

刘先生毕业于上海同济大学，获项目管理硕士学位；后赴美国，在亚利桑那州立大学读商学院，获供应链管理的 MBA。他通过了美国供应管理协会（ISM）的注册采购经理认证（C.P.M.）、运营管理协会（APICS）的生产与库存管理认证（CPIM），接受了亚利桑那州立大学、摩托罗拉和霍尼韦尔的六西格玛培训，是六西格玛黑带。

刘先生现旅居硅谷，频繁往返于中美之间，帮助本土企业提高供应链管理水平。如欲联系他，请电邮至 bob.liu@scm-blog.com，或致电 136 5127 1450（中国，微信同）/ 1(510) 456 5568（美国）。

目录 Supply Chain Management

高速增长的盛宴渐趋结束，
面临"增长陷阱"怎么办

2000 年，阿里巴巴刚成立不久，年轻的创业家们稚气未脱；华为崭露头角，营收刚过 200 亿，规模初具；中国移动成立了，可在那个摩托罗拉传呼机主打天下的年代，有多少人注意到这个未来手机用户的全球第一呢？

那一年，我到美国读商学院，进入一个全新的领域，叫供应链管理。

20 多年过去了。阿里巴巴上市，一度进入全球市值最高的 15 强（2021 年）；华为尽管被打压，营收也达到 6369 亿元（2022 年），是 2000 年的近 30 倍；中国移动在 2022 年上半年营收就达到 4969 亿元，成为世界第一运营商。2022 年，在《财富》世界 500 强企业中，中国公司占据 136 席，继续领先美国，居全球第一。

伴随快速增长的是企业成长的烦恼，表现为业务全面扩张、产品线过长、产品型号泛滥、复杂度大增，企业臃肿不堪；产能过剩、库存积压、成本高昂，但客户服务水平还是达不到期望值。结果，生意越做越多，钱却越赚越少；或者说，账面上赚了，却都赚到库存和产能里去了。可以说，多年的快速增长后，很多企业成了"小胖子"，规模效益不增反减，成本、效率和资产回报都成了大问题。

快速增长后，很多企业长成了"小胖子"

资料来源：张耀宁／画。

　　这些听起来是不是并不陌生？是的，那些堪称巨无霸的跨国公司，我们曾经的竞争对手，原来就是这个样子。也正因为如此，我们才能在竞争中节节胜出。我们曾经笑话竞争对手的低效，具有讽刺意味的是，当我们到了它们的规模时，这些问题也同样在我们身上出现——我们变成了我们曾经的竞争对手。这也应了弗兰克·赫伯特在《沙丘》里的那句名言："**我们最反对的那种人，也是我们容易变成的那种人。**"

　　大环境也在发生根本性变化。长期以来，中国经济都是两位数的增速，这些年则明显放缓。快速增长就如人的青壮年期，即使你"胡吃海喝"，产能过剩、库存高企的问题也可以在高速增长中消化掉；增速放缓，以前积累的问题便会集中爆发，高成本、高库存、重资产的诸多问题就会浮出水面，企业迫切需要改变活法，瘦身减压。

增长至上，企业普遍陷入"响应陷阱"

　　在多年的增长至上战略下，企业进入越来越多的细分领域，业务越来越多元化，导致需求越来越复杂，需求的变动也越来越难以管理。而后端的供应链，层层库存加上重资产，就如一个大胖子，臃肿迟滞，响应速度慢，响应成本高。需求和供应不能有效匹配，能做快的做不便宜、能做便宜的做不快，就成了各行各业的老大难。

　　供应链的速度和成本是个两难问题，只能平衡，不能取舍。而现实中，众多企业是通过取舍来应对，要么牺牲成本，要么牺牲速度，最后都会陷入"响应陷阱"而难以自拔，如图 0-2 所示。

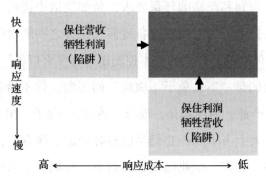

图 0-2　没法有效平衡成本和速度，企业普遍陷入"响应陷阱"

对于技术含量较低、营销驱动的企业来说，我们普遍处于图 0-2 的左上角，响应速度快，但响应成本高。在这些企业里，销售处于强势地位，经常说"市场竞争如此激烈，我拿个单子这么不容易，你们供应链就做不出来？"但对供应链来说，如果交期太紧，批量太小，定制需求复杂，就算加急赶工做出来，也会成本太高，得不偿失，做还不如不做。

不过作为支持职能，供应链在这些企业并没什么发言权，在"一切向客户看齐"的口号下，不支持销售可是大罪，那就只有"死"给销售看的份儿：加急赶工做出来，但成本高昂；建一堆库存和产能，浪费惊人。这都保证了能够及时响应市场需求，虽然保住了营收，却牺牲了利润，掉进了响应速度快但响应成本也高的"响应陷阱"，生意做了，但增收不增利。

那些技术含量较高、技术驱动的企业，比如那些美日欧的"贵族"企业，则普遍处于图 0-2 的右下角。相比于中国企业，这些"贵族"企业响应速度慢，相信向日本供应商催过货的人会有同感：你让它们加急赶工，或者多雇几个人，多买几台设备，那可不容易。但是，这些企业的整体成本虽然高，成本变动控制却做得相当不错，每年都能赚三五个点，十年二十年如一日。

有一次，找到一家中欧合资企业，和他们开玩笑说，"在成本控制上，千万不要低估你们的欧洲合作伙伴，如果我们也面临的是他们那样的高人工成本、高社会福利和严格的环保要求，就如笑话中说的员工三分之一的时间在度假、三分之一的时间在准备度假、三分之一的时间在从度假中恢复过来，你就能体会到，他们的成本控制做得有多么好了"。

这些企业做的是"不见兔子不撒鹰"的买卖：你不给我订单，我就不给你建库存、建产能。但问题是，需求一落地，"兔子"出来了，本土企业的"鹰"已经在天上飞了——它们早已建好产能、库存，把新生意给抢走了。结果，这些"贵族"企业保住了利润率，却牺牲了营收，做不到更多的新生意，不增长成了大问题，于是陷入另一个"响应陷阱"。

或许有人会问，这些"贵族"企业为什么就这么保守，难道就不知道做生意吗？不是的。就拿日本企业来说，如果让时光倒流30年，日本企业就和今天的中国企业一样，一直在买设备、建厂房、扩产能。但是，在失去的二三十年里，企业的业务不增长，这些产能、人员、固定资产就成了日本企业的心头病，花了好多年才消化掉。

这些"贵族"企业的保守，其实是多年来吃了很多亏，受了很多罪，变聪明了的理性选择。它们很清楚，人不能一直长个儿，企业也不会一直增长。当营收增长放缓，或者经济处于周期性低谷时，成本由于惯性还会继续上升，这就会吞噬它们仅有的利润。先前为了片面追求业务成长、做法激进的企业早都死掉了，或者最终成了兼并对象。

但在中国，很多企业没有真正理解这些并系统地做点什么。在过去十多年里，我接触了很多本土企业，发现它们有两个误区：其一，**对增速放缓、要过苦日子的心理准备不足**；其二，**对高增长、高成本的运营模式认识不清**。

先说增速放缓。我经常问企业，生意能不能做完？大家都说做不完。我接着问，你上一年长高了几厘米？大家都怪怪地看着我。**人不能无限长高，生意也当然可以做完**——当业务不再增长的时候，生意就是做完了，也是苦日子开始的时候。

在国内[⊖]，经济一直在快速增长，个人收入也是，虽然会有周期性调整，或者受全球因素影响，但无非少增长一些。当成为成熟经济体，经济增速放缓后，就很容易被周期性的经济调整击穿，当企业营收、个人收入不增长甚至出现负增长时，日子就真的难过了。让我分享一些我自己的亲身经历。

2003 年，互联网泡沫破灭后，我从商学院毕业刚到硅谷，我所在的公司一路从 5000 多人裁到 1900 多人。2008 年金融危机后，硅谷裁员风潮又起，幸运如我者有份工作，但工资降了，奖金没了，收入下降三四成。2013 年，我到欧洲出差，晚上在阿姆斯特丹吃饭，能坐上百人的餐厅，一晚上就只有两桌人（荷兰还算欧盟中经济较好的）。2020 年，新冠疫情打击下的硅谷，不少家庭收入锐减，负担不起孩子的学费。我女儿所在的高中，毕业生中大约八分之一因为学费只能上社区大学。

如果没有经历过大面积裁员，没有经历过收入大幅缩水，就不能说过过苦日子。另外，由奢入俭难：高增长结束后的苦日子，和以前单纯的苦日子完全不一样。

长期的经济繁荣，长期增长带来的乐观，让我们作为一个整体信心爆棚，很多企业盲目进入太多的新领域，轻率地垂直整合，投建太多的产能，继续沿用大干快干、以做代想的粗放经营方式，直接造成**高增长**下的**高成本**。且慢，中国不是低成本国家吗，这"高成本"从何说起？

我这里说的高成本是指**绝对成本**，即制造单位产品所需要的材料、人工和设备的绝对量。比如同样生产一只塑料瓶子，我们用的材料、用的人工能比日本、欧美的企业少吗？我们的"低成本"，其实是人工成本和汇率偏低造成的假象。随着人工成本连年攀升以及人民币逐年走强，我们在相对成本上的优势正在逐渐丧失。

⊖ 本书中的"国内"是指中国国内。

小贴士　从绝对意义上说，中国从来就不是低成本国家

我在硅谷的老上级写过一本书，是关于通过谈判降价、精益生产和价值工程、价值分析来全面控制成本的。有一段时间，他有意把这套方法论介绍到中国，因为他访问过一些中国本土企业后发现，它们在成本控制上有很大潜力可挖。

我告诉他，无论技术还是管理，本土企业都觉得和欧美企业有差距，唯独成本控制，本土企业向来自信满满——如果成本控制做得不好，我们怎么会是低成本国家呢？美国人来教中国企业降本，那还不是在关公面前耍大刀？不信，看看IBM、埃森哲、科尔尼等全球知名咨询公司，在中国接过几个成本控制的项目？

其实低成本是个误区，也可以说是这些年来中国企业在经营中最大的误区之一。

不能把低成本等同于成本控制做得好。从可比性的角度讲，成本取决于消耗多少工时，用掉多少材料，消耗多少能源和设备等。同样的产品，我们能比欧美、日本的企业少用材料、少用人工吗？我们的"低成本"，更多是人工费率低、货币汇率偏低、环境红利的结果，而随着中国经济的发展，这些都在向着不利于本土企业的方向发展。不信，问问那些劳动力密集、出口导向的企业就知道了。

人工红利、汇率差价就如供应链里的高库存，掩盖了问题的实质，如果认识不到事情的本质，企业也就失去了不断提高生产效率、通过改善系统和流程来改进的机会。比如客服流程复杂、低效，对很多本土企业来说，解决方案无非多雇几个人，一个人每月工资也就几千块钱。但这治标不治本，虽说相对成本较低，绝对成本却更高了。欧美企业负担不起这些员工的成本，那就只好从系统、流程的角度探究问题在哪里，通过自动化或者流程改进来解决问题，倒是真正把成本做下去了。

对于本土企业来说，飞速发展中问题多多，很多可归因于管理粗放，系统、流程不足，没法有效支持业务的成长。多雇几个人式的解决方案就是打补丁，最后就是公司越来越大，补丁越打越多，组织、流程也就越来越复杂、越来越低效，公司的"自重"也就越来越大，最终没法承受，重则轰然倒地，轻则陷入"增长陷阱"，盈利式微或者亏本，甚至走上不归路。

整体而言，这二三十年来，国内多数企业是**高成本下的高增长**，相对更容易，因为"一俊遮百丑"，很多问题被高增长的光环掩盖了。高成本下的低增长其实更难做，因为稍不注意，成本就会吃掉仅有的盈利，所有的努力就都白费了。对本土企业来说，高速增长的盛宴正在结束，面临的将是高成本下的低增长或者不增长。

高增长、高成本的转型出路

"高增长、高成本"的最理想出路是"高增长、低成本"，就如这些年的苹果公司。这也让苹果市值一路突破3万亿美元，成为世界上最值钱的企业。[⊖]但除了苹果，还真找不出几家这样的公司；次理想出路是"低增长、低成本"，增长速度慢，但成本也控制得不错，就如欧美和日本的那些"贵族"企业；最差的出路就是落入"高成本、低增长"的"增长陷阱"，这也是增速放缓后，众多本土企业要面对的严峻现实（见图0-3）。

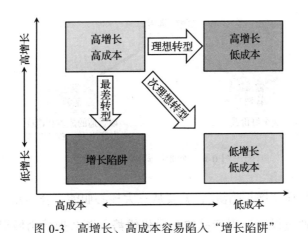

图0-3　高增长、高成本容易陷入"增长陷阱"

⊖　Biggest Companies in the World by Market Cap, Investopedia.com, Matthew Johnston, March 04, 2022.

对了"增长陷阱"，其实大家一点也不陌生。像 2008 年金融危机以来，钢铁、煤炭、水泥、电解铝、光伏、风电、海运、造船等行业的产能过剩，都是因为整个行业陷入"增长陷阱"。其后就是连续几年的供给侧结构性改革，以应对产能过剩、库存高企、资金紧张的问题。后者主要是宏观政策调控。从企业管理的角度，该如何跳出"增长陷阱"，重建竞争优势呢？

我们得从企业运营的三大核心职能上找答案。

作为一家企业，不管是传统企业还是新兴企业，其核心职能可以归纳为三大块：**设计开发个好产品，营销卖个好价钱，供应链以合适的成本和速度生产出来、配送出去**。[⊖]如图 0-4 所示，这三块延伸为产品管理、需求管理和供应管理，互为犄角，构成企业运营的"铁三角"。别的职能，比如财务、人事、IT 都是支持这三个核心职能的。这三大核心职能一道，提高企业的经营利润率和资本周转率，为股东盈利——这是企业的第一要务，也是企业存在的根本原因。

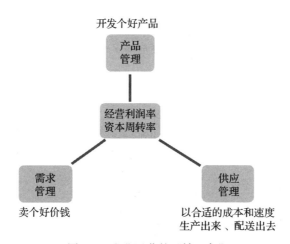

图 0-4 企业运营的"铁三角"

企业要脱离"增长陷阱"，就要从三大核心职能上找出路：要么在产品上下功夫，通过设计取得**产品的差异化优势**；要么把营销做得更好，以获

⊖ 对于没有自主设计的电商、贸易、新零售等非制造企业，设计个好产品就变成了选择个好产品。

取更高的市场份额；要么在供应链管理上做文章，在运营上取得**成本差异化优势**。这三条路，貌似都走得通，其实未必。

我们先看**设计**和产品的差异化。

在一个渐趋饱和、成熟的市场，产品会不可避免地同质化。比如电视机、洗衣机、电冰箱，这些曾经的几大件，无一幸免地成了大众产品，功能雷同、市场饱和、延续性设计创新的边际贡献不高，消费者对新增功能的敏感度也大为降低，而且很容易被竞争对手模仿。

通过研发脱离"增长陷阱"，就是开发出"杀手级"的产品（比如 iPhone），制造需求。对于大公司来说，这可遇不可求——大公司创新能力弱，是不可否认的现实。"杀手级"的产品不但很少，而且一旦出现，往往来自那些外来的搅局者，很有可能造成现有的主要玩家统统出局。

就拿手机来说，在模拟信号向数字信号过渡时，诺基亚迅速崛起，取代了摩托罗拉成为行业霸主，摩托罗拉从此一蹶不振；在数字信号向智能化过渡时，从来没做过手机的苹果横空出世，不只让诺基亚、摩托罗拉、爱立信都成了历史，而且几乎顺便淘汰了传统的音乐、出版、摄影等多个行业。

再比如说新能源车，做得好的几乎都是新入局者。特斯拉的市值超过8315 亿美元（2022 年 3 月 7 日），成为世界上最值钱的汽车制造商，超过后面 10 名车厂的市值总和，注定让美、日、欧那些燃油车巨头们吃尽苦头。小鹏、蔚来、理想在成为电动车的新宠之前，都和汽车没啥关系。

即便是"杀手级"的产品，最终也难逃被模仿和被弯道超越的命运。比如，虽然苹果的 iPhone 是个颠覆性的创新，但没几年，三星、华为等竞争对手就全面赶上了。再看三星，高端产品有苹果、华为竞争，中低端产品有 OPPO、vivo 和小米竞争，两面受敌，产品创新带来的竞争优势也在逐渐丧失。

所以，我们不能指望开发"杀手级"的产品来救公司于水火之中。大公司的产品开发流程相对完善，但在重重官僚机制下，结果只能是平均水平或者略高于平均水平的产品。产品越少，产品的复杂度就越大，规模效益就越低，单位成本也就越高，也就会让公司在"增长陷阱"陷得更深，就如曾经的摩托罗拉。[○]

我们接着看**营销**，以及在增加市场份额上的尝试。

在市场日趋饱和的情况下，尤其是公司的份额已经挺高时，要进一步增加营收，营销能采取的手段主要有两个：要么打价格战，多分一块饼，冒牺牲盈利的风险；要么进入小众市场，冒营收有限但成本更高的风险。两者都可能让公司在"增长陷阱"里陷得更深。

市场份额之争大家见多了，两败俱伤的例子比比皆是，经常是杀敌一万、自损八千，导致行业的盈利水平整体下降。比如在电信设备市场，华为和中兴前几年的价格战，拼到最后，中兴亏不起了，华为也没得到多少好处，最后双方都不得不理性退出价格战。

中兴在海外的扩张是一个典型例子。为了扩大海外市场份额，中兴微利甚至亏本接下很多海外项目，成为上市以来首亏的一大因素。这也给公司的现金流带来很大冲击，迫使中兴不得不做出战略调整，把战略优先级从市场份额、盈利和现金流调整为现金流、盈利和市场份额。

既然在主流市场没法进一步扩张，营销就开始在"边角料"上下功夫，进入小众市场。小众市场的批量小、规模效益低、单位成本高。例如，某大型设备制造商针对主流应用时，同型号设备每年销售二三百套，但进入小众市场、针对一些独特应用时，一年销售一二十套就不错了，很多型号

○ 手机从模拟信号过渡到数字信号时，作为模拟信号时代的霸主，摩托罗拉理所当然地落后了，短短几年时间，诺基亚便捷足先登，攻城略地，成了数字信号时代的霸主。摩托罗拉反应迟缓，仓促应战，无序、匆忙地推出一系列新手机。结果导致产品的复杂度大增，是竞争对手的 2～4 倍；产品平台众多，3 倍于实际需求；手机型号有 65 种之多，3～4 倍于实际需求；众多的独特零部件，2 倍于实际需求。以某款手机为例，该手机有 100 多种配置、4 种机壳颜色、30 个软件版本，没有软件安装延迟，没有硬件安装延迟，连芯片、显示屏和电池都是非标件。引自 The Complexity Crisis: Why too many products, markets, and customers are crippling your company-and what to do about it, by John L Mariotti, Adams Media, 2008。

甚至只销售两三套。

小众之所以为小众，就是因为有独特的需求。比如有些国家要求用特殊的材料，以满足环保要求；有些国家早晨6点前不能施工，因为丛林里的鸟儿要睡觉；还有些国家的安装现场在高寒地带，需要动用直升机来吊装。对于小众产品，从产品设计到生产、采购、交付和售后服务，都面临复杂度大增和成本控制难的难题。

小众市场的需求更加碎片化，但企业的供应链往往是按照相对大批量的产品设置，现在要满足更小的量、更复杂的配置、更独特的要求，供应链的灵活度和应变能力就会备受考验，成本压力更大。这些项目的盈利将大打折扣，成了"鸡肋"，食之无味，弃之可惜。

我们最后看**供应链**，即通过供应链管理来降低成本。

从表面上看，"增长陷阱"是个**营收增长**问题，实质上是个**成本控制**问题，即在营收增长放缓时，企业的成本没法按比例降低。那成本在哪里？成本主要在供应链的各职能：生产雇最多的人，采购花最多的钱，仓库里放着最多的货，还不要说那一座座厂房、一台台设备等固定资产。所以，供应链是成本控制的重头戏，是短期内跳出"增长陷阱"的关键。

小贴士　供应链的构成[⊖]

供应链就是**采购**把东西买进来，**生产**来增值，**物流**来配送。这是供应链的三大执行职能，我们有这三环，我们的客户和供应商有这三环，客户的客户、供应商的供应商都有这三环，环环相扣就形成了供应链。三大执行职能都要按照**计划**的指令行事：计划告诉采购买什么、买多少，生产什么、生产多少，配送什么、配送多少，如图0-5所示。这也就是说，供应链不是单一职能，而是计划与三大执行职能的集合。

⊖ 摘自我的《供应链的三道防线：需求预测、库存计划、供应链执行》（第2版），机械工业出版社，2022。

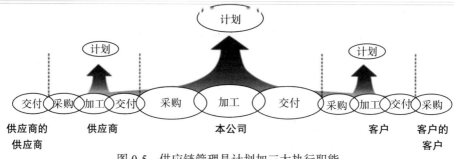

图 0-5 供应链管理是计划加三大执行职能

资料来源：国际供应链协会（Supply Chain Council）的 SCOR 模型，有简化。

对于快速增长后的企业来说，供应链往往是三大核心职能中的最短板。这是由供应链在公司的地位决定的：在营销驱动的企业，销售的声音最大；在技术驱动的企业，工程师说了算；但不管怎样，供应链都是老三。老三意味着什么？老三意味着不受重视，得不到足够的资源投入。

作为主导职能，销售和研发要钱有钱、要人有人，虽然还总是觉得资源不够；作为老三，供应链得不到重视，没有足够的资源，就雇不到足够优秀的人，雇不到足够多的员工，没有钱来改善流程和信息系统，自己的事情就做不到位，所以成了企业能力的最短板。

如果说企业是个三条腿的凳子的话，那么研发、销售和供应链就相当于凳子的三条腿。作为老三，供应链不能期望和另外两条"腿"完全一样长，但也不能短得太多，否则三条腿的"凳子"就不稳。直接表现就是有些企业虽然有很好的产品，也卖出了不错的价钱，但就是不赚钱；或者说，账面上赚了，最后都赚到一堆库存和产能里去了。

那么，供应链的短板该如何补齐？除了投入资源，把供应链职能本身做大、做强外，还要与研发、营销两大内部客户深度集成，就如苹果供应链所做的那样。

案例 苹果补齐供应链短板

1985 年，作为苹果联合创始人的乔布斯与 CEO 斯卡利的矛盾愈演愈烈，最终不可调和。董事会选择支持斯卡利，于是乔布斯愤然离开苹果。今天，在能看到的文章中，几乎都是异口同声地替乔布斯叫屈。其实乔布斯也没什么委屈的，看看他的"成绩单"就知道了：自苹果上市 5 年以来，纳斯达克大盘上涨了 43%，而苹果的股价则下跌了 45%（见图 0-6）。企业存在的首要目标是回报股东，乔布斯没法给股东回报，董事会不偏向他，让他走人，再正常不过了。

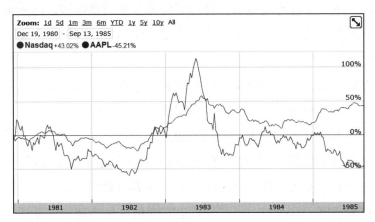

图 0-6　苹果股价远不及大盘表现，1985 年前的乔布斯在商业上是失败的

资料来源：www.google.com/finance.

离开苹果后，乔布斯创建了 NeXT，开发出一款电脑，性能的好坏不得而知，我们知道的是因为产品成本太高，售价高达 6500 美元（相当于 2020 年的 14 200 美元），⊖根本就没卖掉几台。这只是乔布斯"流放"生涯的缩影：在整个"流放"的 12 年里，乔布斯不但没赚到什么钱，反倒把原来在苹果股票上赚的钱都贴进去了，只能说是一次又一次的商业失败。

乔布斯在商业上的失败，一大原因是供应链运营跟不上。要知道，苹果历来是技术驱动，一直走在技术的最前沿，有相当不错的产品；乔布斯是个顶尖营销专家，他能很好地定义、引导需求，有效地驱动研发来做出好产品，卖个好价钱。但是，光有好产品、好营销还不够，还得有一流的供应链运营把成本做下来，把交付做上去。

⊖　维基百科，NeXT Computer 词条。

乔布斯在供应链的短板，或者说苹果在供应链的短板，一直没有能够补齐，直到他遇到了库克，也是他的继任者。

1997 年，乔布斯重回苹果后，一大举措就是把库克从康柏计算机挖过来。库克是一个供应链专家，在 IBM、康柏历练多年，深知如何管理供应链，把成本做下来，把速度做上去。之后的故事大家都耳熟能详了：乔布斯聚焦产品和市场，开发出一个又一个好产品，个个都注定在历史上是浓墨重彩的一笔；库克专攻运营，打造了世界一流的供应链，高质量、低成本、快速地复制这些产品。苹果的股价便一骑绝尘，苹果也变成了世界上最值钱的公司。

库克加盟前，苹果的供应链可以说是一地鸡毛，效率低下。看看它的主打产品——电脑就知道了：供应商在亚洲，组装厂在爱尔兰；每到年头节下，千呼万唤从亚洲催料，空运到欧洲；在爱尔兰加急赶工组装成品，再加急空运到亚洲销售。难怪苹果不赚钱——钱都给了航空公司。

库克加盟后不久，就着手关闭了苹果在美国和欧洲的工厂，把生产组装外包给富士康。这时候，零部件供应在亚洲，生产制造在亚洲，主要的消费市场也在亚洲，整个供应链更紧凑，供应链的效率更高，整体库存也更低。

库克刚到苹果时，相比于研发（产品管理）和营销（需求管理），苹果的供应链有两个特点：①**供应链的团队力量很薄弱**；②**供应链和研发与营销的集成度很低**（见图 0-7 的左下方）。简单地说，当时的供应链就是个打杂儿的机构：研发选定供应商，供应链去砍价；销售拿到订单，供应链去催货。

打铁还需自身硬。库克在整合苹果的供应链方面的一大举措是加强供应链的团队建设，包括招聘更多的专业人士。比如 2003 年前后，我正在亚利桑那州立大学商学院就读，校友中的中国学生，就有四五个被苹果招去（当时学校每年的供应链 MBA 也就三四十人）。这些优秀的职业经理人扩充了供应链的团队，也促进了供应链与研发、营销的集成。比如早期介入产品开发，以促进产品设计、工艺设计和供应链设计同步进行；产品开发紧密对接市场、销售，以提高需求预测的准确度，驱动供应链及早响应。

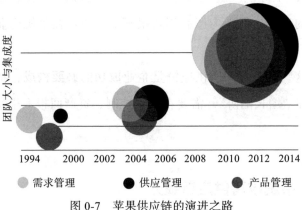

图 0-7　苹果供应链的演进之路

资料来源：SCM World, Apple and Amazon: Lessons for the Rest of US, November 2012.

2005 年前后，得益于更加充分的资源和能力建设，苹果供应链的那个圆圈更大了，而且和两个内部客户的集成也更紧密了。随着 iPod、iPhone 和 iPad 的成功导入，苹果走上了快速增长的道路，苹果的供应链职能也在快速发展，供应链团队的力量越来越强，和研发与营销的集成度也越来越高。于是，苹果也就成了我们所熟悉的苹果：不但有好产品，而且有好运营，供应链成为苹果成功的一大支柱。

人人都知道，苹果是世界上创新能力最强的公司之一，苹果的成功是产品的成功。但并不是人人都注意到，苹果也成了供应链管理最好的公司，连续多年在 Gartner 的全球供应链 25 强上位居榜首。所以，就苹果的复兴来看，表面上是乔布斯的励志故事，其实是一个完美的供应链案例，凸显了供应链对公司的价值。

苹果和乔布斯的历史再次证明，**光有好产品还不够，好产品加上好供应链，才可能造就伟大的企业**。

我们说这些，并不是说苹果的今天要归功于供应链。作为一个**技术型企业**，如果没有好产品，光靠供应链是不可能取得并维持领先地位的，也就是说，供应链不是企业成功的充分条件。⊖照理，诺基亚就是典型的例子；黑莓在 Gartner 全球供应链 25 强排行榜上一度占据第 4 位，诺基亚更是供应链经典中的经典，但因为产品创新跟不上，两者在手机行业很快就成了历史。⊜

我们说这些，是想阐明供应链是企业成功的**必要构成**，特别是经济下行，企业面临"增长陷阱"，需要在成本控制、资产回报上很快有所改善的时候。

三管齐下，系统改善供应链绩效

那么，如何把供应链的成本做下来，把交付和资产周转做上去呢？我们首先想到的就是和供应商谈判降价，提高工厂生产效率，到低成本地区寻源等。这些都重要，但成效有限，因为很少触及**结构性**问题，以及其后的本质原因。

比如产品成本高，一个根因是设计优化不够，可制造性差；另一个根因是规格型号 /SKU 太多，批量下降导致规模效益低下。再如生产成本高，一个根因是垂直整合，垂直整合下，需求单一，规模效益没有专业供应商高；另一个根因则是销售与运营没法有效对接，信息不对称，相互博弈导致预测准确度低，计划多变而降低了生产效率（这也导致了库存周转慢，交付及时率低）。

这些结构性问题的解决方案就是**前端防杂**、**中间治乱**和**后端减重**，如图 0-8 所示。基于此，本书分三篇逐一阐述，争取给企业一个一揽子的解决方案。

第一是**前端防杂**，主要是强化产品管理，促进设计优化，精简 SKU，

⊖ 在技术含量较低、主要靠营销驱动的行业，买得好才能卖得好，供应链更可能是维持领先地位的利器。

⊜ 要注明的是手机市场。在电信设备市场，诺基亚仍旧强劲，2021 年第一季度的营收和爱立信并列全球第二。参考自《全球电信设备商最新排名》，腾讯网，new.qq.com。

降低产品复杂度。

供应链是从产品开始的，产品的复杂度决定了供应链的成本、速度和资产周转效率。产品大众化、市场饱和、面临"增长陷阱"的企业鲜有例外，都会陷入复杂度大增的境地，表现为产品线越来越长，产品型号越来越多，独特设计越来越多，最终导致批量越来越小，供应链的规模效益丧失。**"前端防杂"**就是降低产品的复杂度，提高供应链的规模效益，从而降低单位成本。

降低产品的复杂度主要是产品管理的责任，但供应链也扮演着关键角色。其一，对于新产品开发来说，供应链对接研发与供应商，在产品设计优化与设计选型上发挥桥梁作用，从一开始就能影响复杂度——这是供应链与研发的集成，**让新产品"生"得好**，从源头降低复杂度；其二，对于现有产品来说，供应链最熟悉成本信息，与营销和产品管理一道，可以更好地评估成本与收益，尽快做好精简产品的决策——这是供应链与营销、产品管理的集成，**让老产品"死"得快**。

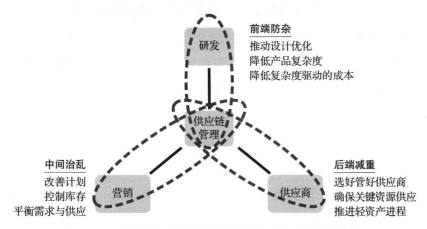

图 0-8 三管齐下，把供应链的成本做下来，速度做上去

第二是**后端减重**，主要是提高供应商管理能力，通过市场方式获取资源，走轻资产之路。

很多本土企业习惯于垂直整合，重资产运作，随之而来的便是规模效益不够，单位成本做不低，长期竞争不充分，能力必然退化。[⊖] "后端减重"就是推动轻资产化，意味着垂直整合解体，越来越多的增值活动由专业供应商完成。这需要提高对供应商和供应链的管控能力，供应链因而成为企业的战略职能。

没有供应商就没有供应链，供应商的表现决定了供应链的绩效，供应商的选择和管理也是供应链管理的核心构成。企业需要从供应商管理的组织、流程和系统着手，克服常见的误区，确保在战略寻源阶段找到合适的供应商，在量产阶段维持高水平绩效，建立资产轻、灵活度高的供应链，并有效管控供应链风险，更好地应对季节性、周期性的业务起伏。

第三是**中间治乱**，即改善供应链计划，有效平衡需求和供应，从而降低库存和运营成本，并提高客户服务水平。

计划是供应链的引擎，也充当着企业的"腰"，把前端的需求和后端的供应串联起来。供应链的诸多问题，貌似没做到，实则没想到。计划职能薄弱，企业就习惯性地处于混乱，难以有效平衡需求和供应，导致库存高企，运营成本高昂。企业规模越大，做到之前先想到也就越重要。

"**中间治乱**"就是改善计划，特别是需求计划。企业要解决三大挑战：其一，没有计划时，往往意味着多重计划，整个供应链缺乏协同的基础；其二，不确定性小时，做不到精打细算，无法追求精益求精；其三，不确定性大时，做不到群策群力，难避免大错特错。这对企业制订计划的能力提出了更高要求，在"三分技术"上选择并优化合适的数据模型，在"七分管理"上拉通销售与运营协调流程。

在过去三四十年里，前端防杂、后端减重、中间治乱也是北美企业走过的路。

20 世纪 80 年代前，美国企业垂直整合盛行，业务繁杂，复杂度相当

⊖ 对于这一点，后文还会详细阐述。这里打个比方来说明，假定企业自建员工食堂，大厨们每天花 2 个小时做早饭，花 3 个小时做午饭，晚上员工们回家了，则大厨一天的产能利用也就 5 个小时。雇了一群老爷一样的大厨，做得好你得吃，做得不好你也得吃，长期竞争不充分，能力必然退化——看看没有多少人喜欢自己职工食堂的饭菜就知道了。

高。在日本企业和全球竞争的威胁下，美国企业开始聚焦核心竞争力，通过精简业务来降低复杂度；推动外包，走轻资产之路。后来，销售与运营计划（S&OP）在美国企业广泛运用，推动了跨职能和供应链协作，以更有效地应对业务的变化，同时降低库存，提高资产周转率，控制运营成本。相伴而行地，就是供应链管理成为竞争利器，让企业能更加灵活地应对需求变化，并在成熟市场中生存下来。

接下来，我们围绕这三点来逐篇阐述，帮助企业形成跨职能、跨层级的共识，改善供应链绩效以走出"增长陷阱"，更好地应对低增长和经济周期性带来的挑战。

前端防杂

降低复杂度，提高供应链的规模效益

复杂度是你的敌人。任何傻瓜都可以把事情弄得很复杂，要做简单不容易。

——理查德·布兰森，维珍航空创始人

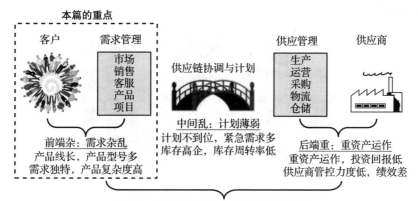

本篇的重点

客户　需求管理　供应管理　供应商

市场
销售
客服
产品
项目

供应链协调与计划

生产
运营
采购
物流
仓储

前端杂：需求杂乱
产品线长，产品型号多
需求独特，产品复杂度高

中间乱：计划薄弱
计划不到位，紧急需求多
库存高企，库存周转率低

后端重：重资产运作
重资产运作，投资回报低
供应商管控力度低，绩效差

前端杂，规模效益丧失；后端重，投资回报低；
中间乱，库存高，浪费多。这注定成本做不下来，速度做不上去

前端防杂：控制产品的复杂度，降低复杂度决定的成本

让我们继续苹果的故事。

1997 年，苹果巨亏近 10 亿美元，处于破产边缘。用戴尔电脑的创始人迈克尔·戴尔的话就是，到了"把门关了，把（剩下的）钱还给股东"的地步。[一]当然，我们知道，苹果没有关门，也没有把剩下的钱还给股东。倒

一　Dell: Apple should close shop, Jai Singh, news.cnet.com, October 16, 1997.

足 18 个后，戴尔完成了私有化，虽说没关门，却可以说是把剩下的钱还给了股东。这应了香港武打片中的一句话：出来混，迟早是要还的。

或许有人会问，当年的苹果是如何脱离困境的呢？这跟乔布斯在产品和供应链管理上的一系列举措有关。供应链方面在前文已经讲过，这里谈产品的复杂度控制。

那一年，乔布斯返回苹果，发现苹果从产品到运营都充斥着高**复杂度**。在当时的计算机市场，主流应用是基于 Windows 的 PC 机，由戴尔、康柏、惠普等主宰。苹果的 Mac 系统只是个小众应用，在全球仅有 3.3% 的市场份额，⊖但仅台式机的型号就有 12 种。除了电脑，苹果还生产一长串的产品，比如打印机、照相机、掌中宝和其他外围设备，而这些产品中，真正赚钱的屈指可数。产品、型号那么多，注定没有规模效益，成本做不下来，亏本也就不难理解了。

1997 年，苹果处于"把门关了，把钱还给股东"的边缘

用乔布斯自己的话说，苹果当时在"18 个方向发力"，产品多得客户都搞不清。即使回归几个月了，乔布斯自己也还是弄不清。不过乔布斯非常清楚，苹果没有足够的资源做好所有的产品，满足所有人的需求。⊜四面出击，注定只能做出平庸的产品。于是他砍掉了 70% 的产品，精简了 3000多名员工，确保苹果集中精力，聚焦为数不多的优秀产品，而不是众多的二流产品。

⊖ Apple market share sinks again, Michael Kanellos, www.cnet.com, December 11, 1997.

⊜ Apple's World Wide Developers Conference 1997 with Steve Jobs, YouTube.

在精简产品线之外，乔布斯还着手简化产品型号。比如对苹果的主流产品电脑，乔布斯画了一个四象限图，横轴是消费能力，纵轴是移动性，要求每个象限只能填充一个电脑（见图1-1）。就便携机来说，高端用户对应的是又小又轻的 MacBook Air，大众消费者用更加厚重一点 MacBook Pro。台式机今天虽然还在生产，却已经简化到只有一种机型了。

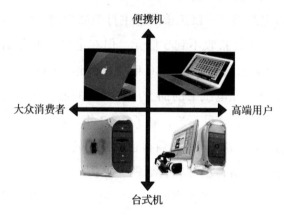

图 1-1 苹果产品开发的四象限图（以电脑为例）

多年来，苹果的产品都能看到四象限的影子。比如手机有 iPhone（标配）、iPhone Mini（标配，小屏幕）、iPhone Pro（高配）、iPhone Pro Max（高配，大屏幕）；笔记本则延续了 MacBook Pro（大众型）和 MacBook Air（轻巧型）之分，前者在屏幕尺寸上又有 13 英寸和 16 英寸之分。

这后面就是乔布斯的精品战略：**不是不同，而是更好**。"不同"是开发更多的产品，以求与竞争对手不一样。但这没用，如果我们的产品不是"更好"的话，还是没法获得差异化优势，反而容易陷入复杂度的泥淖。"不同"是以多取胜，"更好"是精品战略：很少的好产品，要比很多的平庸产品好。

自此，简单的产品线成为苹果简约风格的一部分，也是其精品战略的核心，为供应链的规模效益奠定了基础。而我们众多的本土企业产品线泛滥，复杂度大增，注定成本高昂，竞争力不足，就如下面案例中的汉王科技。

🔍 案例　从汉王科技看产品的复杂度

汉王科技成立于 1998 年，2010 年在深交所中小板块上市。二十多年来，中关村那么多的科技公司中，汉王是仅存的几个硕果之一，这离不开其在模式识别领域的技术优势。但是，在**产品管理**上，汉王的产品线长，产品型号众多，复杂度高，制约了它的进一步发展。

这里我们以电纸书——汉王曾经的主打产品为例。

"2008 年汉王科技营收不到 3 亿元，但在电纸书业务的带动下，2009 年快速增长到 5.81 亿元，到了 2010 年更是高达 12.37 亿元"，⊖其中 75%的营收来自电纸书。在电纸书的助力下，汉王的股价飙升到 100 多元，成为 IPO 的股王。但是，好景不长，到了 2012 年，汉王的电纸书业务就一落千丈，营收只有 6000 多万元，此后再也没有回转。

对于电纸书的没落，汉王归咎于两大原因：外因是苹果平板电脑、智能手机的低价冲击，抢走了相当的市场份额；内因是内容建设不够，虽然汉王建有电纸书商城，但一直没有做成规模。⊖要知道，苹果的产品从来都不是靠低价取胜的，汉王的电纸书贵到什么地步，才能让苹果 iPad 都成了"低价"竞争对手呢？汉王电纸书的"高价"又是怎么来的呢？那只能是高成本。高成本则与汉王的产品复杂度太高，导致规模效益低下，单位成本降不下来直接相关。

2012 年，我访问汉王科技的官网，发现其电纸书型号竟然有 37 种之多（见图 1-2）。其中产品系列有商务、时尚、通信之分；屏幕尺寸有 5 英寸、6 英寸、8 英寸之别；功能上又有手写、Wi-Fi、3G 等。多少年过去了，我还是弄不清这"通信"究竟是干什么用的，还能成为独立的系列；Wi-Fi 和 3G 又有什么区别，还得跟"手写"从功能上单列出来。就拿那 23 种商务型号来说，你能弄得清 N510 精华、N510 上上、N510A 的区别吗？那 N510 畅享、N510 国粹、N510 Ⅱ呢？

⊖ 电纸书江湖大洗牌！证券时报 e 公司，百度百家号，2017 年 11 月 1 日。
⊜ 同上。

产品系列		屏幕尺寸		产品功能	
（N）商务系列		**5 英寸 EPD**		**手写**	
N510 精华	N510 上上	N510 精华	N510 上上	N518 精华	N518 听书
N510A	N510 畅享	N510A	N510 畅享	N518 政务	N518 畅享
N510 国粹	N510 II	N510 国粹	N510 II	N518A	N610
N516 精华	N518 精华	N516 精华	N518 精华	N616	N616 火星
N518 听书	N518 政务	N518 听书	N518 政务	N618 畅享火星	N618T
N518 畅享	N518A	N518 畅享	N518A	N618A 火星	N620
N610	N616	F10	F20	N628	N800
N618 火星	N618A 火星	F21 火星	D21 状元	N800A	N800 畅享
N618T		T500		F21 火星	F31
N618 畅享火星	N620	**6 英寸 EPD**		F61	D21 状元
N628	N800	N610	N616	D31 状元	T500
N800A	N800 畅享	N618 火星	N618A 火星	T618	
（F）时尚系列		N618 畅享火星	N618T	**Wi-Fi**	
F10	F20	N620	N628	N618 畅享火星	N618 火星
F21 火星	F28	F28	F30	N618A 火星	N620
F30	F31	F31	F32	N628	N800
F32	F61	F61	D31 状元	N800A	N800 畅享
优阅 5001	文阅 8001	T61	T618	F21 火星	T61
（D）学生系列		**8 英寸 EPD**		文阅 8001	
D21 状元	D31 状元	N800	N800A	**3G**	
（T）通信系列		N800 畅享		T500	T618
T61	T500	5 英寸 TFT		N618T	

图 1-2　汉王的 37 种电纸书：你知道买哪一款吗

资料来源：汉王官方网站。

　　产品型号如此复杂，给消费者带来很大的混淆。当时我女儿在学中文，我想给她买一个电纸书读中文故事，到汉王的网站上花了十几分钟，还是不知道买什么，最后只好放弃。后来见到汉王的员工，和他们开玩笑，说想为汉王增加点营业收入还真困难。一位经理揶揄道："你这不算什么，有个小姑娘到汉王旗舰店，半个小时也搞不清买什么，哭着走了。"

　　这么多的产品型号，成了消费者的噩梦，自然也是汉王的噩梦。试想想，37 种型号的电纸书，能预测对的概率有多高？能生产对的概率呢？那么能备对料的可能性呢？整个供应链，各个环节都能做到位的概率基本为零。结果，短缺的短缺，积压的积压，一方面是消费者要的它没有，另一方面是消费者不要的压了一人堆。

产品型号那么多，粗放经营，自然做不出精品，导致整体销量更低，单位成本注定做不低。深陷自己制造的复杂度而不能自拔，汉王陷入了"增长陷阱"，营收连续几年下滑，扣除非经常损益[⊖]后，2012～2015 年连续 4 年亏损，股价也一度下跌到 10 元不到。

看完了汉王，我们再来看苹果。

汉王的电纸书走红没多久，苹果 iPad 3 就面世了。我登录苹果网站，只看到两步选项（见图 1-3）：第一步是选颜色，只有黑色和白色，三岁的孩子都会选；第二步是选型号，有三个选择，分别是 16GB、32GB 和 64GB。当时我不清楚这是 CPU 还是内存，不过我可认识美元符号：16GB 的是 499 美元，32GB 的是 599 美元，64GB 的是 699 美元，一看就是在考验我们钱包的深浅。很快 iPad 到手了，我那两岁多的儿子爱不释手，几天时间就玩得烂熟，几秒钟就能找到《愤怒的小鸟》[⊖]，一门心思地玩起游戏来。

苹果的这一切，可以用两个字来总结：简单。对消费者简单，因为他们用不着对着那么多的型号伤脑筋，不知该买哪个；对生产者简单，因为除去外壳的颜色和存储空间的大小，其实就只是一种配置；对采购简单，因为那么大的量，任何人都能和供应商谈个好价钱。产品简单，供应链就简单：富士康好生产，供应商也好准备零部件，供应链的成本好控制。售价高、成本低，苹果跻身全球市值最高的公司之列，也就不难理解了。

我们再回到汉王。

2012 年以来，汉王采取了一系列的组织措施：比如裁员，员工一度由 1600 多人精简到 500 人；建立母子公司的架构，把汉王科技的业务分为六大板块，各板块的子公司独立核算，自负盈亏；进入合伙人时代，让所有

⊖ 非经常损益，指的是正常业务之外的收入或支出。比如有个本土上市企业绩效不好，就卖掉一块地，让企业账面上盈利。这骗得了一般人，但有经验的投资人会把这类损益剔除，来正确评估企业的盈利能力。有的北美的上市企业一旦经营不善，就开始裁员、关厂，动辄带来上亿甚至十亿美元级的一次性开支，影响同期营收，甚至导致出现账面亏损。不过没关系，华尔街知道这是长痛不如短痛，一般会积极响应，表现在股价上不降反升等。

⊖ 《愤怒的小鸟》是 Rovio 开发的一款游戏，于 2009 年 12 月首发。该游戏以小鸟报复偷走鸟蛋的肥猪为背景，讲述了小鸟与肥猪的一系列故事。摘自百度百科"愤怒的小鸟"词条。

的管理层在各自的子公司持股等。[一]后来，汉王推动出海战略，得益于电子绘画屏在亚马逊上大卖，营收再次超过 10 亿元，2021 年达到 16 亿元，离上次超过 10 亿元大关整整 11 年了。

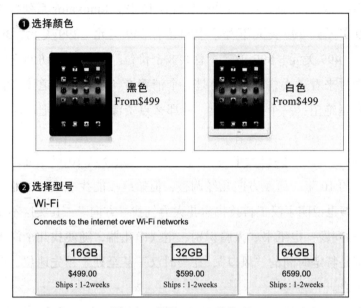

图 1-3　苹果 iPad 3 的款型

资料来源：苹果官方网站。

同期，一同起跑的同行科大讯飞，营收一路从 4 亿元飙升到 183 亿元。

这期间，汉王虽然在精简不盈利的产品，但同时也进入了更多的领域，有的与其核心技术相关，有的看上去更像是跟随潮流，追逐"风口"。比如前些年雾霾严重的时候，汉王推出汉王霾表、甲醛检测仪、激光颗粒检测模组、空气质量检测终端、新风净化器等一系列产品，但整体销售业绩平平：在京东上，汉王霾表只有 9 个评价，甲醛检测仪也不超过 10 个（2021 年 9 月 27 日访问京东网站）。

这只是汉王众多产品的缩影。要知道，四大主营业务中，汉王列在官网上的就有 43 种硬件产品、9 种软件产品，还不包括技术授权、智能制造

㊀　汉王断臂砍 28 个产品：转向人机交互智能识别，南方都市报，2014 年 11 月 21 日。

（汉王有些自整合的生产制造），以及最新上市的智能仿真飞行器。⊖显然，汉王在产品的复杂度上，还能清楚地看到 10 年前的影子。

就拿汉王的手绘笔来说，亚马逊美国网站上在卖的就有 3 个系列共 24 款：Artist 系列有 6 款，Artist Pro 系列有 15 款，Innovator 系列有 3 款。标价从 199 美元到 899 美元不等，中间还有 249 美元、299 美元、399 美元、449 美元、499 美元、599 美元，总共 8 个价位。我在深夜访问它的亚马逊网店，看过来看过去，假想自己是一个消费者，还是不知道该买什么。想着想着真是绝望：一个中小企业，就那么点资源，怎么能把产品做得这么复杂呢？

"与同一起跑线的科大讯飞相比，2011 年至今这 10 年，可以说是汉王科技没落的 10 年，研发方向几经调整，但始终没能找准风口，业务广撒网却收获甚微也说明了汉王科技仍需花大力气找寻方向。"⊜其实这不是没找到"风口"的问题：电纸书、人脸识别、空气净化器，随便找几个汉王涉足的领域，都是特定时间的"风口"，在当时汉王甚至处于领先地位，但最后都是不了了之。

就拿电纸书来说，虽然后续不再火爆，但在京东上还是有相当的市场，比如 Kindle、小米和掌阅的产品动辄都有上万甚至 10 万级的评论数，而作为电纸书的元老，汉王的电纸书十多个产品加到一起，评论数也就 2000 出头（2021 年 9 月访问京东网站）。

10 年前，汉王就像非洲草原上的小狮子，看到什么都好奇，看到什么都去追；10 年后，汉王还是那样的小狮子，还是四面出击，全靠运气。一直求新求异，没法聚焦，井是挖了很多，但都没挖出水来，这才是汉王的根本问题。资源没法聚焦，就难出精品，缺乏差异化优势；产品复杂度太高，供应链的成本就做不低，交付就做不快。两者加在一起，导致投资回报率不高，也体现在汉王长期低迷的股价上。

⊖ 汉王官方网站，www.hw99.com。

⊜ 电纸书带走十年　汉王科技能否靠数字绘画翻身，潇湘晨报，百度百家号，2020 年 10 月 9 日。

这一切，汉王副总徐冬坚归结为"一流的技术、二流的人、三流的销售、四流的管理"。[汉]汉王有自己的核心技术，在当年 IPO 的企业中，可以说是不多的具有自己知识产权的企业。也正是靠着模式识别和智能互动方面的核心技术，汉王这些年才能磕磕绊绊地活下来。但是，在四流的管理下，汉王有产品设计，没有产品管理，导致产品和业务的复杂度高，再加上后端的重资产制造，供应链的成本做不下来，造就了今天我们看到的汉王。

产品复杂度事关企业的战略选择

从根本上看，产品的复杂度取决于企业的**战略选择**：是求大求全，还是走精品路线？是所有的格子都填，还是专填大格子？这里的典型代表是三星和苹果。苹果每年推出两款、三款或四款手机，而三星则有几十款，多到估计连自己都数不清（见图 1-4）。

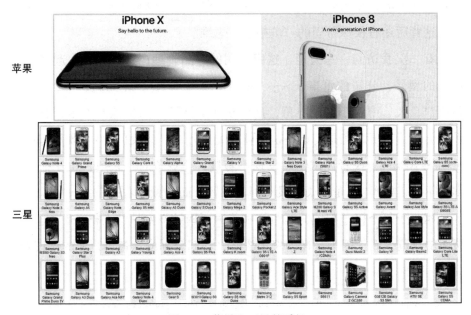

图 1-4　苹果和三星的手机

⊖ 汉王科技副总裁徐冬坚：汉王还是初中生，证券日报，2014 年 10 月 11 日。

战略聚焦不明显，四面出击，覆盖太多的领域，产品线太长，产品型号太多，导致资源太分散，结果是个个都做，个个都做不好，这是求大、求全的企业常犯的错误。

要知道，**市场经济向来是赢者通吃，很少是以多胜少**。手机行业就是典型的例子：2011 年，苹果的 iPhone 就那么几种型号，只占全球市场份额的 8.8%，却攫取了全球手机利润的 73%；[一]2021 年第一季度，苹果的销量只占全球手机销量的 16.8%，营收却占全球的 42%。[二]这道理想必大多数人都懂，但在"孩子多了好打架"的侥幸心理的作用下，聪明人就会做傻事，继续搞出一个又一个的产品和型号来。

在汽车行业，也能看到类似的例子。就拿北美市场来说，日本三巨头每家只有两个品牌，其中一个是大众品牌（分别是车厂的名字丰田、本田、日产），另一个是豪华品牌（分别是雷克萨斯、讴歌、英菲尼迪）；美国厂商，仅通用汽车就有 8 大品牌（后来破产改组砍掉一半，还剩 4 个），各种款式、型号切分不清，互相竞争，给消费者带来混乱，也降低了自己的规模效益。

这背后还有根深蒂固的"填格子"思维。

有一次我访问一家公司，这家公司的产品管理严重失控。提起那些不赚钱的型号，公司的董事长说："我们得**填格子**啊。"比如高、中、低档 3 种用户，大、中、小 3 种屏幕，这就是 9 个格子，如果他们不填，竞争对手就会填，言下之意是，市场份额就会受到侵蚀。我反问道："既然有些格子明知不赚钱，或者说试错后发现不赚钱，让竞争对手来填，也让他们亏本，不是正好吗？"董事长并没有回答问题，而是顾左右而言他。

相对于每个格子都填，开市客和美国西南航空专填"大格子"，是战略聚焦的典范，而正因为这样的聚焦战略，它们分别成为各自行业的佼佼者。

[一] Apple owns 8.8% of cell phone market, 73% of cell phone profits, by Zach Epstein, news.yahoo.com, May 3, 2012.

[二] Apple's iPhone accounted for 42% of global smartphone revenue in Q1 2021, by Joshua Swingle, phoneArena.com, Jul 06, 2021.

案例　只填"大格子"的开市客和西南航空

开市客是一家会员制的连锁大卖场，特点是硕大无朋的仓储式陈列，高大的货架，宽敞的购物环境，漫步其间，让人心旷神怡（见图1-5）。沃尔玛的山姆店就是参照开市客开的。2019年，开市客首次登陆中国，在上海的第一家店面开张时，顾客蜂拥而至。[一]

图1-5　开市客的仓储式购物环境

资料来源：Rosa Say，flickr.com/photos/rosasay.

相比一般的大型超市，开市客主要销售常用的日用品，品种不多，选择有限，但质量好，包装大，性价比高。比如，你去开市客买牙膏，只能看到一两个品牌，而不是一般超市的五六个甚至十几个；包装也是大包装，一包8支，买一包一家人够用大半年。作为对比，沃尔玛平均每个门店有14.2万种产品，而开市客平均只有4000种（见图1-6）。[二]

开市客的目标客户是中高收入阶层，这是美国经济的主力，消费能力强，总体消费量大。这些人收入较高，通常会认为他们的需求是更加多元化的。开市客的品种少、选择少，究竟是怎么吸引这些挑剔的中高收入阶层的呢？秘密就在价格和质量上：因为品种少，批量就大，规模效益就明显，开市客就能得到更好的采购价，而且把这价格优惠转移给消费者。同样，因为品种少，开市客的产品都是精心挑选的，质量有保证，消费者买

[一]　Costco's first China warehouse has 200,000 members, blowing past the 68,000 average, by Tonya Garcia, MarketWatch.com, Oct. 7, 2019.

[二]　开市客官方网站，www.costco.com。

得放心。选择少，也是好事。开市客的忠实会员很多是上班族，多利用中午吃饭和下班路上的时间来购物，选择少，省得对比，拿了就走，方便。

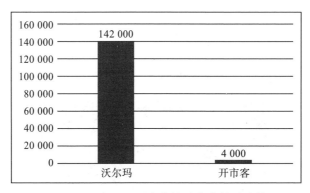

图 1-6　沃尔玛和开市客的平均货物品种数

很明显，开市客只填中间那块营收最大的格子（见图 1-7）。这种战略看上去和大白话一样，用英语讲就是有点 too good to be true（太好而不真实），但执行到位的话，的确奏效。开市客剑走偏锋，把批量带来的好处回馈给消费者，很好地迎合了中产阶层消费者喜欢优质、实惠的特点，因而消费者的忠诚度很高。自 1983 年成立以来，开市客每年的营收都在增长。2022 年，在全球零售企业中，开市客的市值位列第五，市值 1800 多亿美元（作为对比，京东商城的市值是 840 亿美元，全球排名第八）[○]。

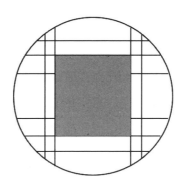

图 1-7　开市客只填大格子

○ Largest retail companies by market cap, companiesmarketcap.com.

无独有偶，美国西南航空也采取了同样的战略。与美国联合航空等竞争对手不同，西南航空只有经济舱，切去的是航空客运中最大的一块蛋糕：经济型乘客。这些出行者喜欢实惠、干净、整齐的座位，对其他要求不高。西南航空也只提供美国主要城市之间的航班，除了墨西哥和加勒比海一带，它没有国际航班。

西南航空有意识地只填大格子。它清楚地知道，这样做会失去那些头等舱、商务舱的乘客，也会失去小城市和国际乘客，但同样失去的还有复杂度，以及伴随复杂度而来的成本。因为主要在美国的大中城市间飞行，所以航班的满员率就高；因为不按编号入座，所以登机速度就快，飞机待客时间短，飞机的利用率就高；因为只有一种机型（波音737），飞机的采购量就大，购买价格就低，而且运营维护容易，备件批量大，规模效益明显。这些都确保了西南航空的成本最低。

与开市客一样，西南航空把低成本的优势以低价格转移给乘客，西南航空的乘客满意度在低成本航空公司中一直名列前茅。同样出色的还有盈利：西南航空连续47年盈利，直到2020年才由于全球新冠疫情大流行出现首亏，[⊖]是世界上市值最高的航空公司。具有讽刺意味的是，美国航空业作为一个整体，这么多年来亏多赢少，早在多年前，就把自怀特兄弟发明飞机以来的所有利润都亏掉了。

价格由市场决定，成本由复杂度决定

假定一家公司只生产一种水杯、一种型号、一种颜色，那意味着只有一个预测，一个生产、采购和销售计划，这时候水杯的单位成本为1元。现在为了多样化，公司决定生产4种水杯、6种型号、8种颜色，那意味着有192（=4×6×8）个预测，192个库存、生产和采购计划。水杯的单位成本还会是1元吗？如果再加上20个销售点的话呢？

⊖ Southwest Airlines CEO discusses 47-year profitability streak, by Evan Hoopfer, Dallas Business Journal, www.bizjournals.com, Aug 15, 2020.

人家的答案历来都很一致：单位成本要比 1 元高。为什么？普回，颜色、样式多了，批量就小，供应商的供货成本就会提高。我说都老客户了，供应商不管什么颜色、样式，原材料都给一样的价格。大家又会说，因为颜色、样式多了，生产成本上升了。我说这也没有，设备、加工的时间并没有变化。那么设备换模次数多了，成本就高了。我说公司并没有因此就多雇工人、多建产线。

大家继续辩论，说颜色、样式多了，管理成本高了。我说公司并没有多雇管理人员。虽说采购、物流、仓储、配送的复杂度会变高，但同理，公司并没有因此而多雇人、多添置设备。同样的人、同样的设备，"放一只羊是放，放一群羊也是放"，品种越多，我们的效益不越明显嘛！

其实，大家的直觉没有错，单位成本的确会比 1 元高。即便企业没有多雇人，没有多买设备，传统会计上的成本没上升，但机会成本则不一样：现有资源都用于应对这些复杂度，就没有足够的资源投入到别的投资回报率更高的活动里，只不过**传统的会计反映不出来罢了**。

间接成本也有类似的问题。在传统会计里，产品的直接成本是材料和人工的成本，这很合理；间接成本、管理费用等按一定比例平摊，而这一比例与品种多少、批量大小没有关系，这显然不合理，客观上低估了那些小批量产品的成本。**没法量化的就没法管理**。这就是为什么复杂度问题人人皆知，但复杂度的控制却如同和空气对打，有力无处使。

从经济学角度来看，单位成本由两个因素驱动：批量和品种。**批量越大，单位成本越低；品种越多，单位成本越高**，如图 1-8 所示。波士顿咨询集团有一组经验值：批量翻倍，单位成本下降 15% ～ 25%；品种翻倍，单位成本上升 20% ～ 35%。[⊖]

对于企业来说，最简单的莫过于只生产一种产品，该产品只有一个零件，后端只跟着一个供应商，前端只有一个客户。这样从供应链的角度来

⊖ Competing Against Time: How Time-Based Competition is Reshaping Global Markets, George Stalk and Thomas Hout, Free Press, 1992.

说成本最低，但这样的公司不存在。但也不能走另一个极端，生产 N 种产品，每一种产品都有 N 个非标件，后面跟着 N 个不同的供应商。每家企业都需要在批量和品种上不断平衡。

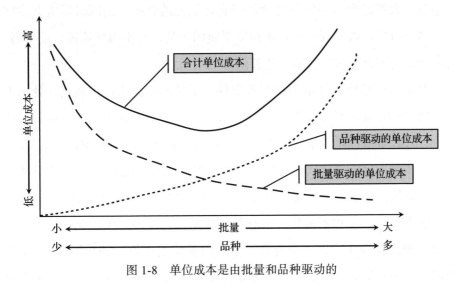

图 1-8　单位成本是由批量和品种驱动的

资料来源：Competing Against Time: How Time-Based Competition is Reshaping Global Markets, George Stalk and Thomas Hout, Free Press, 1992.

当然，复杂度高，如果客户愿意买单的话，那也没什么问题——能卖成钱的复杂度是好复杂度，我们要在这样的复杂度上**盈利**。这里的前提是产品有差异化优势，复杂度提高了进入门槛，成为企业的竞争优势，典型的例子就是商用大飞机。

商用大飞机有几百万个零件，需要成千上万的工程师通力协作，成千上万的供应商全力配合，遍布全球的供应链，从研发到生产再到交付，可以用两个字来形容：复杂。但正是因为复杂，全球有能力制造大型商用飞机的企业只有波音和空客两家——它们有能力管理这样的复杂度，所以复杂度就成了它们的竞争优势（中国商飞尚处在构建这些能力的阶段）。

客户不愿付钱的复杂度是坏复杂度，我们要控制复杂度，在坏复杂度上**降本**。而增速放缓、陷入困境的企业，往往是产品复杂度大增，从而带来组织和流程的复杂度，加剧了成本控制的挑战。

比如有家企业经历了爆炸式增长后，营收增长放缓乃至出现倒退。为了摆脱困境，该企业就推出更多的产品，研发部一度有上百个新项目在同时推进。很难想象，一家每年营收只有几亿元的企业，能同时做这么多项目！结果自然是做不好，生产出很多平庸的产品，卖不出好价钱。成本高、价格低，这家企业多年深陷"增长陷阱"。

复杂的产品要有复杂的组织来支撑。于是该企业内山头林立、分工不清，出了问题互相推诿，谁熬不住谁来解决；事情人为干预多，但又议而不决，什么事情都难以推进。组织复杂，流程就注定不会简单：每个部门、每个人都想把自己设计到流程里，处处审批、处处"把关"，弄得干活儿的人无所适从；政策很多，流程很复杂，出现问题却没有章法可依。

组织复杂，流程不通畅，信息系统也是问题多多。该企业的员工一边与复杂的流程做斗争，一边与杂七杂八的系统做斗争。ERP 和 Excel 交替使用，勉强把活儿干了，但系统里的数据一天比一天不准确，到头来谁也不敢信、不敢用。信息不准确，就用更多的审批来解决，流程的效率就更低。这公司成了高复杂度的受害者，连年亏损。

以上其实是众多企业的写照，尤其是在那些产品同质化严重的行业。**价格由市场决定，成本由复杂度决定，注定那些复杂度高的企业难以生存，就如硅谷众多的中餐馆。**

小贴士　为什么硅谷的中餐馆大都难以长久

熟悉硅谷的人知道，硅谷的中餐馆很多。这些中餐馆的菜都很便宜，菜量又大，鲜有例外。便宜偶尔能买到好东西，但大多时候是一分钱一分货，在美国尤其如此。所以你就能想象这些中餐有多难吃。我在硅谷 20 年了，除了一次又一次地验证难吃外，还总结出一个有趣的规律，就是一家中餐馆开张了，半年后再去，往往就换了新主人。为什么呢？看看它们的菜单就知道了。

　　我家附近曾经有一个小中餐馆，店面很小，能坐三四十个人，有两三个厨师、两三个跑堂。你看它的菜单发现什么都做：川菜、湘菜、东北菜、江浙菜、本帮菜，还有豆浆、油条、烙饼，有246种之多（见图1-9）。鸡鸭鱼肉，山上跑的、水里游的、圈里养的，都能加工成菜。但想想看，菜种这么多，原材料这么杂，备料该有多复杂呀，规模效益注定不高，成本注定不低。

图1-9　品种这么多，就不可能做便宜

　　再看看价格。菜单上最显眼的地方写得明明白白，"120余种特色家常小炒，任选三样，18美元"。[⊖]这虽说是小炒，可不像上海那些拳头大小的碟子，而更像山东老乡的大盘子，大腹便便的老美一盘就够吃了。18美元，也就是人民币100元的样子，在国内四五线城市，大概也吃不了什么东西，何况在硅谷这种寸土寸金、最低工资1小时12美元的地方。但没办法，**价格是市场决定的**：餐饮入行门槛低，中餐馆也不例外，有很多人都在做，价格注定做不上去。

　　成本由复杂度决定，做不下来，价格由市场决定，做不上去，这种餐

⊖　这是2010年前后的价格。如今，美国物价飞涨，特别是新冠疫情开始后，相同菜品的价格至少翻倍了。

增个本就不难理解了。开张后第一个月亏本，老板想，这是新生意，学习的代价。第二个月亏本，老板想，这还是学习过程。等第三个月还亏本后，老板的信心就开始动摇了：是不是入错了行？连续亏到第四个月的时候，老板已经熬不住了，准备转手，就在当地中文报纸上打广告，"吉店出让，好地段，好生意"。又过一两个月，你再去吃饭时，发现店里已经有位新老板了。

老板换了，店名改了，但菜单、大厨、跑堂照旧。人人都觉得自己的经营水平是高于平均水平的，新老板自然也不例外，相信自己的能力肯定比前任强，肯定能赚钱。这就注定再过半年去，看到的又是一位新老板。

产品的复杂度是如何来的

这些年来，本土企业成长迅速，很多企业现金充裕、机会多多，**决定做什么容易，决定不做什么难**，这让企业更难战略聚焦。跨界之风甚嚣尘上，似乎成为企业多样化经营的理论基础。但是，这并不能掩盖过度多元化的问题：跨行太多，企业的注意力太分散，容易形成行行都进入、行行都不精的局面。

一旦经济发展到一定阶段，黄金增长期过了，聚焦主业才是正道。这就是为什么在美国，麦当劳以卖汉堡为主，而不生产糖水；可口可乐生产糖水，而不卖汉堡。你说麦当劳没钱吗？当然不是。从烤汉堡到生产饮料，看上去连跨界都不算，但麦当劳就是不生产糖水，可口可乐就是不卖汉堡，根本原因是市场经济的基本原则：**专业分工**。专业分工是规模效益之源。

聚焦主业的战略可不只是理论，而是在多年的市场经济下，欧美企业交了很多学费，吃了很大的苦头后才学到的。落后于竞争对手时急于赶超，缺乏约束的创新，在渐趋饱和的市场为高速增长续命，与差异化战略、大规模定制、全球扩张等"热词"一道，都让企业的产品复杂度大增（见图 1-10）。如果你看美国的企业史，会发现满篇都是扩张、收缩，试错、纠错的循环，同时很多企业成了历史。

- 差异化战略
- 大规模定制
- 在渐趋饱和的市场高速增长
- 全国、全球扩张
- 资金充沛，决定做什么容易，决定不做什么难
- 缺乏约束的创新
- 落后竞争对手时急于赶超

图 1-10　产品的复杂度是如何来的

在业务和产品上，必要的试错不可避免，欧美企业还在继续这样的试错，但相对节制；本土企业裹挟着高速增长的余威，在试错上也就更轻率，继续在走四面出击的老路。

粗放经营，通过"多子多福"来分散风险

人们在搞出那么多的产品和型号的时候，大多也会想到复杂度大增的危害。不过设计人员心存侥幸，倘若一个产品能一炮打响，就可以一俊遮百丑。对于销售来说，产品线长，产品型号多，能够满足市场上的每一种需求，何乐而不为呢？即便万一不成功，谁听说过因为一大堆的呆滞库存，公司让营销或设计卷铺盖走人呢？成功了，是营销、设计的功劳；失败了，算是交了学费，被怪罪的向来都是市场需求：市场变化太快，计划赶不上变化。

产品开发上的"多子多福"观念，根本原因还是开发能力不足，没法增加开发一个成功一个的概率，于是就试图分散风险，用数量来弥补。但是，有限的研发、营销资源摊得很薄，结果各种产品都做成了半路货，营收没有带来多少，复杂度和成本却上去了，企业在"增长陷阱"里越陷越深。

有个百亿级的企业可以说是典型。该企业有六大产品系列，鲜有能进入行业前三名的。做不出一个好产品，就做了很多平庸的产品。结果前面是一堆产品，不好不坏；后面是一堆供应商，不死不活；中间是一堆工厂，

不闲不忙。产品不聚焦，公司自己都不愿意重点投入，供应商、销售渠道当然也不会全力支持，于是大家都在"多子多福"中靠天吃饭，勉强维持。

让平均水平的产品、平均水平的公司存在是不公平的。 存量市场下，只有最好的公司、最好的产品才能生存。在北美，每个成熟行业一般就只剩两三家大公司，也就是那两三家最强最好的公司：老大吃肉，老二喝汤，老三啃点骨头，别的都被兼并整合了。在国内，行业整合还远未完成，汽车、家电、工程机械、房地产等行业都有大量玩家。这些企业的共性是缺乏战略聚焦，四面出击，什么都做，什么都做不好，以战术的忙碌，掩盖了战略上的懒惰。

小贴士　为什么皮克斯不拍实景电影

我听到一段关于乔布斯的故事，这里分享给大家。

乔布斯离开苹果后，买下卢克斯影业的计算机图形部，成立了皮克斯。当时皮克斯的 CFO 是劳伦斯·利维，有一段视频就是他讲和乔布斯一起工作的经历。[一]利维和乔布斯在个人层面有相当不错的关系，经常一起散步讨论问题，其中一个问题就是皮克斯是否应该进入实景电影领域。

动画电影和实景电影截然不同。前者是精工细作，投入所有的资源，很长时间才做出一部，还不一定会成功。后者有点粗制滥造，希望有一部能走红就好，以覆盖别的影片的成本。因为风险高，成功率低，当时做动画电影的公司大都多元化经营，比如同时拍实景电影来分散风险。

乔布斯和利维讨论的结果是，皮克斯还是坚持只做动画电影。利维以诙谐的口气说，这样做的原因很简单：动画电影和实景电影都是很糟糕的业务，从一个糟糕的业务多元化到另一个糟糕的业务，还不如集中力量把一个做好，增加胜算。就是在这种聚焦战略下，皮克斯才有了后来的《玩具总动员》《超人总动员》《机器人总动员》等一系列杰作。

　〇 Working with Steve Jobs, by Lawrence Levy, Former CFO at Pixar and Author of *To Pixar and Beyond*. YouTube.

没有约束的创新，误把不同当差异化

有些设计人员说，要设计出与众不同的产品，就得用与众不同的材料、零部件。这背后的逻辑就是，要有差异，就得不同。有些企业甚至以此作为卖点。

比如当年在导入大切诺基的时候，克莱斯勒的 CEO 自豪地举起一个包说，所有沿用旧车型的零件，都装在包里面，言下之意这是辆全新的车。[⊖]求新求异，导致零部件的重用率低，也就使得大切诺基的复杂度高，有些零部件没有经过充分验证，为后续诸多的成本、质量问题埋下隐患。该车型导入 20 多年后，仍旧是投诉最多的吉普车型，所有吉普车主的投诉中，超过 1/4 的是针对大切诺基的。[⊖]

要创新，并不是非得用不同的东西。一流的大厨选取最基本的食材，却能烹制出精美的饭菜；二流的大厨则更依赖于山珍海味。一流的中医，靠常用的药材就能手到病除；鲁迅笔下的庸医，则要用成对的蟋蟀做药引子，而且必须是原配的——没听说过蟋蟀世界有一夫一妻制，这"原配"可上哪儿去找呢？

不以规矩，无以成方圆。**真正的自由都是戴着脚镣在跳舞，没有约束的自由难以持久**。就拿英特尔来说，"芯片生产"是高科技的代名词，也是创新的代名词，但它奉行"严格拷贝"政策，即任何关键的工艺、工序、设备、材料，没有经过严格的验证、批准，绝对禁止改变，否则，对产品良率的影响谁也没法估量。但没人否认，英特尔是技术驱动、典型的创新型企业，只不过其创新必须遵循一定的规则和约束。

没有约束的创新，特别是在落后竞争对手而急于赶超时，在产品的复杂度上往往意味着灾难。比如当年摩托罗拉为了急于夺回失去的市场，一股脑推出 60 多款手机；不只是产品型号多，零部件的通用性也很差，仅电

⊖　Conquering Complexity in Your Business, Michael L. George and Stephen A. Wilson, McGraw-Hill, 2004.

⊖　Why Is the Grand Cherokee the Most Complained About Jeep Model?　by Ed Reeves, www.motorbiscuit.com, March 25, 2020.

池就有 100 多种。"市面上的每款（摩托罗拉）手机都有一种不同的电池，电池的复杂度简直是不可思议……仅库存一项就要了我们的命。"摩托罗拉前首席采购官特蕾莎·梅提如是说。

市场日趋饱和下，盲目维持高速增长

市场日趋饱和，要维持高速发展，不少企业就进行全国、全球扩张，线上、线下并进。这使得产品线越来越长，产品型号越来越多，产品配置越来越复杂，SKU 的数量激增。产品复杂度的增加必然导致供应链复杂度大增，运营成本居高不下，规模效益递减。

比如前些年的服装行业，众多品牌商在全国开店，一路下沉到三线、四线、五线城市，供应链运营的复杂度大增，从门店到品牌商再到供应商，层层库存高企，以至于网上有人开玩笑，说三年不生产，库存也卖不完。但库存里有的消费者不要，消费者要的库存又没有，小姑娘们早晨起来，第一件事还是愁没合适的衣服穿。

传统的制造业如此，新兴的电商和新零售更甚。

这几年，互联网的红利在消退，三只松鼠的 CEO 章燎原坦言，"要忘记流量时代，并习惯放缓增长"。[一]显然，很多电商对放缓增长并没有心理准备，而是想尽办法以各种方式为高速增长续命。比如由原来的天猫、京东等传统平台，扩展到拼多多、抖音等新兴平台；由线上进入线下，由 B2C 进入 B2B。这些都让需求的复杂度大增，供应链的挑战也是。

💡案例　线上转线下，一些想不到的复杂度

相比于线上，线下业务更复杂，供应链成本也更高。比如线下是实体店，每个店都要有库存，库存点多，库存周转就慢，库存成本就高；运输周期长，二次搬运多，包装箱破损的概率就大，仓储运输伙伴多，质量溯源就困难等。传统的电商不熟悉这些，往往低估了线下业务的复杂度。

　　⊖　三只松鼠：阿里云数据中台基座上的多渠道、多业态生长，阿里云，developer.aliyun.com。

比如有个电商头部企业开始线下业务时，不但自建实体店、吸纳加盟商，而且还进入传统的大卖场、便利店、连锁超市。这些业务虽然都是线下，但区别很大，对供应链的要求也各有不同，复杂度呈几何数级增长。供应链成本高，毛利挑战大，有些实体业务整体亏损，经营惨淡。

线上与线下业务不同，对产品的要求也不同。刚开始，线上与线下重合度很高，线下一般销售线上验证过的产品，比如把成熟的爆款转到线下。这对控制产品的复杂度很有帮助，但是线上与线下产品一样，价格透明，这就让线下定价很困难，导致毛利低。作为应对方案，该电商开始为线下定制产品，并且逐年增加定制的比例，于是导致产品复杂度大增。

线上与线下的消费习惯也不同，这就增加了产品的复杂度。比如，不同的线下渠道、不同的大企业客户会要求产品的差异化，至少要体现在包装上；线下门店的冲动性消费更多，有些顾客可能随吃随买，所以包装较线上更小。这些都导致包材的规格、型号种类大增，预测更难做准，库存积压严重，有时候本来产品该下市了，但为了消耗包材不得不继续卖。

从 B2C 的电商业务进入 B2B 的传统渠道，再加上一些大型客户，该电商各职能的内耗就更多，相互抢生意、抢地盘的现象层出不穷。需求越来越多元化，需求预测、补货计划就越来越复杂。供应链挑战越大，供应和需求就越难以有效匹配。供应不足，渠道之间就开始争夺资源，销售端就会为每个渠道以及大企业客户建立专用库存，这就使得库存单元更多，库存更分散，规模效益大减。

复杂度是由专家出于善意搞出的

造成产品复杂度高的原因还有很多，这里就不再赘述。但不管是怎么来的，复杂度有两个共同特点使其难以控制：

第一，**复杂度是善意搞出来的**。没有一个工程师想设计出一堆稀奇古怪的产品，把公司的钱给用完，自己好到别的地方高就；没有一个做运营的人愿意把组织、流程搞得复杂得做不了事，把公司整破产，大家都散伙几……不管是名复杂的产品、流程和规章制度，都是出于某种善意而开发和制定的，比如满足细分市场的需求、增加营收、满足现有客户的延伸需求等。

第二，**复杂度是专家搞出来的**。复杂的产品是工程师设计出来的，会计和财务搞不出来的；一套又一套的规章制度是人事、财务搞出来的，工程师是外行，自然搞不出来；一个又一个的供应商是采购纳入的，不是销售能够做到的；那些杂七杂八的订单，自然是销售拿下的，生产部门的人没那个能力。

出于善意，由专家制造，这就是为什么复杂度难以控制。

此外，复杂度大都是在"满足客户需求"的幌子下制造出来的。把复杂度归因于客户，其实是把不可控因素当成不作为的借口，让自己成了唤不醒的装睡人。

小贴士　复杂度不能仅怪客户

如果你问销售、设计，为什么又搞出一个新产品，他们的回答当然是因为客户有需求。也就是说，复杂度是外界因素造成的。那么同样的客户群、同样的需求，为什么有些公司就是比另一些公司的产品更简单呢？就拿手机来说，苹果和三星的目标用户都是高收入者，这些人的需求都差不多，苹果每年推出一款、两款、三款、四款手机，而三星则推出几十款，多得连他们自己大概都弄不清。

这说明，虽然有外界的不可控因素，我们在复杂度上还是能够有所作为的，不能把责任都往客户头上推。要知道，客户需求就如发到我们手上的一把牌，我们怎么打，还是大有区别的。一旦你听到业务端以客户需求为借口，说他们也是"被迫"的时，你要知道，他们在找借口，以**不可控**为自己的**不作为**找说辞。

我们不能傲慢到对客户的需求视而不见，因为傲慢会要了我们的命；但我们也不能对客户的需求言听计从，不加分析地照搬，因为随之而来的复杂度也会要了我们的命。在前文的汉王科技的案例中，那 37 种电纸书就是活生生的例子。用汉王自己的话，用户是汉王的老师。但是，我们也不能"老师"想要什么就给什么。对"老师"言听计从的结果，就是这37种之多电纸书——这里面的每一款，都是针对某些"老师"开发的呗。

客户之所以是客户，正是因为他们"钱多、人傻"——如果既有钱又聪明，他们自己就能满足自己的需求，哪有我们的生意做？客户往往不知道自己的真正需求。就如亨利·福特所说，"（在汽车发明之前）如果你问大众想要什么，答案会是一辆跑得更快的马车"。

作为供应商，我们"钱少，但人聪明"（你现在知道，这世界是多么公平），要做的就是发挥我们的聪明才智，以及对于产品的丰富知识和经验，来探究、管理和引导客户的需求，尽量标准化、通用化那些需求，以有限的供应来满足无限的需求，从而产生更大的规模效益。

从螺丝钉的复杂度看能力短板

有位供应链总监给我发微信说，"今天中午让采购员统计了一下螺丝钉的物料号，我们总共物料号46 000个，竟然有15 000多个螺丝钉物料号"。我们真的需要那么多种螺丝钉吗？当然不是。是不是客户要这么多种的螺丝钉？当然也不是。那这么多的螺丝钉是怎么来的？"火星人"都知道：开发人员设计出来的。纸箱子、包装袋、双面胶、单面胶、标签、劳保用品，都和螺丝钉一个道理，料号泛滥，复杂度奇高，成为企业的老大难。

没有一个客户要求设计那么多种螺丝钉

当然，有人会说，几分钱一个的螺丝钉，就算复杂，又有什么大不了呢？你还真不要小看那些螺丝钉：螺丝钉的货值虽然小，却是影响可制造性的一个关键因素，对供应链的影响也不容小觑。不信，到生产线上去看看，那一双双忙碌的手，有多少时间是在对付螺丝钉就知道了。这里讲几个我亲身经历的故事，你就知道为什么**公司大了没小事**，螺丝钉也能制造出大麻烦了。

先说一家中小企业，每年几亿元的营收。采购诉苦，说非标件太多。旁边主管设计的老总开始反击，说那是客户要求的，是为了满足客户需求。采购经理挺激动，就问，那几百种螺丝钉是哪里来的？难道客户点名要那么多？设计老总顾左右而言他。是啊，那么多种螺丝钉，料号太多，量就很分散，采购让供应商做寄售，人家都不干。

还有一家公司，也是每年数亿元的营收，主营产品是大型设备。一提到螺丝钉，负责生产的副总就来气：他们有几百种螺丝钉，有些螺丝钉的差别很小，生产领错了料，重新去换，一折腾就大半天。这还算好，万一没发现，安装到设备上，客户没用几天，螺丝钉就松了，掉进地板夹缝里不见了，几百万元一台的设备就停在那里。客户打电话来说，你们连颗螺丝钉都上不好？！

再说家大公司。深圳有个百亿级的彩电制造商，这些年人工费年年攀升，这家公司就想引入机器人，搞自动化。问他们进展如何，答曰不怎么样。为什么？因为螺丝钉！他们有几百种螺丝钉，地球上就是找不到一只机器手，能够对付这么多种螺丝钉。

设计人员设计出这么多的螺丝钉，符合他们的利益诉求吗？当然不符合。那么他们为什么还这么干呢？要知道，一个人干傻事，有可能是那个人的问题；如果一群人干傻事，后面必定有**能力短板**，也就是说，组织、流程、系统方面存在问题。

先说**组织**问题。在一般的企业里，价格高的零部件，比如芯片、显示屏、发动机等，标准化程度反倒较高，因为有专门的工程师或小团队负责，自上而下有很多双眼睛盯着。但螺丝钉、双面胶、单面胶、包装材料等，因为价值低，人人都可以设计，反倒没有任何一个人为其标准化负责。你知道，公司大了，一件事情如果不落实到一个具体的人头上，注定就做不好。

再说**流程**问题。如果你想新增一个芯片或者显示屏的话，因为价值高，你需要通过一系列审批流程，向很多人解释。但对螺丝钉、单面胶、双面胶这样的小物件，企业一般没有什么审批流程，谁都可以选型，或者设计一个，交给采购找个供应商生产就行了，缺乏基本的流程管控。

还有**信息系统**问题。一个零部件设计出来，就成了一张图纸，在一般的 ERP 系统中很难检索到。作为一个工程师，你知道那成百上千的螺丝钉中，大概率有一个你需要的，但你在 ERP 中输入"螺丝钉"三个字，出来 800 多行；再输入"十字"，变成 500 多行；再输入"2 厘米长"，剩下 300 多行。你要么花一个早晨，把这 300 多行一一点开，找到你想要的那个；要么花半个小时，新画一张图。人的天性是沿着阻力小的路走，这不，又多设计出一个螺丝钉来。

绩效考核不当也是问题。比如有家几亿元营收的企业，对设计人员的一项考核指标是出图量。那么你知道，找个螺丝钉，随便修改一点，就是一张新图、一个新料号。还有家百亿级的企业，为了鼓励"创新"，项目立项了有启动经费，项目完成了有"竣工奖"，于是工程师们人人都在立项，每个项目都对应一个产品，产品的复杂度也就这么出来了。

我说这些，并不是想给出一个系统的解决方案——产品的标准化、系列化、模块化不是我的特长。我讲这些，主要是想阐述在深层次，复杂度是个**能力问题**：能力越弱，产品的复杂度就越高。小到螺丝钉，大到飞机，都是一个道理。要降低产品复杂度，就得改变组织行为；要改变组织行为，就得从提高能力入手。

能力是组织、流程和系统的三位一体：组织是找到合适的人干活儿，而且给他们合适的激励机制；流程是活儿怎么干，由谁干，谁先干、谁后

IT系统是信息系统，给组织提供工具，固化基本流程，并通过统计绩效来判断组织和流程是否做到位。

下面我们主要从**组织**角度出发，来探究哪个职能对产品的复杂度负责，如何促进跨职能协作，在新品开发中尽量降低复杂度，尽量增加试错成功率；如果试错失败，如何及时精简产品，力求做到尽快止损。

究竟谁对产品复杂度负责

产品的复杂度究竟由谁负责，我们要从企业的基本活动说起。

前文说过，企业有三类根本性活动：**设计**开发个好产品，**销售**卖个好价钱，**供应链**以合适的速度和成本把产品生产出来、配送出去。延伸开来，就是产品管理、需求管理、供应管理三大核心职能。这三大职能通力协作，才能提高经营利润率和资本周转率，为股东创造更高的回报（见图 1-11）。

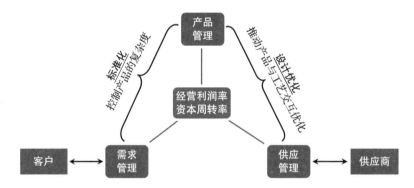

图 1-11　产品管理对产品的复杂度负首要责任，但离不开销售和供应链的配合

对于制造业来说，产品管理的任务是驱动研发人员开发出合适的产品；对于电商、零售、新零售等非制造企业，如果没有自己的设计、制造能力，产品管理更多是选择合适的第三方产品。但不管怎样，上什么新产品，下什么老产品，制定什么样的规格型号，在什么渠道先上，在什么渠道先下，产品管理都扮演着关键角色。在有些建制完善的北美企业，产品经理被称作"小CEO"，负责相应产品的盈亏，而设计、销售、供应链则服务于产

品经理，帮助其实现业务目标。正因为如此，**产品管理是产品复杂度的首要责任人**。

但是，产品管理能否独立应对产品的复杂度呢？不能。在需求端，它需要销售、市场来尽量标准化客户的需求，从拿订单上升到管需求。用华为的话讲，就是给设计清晰、干净、标准的输入。在供应端，它需要采购和供应链的帮助，推动产品的设计优化和设计选型工作。从能力建设上讲，企业需要改变有产品设计但没产品管理、有订单管理但没需求管理的情况，供应链也要从支持量产延伸到支持新品开发。

从产品开发上升到产品管理

企业规模小或者管理粗放时，往往没有产品管理这一职能，其任务由销售、设计等职能兼任。销售和设计都是善于做加法、疏于做减法，于是推出一个又一个产品、一个又一个型号。产品组合就如美国人的车库，只知道往里塞，不知道往外清理——美国人喜欢冲动购物，有用没用的一股脑儿地买，买回来了就搁在车库里，时间长了，车库都搁满了，连车都没处停了，就只有停在路上。

有产品开发，没有产品管理，产品组合就像美国人的车库

资料来源：touristoflife.me.

1997 年乔布斯回到苹果，在苹果的全球开发者大会上坦言，苹果有好的设计人员，但没有好的设计管理：设计人员没有目标，四面出击，开发着各种各样的产品，形不成合力，1+1<2。这里的设计管理，其实就是产品管理，也反映了当时苹果的设计兼任产品管理。用乔布斯的话讲，产品复杂度大增，整个产品树就和脚手架一样，叠加到了一定地步就被自重压垮了[一]。

这也是很多企业的现状：有产品设计，没产品管理。产品管理薄弱，决定做什么容易，很多新产品未经必要的验证就草率导入了；决定不做什么难，效益不好的产品也不及时砍掉。这都让企业成为复杂度的牺牲品。做加法不需要什么智慧——人天生就会做加法；**等到学会做减法时，企业才会真正变聪明。**

企业大了，在产品管理上，产品经理扮演关键角色。如果设计、销售兼职产品经理的话，就很难全面、客观地平衡产品决策：设计一般是围绕专业分工，在产品决策上容易偏向性能，忽略经济；销售是围绕客户、地域、行业等分工，知道自己知道的，不知道自己不知道的，缺乏全局观。产品功能上零敲碎打，版本升级、产品迭代无章可循，产品型号众多等，都是常见的问题。

小贴士　*产品管理与专业化*

企业早期的专业化是围绕**职能**的，人、财、物、产、供、销六大职能先后产生。随着规模的进一步增大，业务的进一步复杂化，围绕职能的专业化也在继续：从设计中剥离出产品设计、工艺设计，从销售中剥离出销售运营、需求计划，从生产中剥离出生产计划、物料计划，采购也进一步专业化为寻源、供应商质量、订单处理等。

当然，这些职能的专业化并没有严格的顺序，但不管怎样，职能专业化的结果是每个人的视野越来越窄，跨职能协作的挑战也越来越大。于是

[一] Apple's World Wide Developers Conference 1997 with Steve Jobs, YouTube.

企业就开始围绕**管理对象**进一步专业化。比如围绕客户设立客户管理，围绕项目设立项目管理，围绕供应商设立供应商管理，围绕产品设立产品管理。名称不同、级别不同，但他们扮演的角色都一样：**集成者**。

比如产品管理围绕特定产品或产品线设立，来协调销售、市场、设计、计划、生产、采购等各职能，负责定义产品功能、制定产品战略、管理产品的整个生命周期等。这是产品系列化、平台化和标准化的关键。产品全生命周期管理（PLM）系统的出现，让围绕产品的管理更加系统化，也标志着产品管理进一步专业化。

专业化和集成化对人的能力要求也有不同：**职能专业化要求深度，集成化要求广度**。但只有广度，没有深度，产品管理就容易变成万金油，成了打杂的。所以，理想的产品经理是一专多能，比如是设计、销售、市场等特定职能的专家，同时具备优秀的组织协调能力，特别是影响和领导没有汇报关系的跨职能团队。

你马上发现，这样的人才很难得。销售、设计一般是强势职能，其员工不愿意离开该领域，特别是有能力的那些人。所以，产品管理从这些职能剥离时，往往剥离的是一些边缘人。这些人在老职能的时候就影响力有限，现在成了产品经理，就更加难以驱动和领导跨职能了。这也部分解释了，为什么有些企业设有产品管理，但形同打杂，并不能发挥应有的作用。

解决方案就是要重视产品管理，而所有的重视，最后都体现为资源的投入，最直观的就是提高相应职位的报酬，以吸引优秀的人员，这里不谈。我想强调的是，企业规模越大，业务越复杂，产品越复杂，专业职能的协调就越困难。强化和专业化产品管理，从产品设计上升到产品管理，围绕产品进行全生命周期管理，对于控制产品复杂度有着现实意义。

销售要从接订单上升到管需求

销售天生的任务是接订单，但更重要的是管理需求，即在客户的需求定义阶段就真正理解需求，正面影响需求，标准化需求。很多企业的现状是有销售，但客户管理缺失；有订单管理，但没有需求管理。

销售需要从接订单上升到管需求，而管需求的关键是**理解需求**。让我们打个比方来说明。

假定客户要个三角形的瓶盖（注意这里只是"假定"），这看上去是很清楚的需求，二流的销售会直接将客户需求转达给设计，设计于是就绘制图纸、制定规格，这个非标的瓶盖就这么给设计出来了。你知道，非标件有非标件的问题：成本高、良率低、交付慢。它就成了供应链的噩梦。一流的销售则会问客户，他要这三角形的瓶盖干什么。客户说他有个装水的瓶子，他不想让水流出来——这才是真正的需求，也是客户想要解决的问题。

现在你知道了，三角形的瓶盖是解决方案，不是需求。在这个世界上，很多人分不清什么是需求（要解决的问题），什么是解决方案，总是习惯性地错把后者当前者。理解了真正的需求，我们就能够给客户多种选择：可以是标准的圆形瓶盖，成本低、交付快；也可以是非标的三角形瓶盖，意味着更高的成本、更慢的交付；还可以给客户一只塞子或者一只杯子什么的。

需求管理不是给客户制造障碍，一味地说"不"，也不是"金有狼牙棒，宋有天灵盖"，一味地说"行"，而是真正理解客户想解决的问题，给客户**更好的解决方案**。在理解需求，分析优劣后，客户最终往往会采取你希望他采取的解决方案。

要真正理解客户的需求，关键是问一些合适的问题，探知客户真正希望解决的问题，尽量用标准化的解决方案来应对。二流的销售分不清这点，甚至引诱客户自己给出解决方案。

有一次，我到北京昌平一家企业的餐厅吃饭。服务员过来了，我告诉她想吃点面条，问有什么面条。服务员说："你想吃什么面条，我们都能做（多像一个没经验的销售）。""真的？兰州的牛肉面、镇江的锅盖面、武汉的热干面，你们能做吗？西安的臊子面呢？"显然，她在引诱我给她一个"解决方案"，而这可能给大厨制造麻烦。

作为销售，我们要确保给产品管理、产品设计的是客户需求，而不是客户臆想中的解决方案。让我讲一个硅谷的典故来说明。

硅谷有位传奇人物叫坎贝尔（1940—2016），大多数人可能不知道他是谁。这人可是个传奇人物：以前是哥伦比亚大学的橄榄球教练，后来到硅谷，指导乔布斯、贝佐斯、佩奇这样的人做生意，成为他们的"教练"。坎贝尔自己在担任一家软件公司老总的时候有个规矩，大意是，作为内部客户，你不能走到程序员面前，要他们设计个方按钮还是圆按钮；你要告诉他们你想解决的问题是什么，由程序员来决定如何实现。这是在严格区分需求和解决方案，由专业的人来做专业的事。

小贴士　如何应对定制化需求

面对定制化需求，销售是企业的第一道防线，**价格**是常用的手段：你要功能 X，可以；加上功能 Y，也可以；再加上功能 Z，当然也可以。当然这些都不是免费的：这里是你的报价单，X 需要 100 元，Y 需要 30 元，Z 需要 80 元。

看到了报价单，客户就会更容易回归理性，确定哪些是真正需要的——客户不愿付钱的就不是真正需要的。优秀的销售知道，客户想得到额外的东西，一定要让他们付出代价，至少要让他们努力争取。否则，得来太容易，客户就不会珍惜，也会助长滥用定制、增加复杂度的做法。

戴尔就是通过价格来引导定制化需求。

在戴尔的直销模式下，消费者通过网上选定配置。一台电脑有那么多零部件，理论上可以有 200 多万种配置。那么，戴尔是不是在生产 200 万种配置呢？当然不是。那么戴尔是如何管理复杂度的呢？一个字：钱。当一个机型刚出来的时候，戴尔会统计消费者的喜好，选出有限几种最流行的配置，合理定价，作为默认型号主推给消费者（这也叫"自然选择"）。消费者要别的配置，可以，但得多付钱。

除了价格，还有**客户**的差异化，也就是根据客户的重要性来决定是否定制。

有家企业连年快速增长，做到成为行业最大的两巨头之一时，需求的复杂度也成了大问题：小批量、多品种的订单越来越多，大批量的供应链没法有效应对。进一步分析后，该企业发现，很多客户尤其是小客户，对企业的贡献非常有限，但它们的定制化需求批量小、复杂度高，对生产和供应链影响巨大。

于是，该企业开始对客户进行差异化管理，把客户分为 A、B、C 三类，其中 A 类是重点客户，不管批量多小、定制化程度多高，订单一律都接，并给予最好的服务；B 类客户居中，批量小、定制化程度高的话，需要支付更高的价格；C 类客户，即便支付更高的价格也不予以定制。半年下来，该企业的成品料号的数量减少了 10%，营业额却上升了 30%。

在大批量行业，很少有企业能够从小批量定制本身获利；如果获利的话，也要等到量产后有了更多的需求，或者通过小批量定制提高客户满意度，从而得到更多别的业务。显然，这两方面 C 类客户都难以满足，它们带来的更多是复杂度。

当然，经常有人会说，大客户不都是从小客户过来的嘛。小客户变大，可能性当然有，但能有多高呢？想想看，都那么多年了，小公司还是小公司，表明其能力有限，没法成长为大公司，那么将来成为大公司的概率能有多大呢？

这就如同买股票。苹果、谷歌这样的万亿美元级别的公司，都是由小公司成长起来的。如果在它们还是小公司的时候就买它们的股票的话，那么现在还不成了亿万富翁！但是，2000～2021 年，美国有 5600 多家企业上市，[⊖] 从中赌对谷歌的概率有多高呢？仅靠漫天撒网撞运气，你还不早就把家底输光了。

供应链要早期参与需求定义

在需求定义阶段，供应链对产品复杂度的贡献，主要在于帮助企业进

⊖ IPO Statistics, stockanalysis.com.

行设计优化和设计选型。设计优化对可制造性至关重要，可制造性越高，复杂度就越低；设计选型对标准化、通用化意义重大，直接影响到规模效益。不管是设计优化还是设计选型，供应链都扮演关键角色。

设计优化

我到一些企业，问他们的设计优化做得怎么样，答复是负面居多，最好的也不过是"整体还不错，但还有可改进之处"——这是有设计人员在场时的"政治正确"。设计没优化，会增加制造工艺的难度，增加制造端的复杂度，影响成本、交付和质量，不管是自己生产，还是由供应商生产。

一件事做不到位，根本原因就两个：要么**没意愿**，要么**没能力**。设计没优化，人们首先想到的就是工程师没意愿。当成本不是工程师的指标时，他们会更加倾向于性能，而牺牲成本。这好办，给工程师设定目标成本、年度降价等指标，绩效考核改变组织行为，保准他们会更加有意愿优化设计。

问题是，即便有意愿，工程师有没有能力优化设计呢？不一定，让我们看看设计优化是怎么做的就知道了。工程师设计好图纸，制定好规格，这就是他们的**产品设计**。让采购拿给供应商打样，供应商做的是**工艺设计**。供应商的反馈来了，说："设计中用了一种 X 材料，太硬、切削难度高，加工成本高，速度慢，良率低；您的同行都在用 Y 材料，既能达到设计规格，又容易加工，良率高、成本低，您为什么就不用呢？"设计说："这么好的点子，我怎么就不知道呢？"

工程师不知道是有原因的，因为他们整天对着电脑做设计，要不就是在设计评审会中，有多少时间是在生产线上度过，熟悉制造工艺呢？对年轻工程师来说尤其如此，他们从学校出来没几年，产品设计懂一点儿，但对制造工艺知之甚少。等到多年媳妇熬成婆，试过很多错、交过很多学费后，既熟悉产品设计也熟悉工艺设计的时候，却不再做设计了——他们成了经理，做起了管理。

这就是企业面临的普遍问题：做设计的主要是低于平均水平的那一半工程师。这里丝毫没有对设计人员的不敬——任何时候，总有一半人低于平均水平。他们懂产品设计，但不是工艺设计的专家，需要供应商的工艺来对接，实现产品设计和工艺设计的交互优化，而这离不开采购和供应链的帮助。

💡案例　户外灯具的太阳能板

有家公司生产户外灯具，客户主要在欧美，灯具用于屋前院后的照明。近年来，随着太阳能技术的普及，太阳能灯具成为该企业新的增长点。太阳能板相当贵，为了节省太阳能板，研发人员就精确地计算每款灯具需要的太阳能板面积，比如能用 24×24 厘米的，就不用 25×25 厘米的，即便后者是厂家的标准尺寸（谁说设计不在乎成本）。

这表面上节省了太阳能板，却成了供应商制造时的噩梦：太阳能板不同于玻璃，切割很麻烦，费时费力，良率也受到影响；品种越多，批量就越小，单位成本也就越高。我到他们大楼周围，看到草地上有几百个样灯，几乎每个样灯的太阳能板都不同。其实倒不如都用标准尺寸，虽然材料上有些浪费，但采购和加工的总成本反而会更低。

问题的根源在哪里？产品设计者不懂制造工艺。设计人员想当然地认为，太阳能板看上去像玻璃，摸上去像玻璃，自然就能像玻璃那样随意切割了，边角料还可做他用。其实不是这样，在切割的过程中，太阳能板里的金属丝切断了，边角料就没法再用了。

开会时，销售老总抱怨设计老总：设计太阳能灯这么多年了，你们还不知道太阳能板是如何切割的？太阳能板的切割工艺发生在供应商处，工程师怎么能知道呢？解决方案离不开采购，采购是对接设计与供应商的桥梁，是补齐工艺知识短板的关键。他们可以在访问供应商时带着设计人员，相信产线上的任何一个工人都能解释清，太阳能板不是玻璃；也可以请供应商的人员来讲给设计人员听——这么好的影响客户设计人员的机会，相信没有哪个供应商愿意错过。

但采购却只知道扮演受害者的角色：设计过于多元化，降低了规模效益，拿不到好价钱；品种多、批量小，得不到供应商的足够关注，交付问题多多。抱怨之余，不知道自己其实也是解决方案的一部分。

因为不懂工艺，设计人员优化设计的好心并不一定有好报，这在各行各业都能看到。

比如在建筑行业，有的设计师为了节省钢材，就严格按照最经济配料来设计，能用8号钢筋的就不用10号，能用10号的就不用12号。结果同一个结构件，配料单上有8号、10号、12号三种型号的钢筋，虽说最省料，却增加了施工的复杂度，甚至造成质量隐患：这些钢筋的料号那么接近，工人难以辨认，经常放错；如果把10号错放为8号倒没什么大问题，无非浪费点材料；但把8号错放为10号，问题就大了。放错了再换，来回折腾，成本很高，倒不如都设计成一种型号的钢筋，总成本反倒更低。问题的根源还是一样：设计师缺乏生产工艺知识，没做过施工，不熟悉施工中可能出现的问题。

我说这些是为了解释一个简单的道理：**离开工艺设计的反馈，产品设计就很难优化**。在设计阶段早期纳入关键供应商，是优化产品设计、降低复杂度、提高可制造性的重要举措。越是复杂、技术含量高的行业，产品设计与工艺设计关联越紧密，采购和供应商早期介入就越重要。

比如对商用飞机来说，一款机型从研发到量产，动辄需要几年甚至十几年，投资几十上百亿美元，产品设计复杂，工艺设计也复杂，专业化分工很细，采购方与供应商需要密切合作，供应商早期介入就是其一。在研发787时，波音向前迈进了一大步，把系统、子系统和模块的设计外包给一级供应商，由它们负责产品设计和工艺设计，并管理下级供应商，这从客观上促进了产品设计与工艺设计的交互优化。

在产品设计与供应商的工艺设计之间，供应链的采购职能扮演着关键的桥梁角色。但是，这一桥梁很多时候搭不起来，主要有两个原因：

其一，采购是个支持性职能，缺乏技术力量，没法有效对接自己的设计和供应商的技术人员。这点可以通过设置专业的制造工程师、工艺工程师、供应商工程师等职能来应对。在不同企业，这些职位的名称不同，但性质类似，就是专业的人做专业的事：他们的专长是制造工艺，不一定有设计背景，但懂设计，是把产品设计落地的关键力量。

其二，采购的寻源策略不当，导致供应商不愿意分享其工艺知识。很多企业采用一品多点的做法，也就是说，同一个料号分配给两个或更多的供应商，通过增加竞争的充分度来获取更好的价格，降低供应风险等。这种做法其实是个伪命题，是管理能力薄弱的体现，我在另一本书中有详细的阐述。⊖这里要讲的是，一品多点的做法降低了优秀供应商的忠诚度，影响了它们在产品设计与工艺设计交互优化中的积极性，直接导致产品设计的优化度低。

要知道，一个优秀的供应商之所以优秀，在于它有独特的技术、独到的工艺或者别的供应商不知道的知识。在多点寻源下，优秀的供应商有多大动力把自己独到的知识贡献出来，帮助你整合到设计中，让它的劣质竞争对手也学会？制造过程中出了问题，这些供应商不愿让客户的工程师到现场解决，也是担心他们学会了教给自己的竞争对手。这就直接决定了产品的设计没法优化。

设计不优化，可制造性就差，成本就会居高不下，最终成了采购的问题——成本没有设计下来，就得采购砍下来。采购靠一张嘴能砍多少？砍不了多少就导入更多的供应商，增加竞争的充分性，这会让优秀供应商的忠诚度更低，以致在后续的新产品开发中更加不愿意帮我们优化设计，从而陷入恶性循环。

设计选型

经常听采购抱怨，说天底下的螺丝钉（或者随便其他任何东西）那么

⊖ 《采购与供应链管理：一个实践者的角度》(第3版)，286～301页。

多，我们的设计人员就是选了个不一样的，难寻源，性价比也不高。想想看，工程师选个糟糕的螺丝钉，是符合他们自己的利益诉求吗？当然不是。也就是说，工程师也不愿看到这样的结果。既然不是**意愿**问题，那就是**能力**问题：工程师往往不了解供应，做不好设计选型工作。

我们先看看工程师是怎么选型的。假定他们需要个螺丝钉，那就找个产品目录出来，在上面找个最合适或者性价比最好的。这个产品目录，要么是从网上找到的，要么是上次正好有个供应商留下的。他们会不会把所有供应商的产品目录都找出来，做个综合比较呢？当然不会。他们往往根本就不关注那些供应商——越是次要的零部件，每个工程师都在设计的，越不是任何一个工程师的专长。

谁最熟悉这些供应商？采购。专门负责该产品的采购是最了解供方的人。这就要求采购**早期介入**，在需求定义阶段正面影响需求，做好设计选型。与此相关的就是供应商也要早期介入。这对那些比较复杂的选型尤其如此：供应商最了解自己的产品，采购需要借助供应商的经验智慧来优化需求。

举个例子。假定你是个房地产开发商，需要用 ABB 的配电柜。究竟配备什么规格的，你的工程师其实并不很内行，所以在选型上就倾向于保守，选择更高规格的型号。比如本来 100 元的配置就可以，却选了个 130 元的配置，能力过剩，而且独特、复杂度高，后续的维护也不便宜。

超预算了，采购就得去谈判降价，软磨硬泡总算砍下来一点，但还是没法把 130 元降到 100 元。结果就是双输：采购稀里糊涂，花了更多的冤枉钱，不高兴；供应商被砍价后，毛利更低，当然也不开心。如果是 ABB 工程师的话，他们更熟悉自己的产品，选型上就会更加合理，性价比更高，既满足了预算，后续维护也更方便，全生命周期的成本也更低，实现了双赢。

生活中这样例子也有很多。比如你们部门要举办活动，你要到酒店去订几桌饭。如果你自己点菜，点的菜大家不一定喜欢，而且还超预算；如

~~甲让酒店的服务员配菜的话，便便是菜品更养生，人家吃得也满意，而且~~ 不超预算，两全其美。

这道理好懂，为什么那么多的企业却做不到呢？这后面有信任问题：采购方不信任供应商，没法有效约束供应商的博弈行为，也就不放心让供应商在早期介入。

小贴士　早期介入后，如何约束供应商的博弈行为

供应商早期介入后，若企业对其管理不当则会助长供应商的博弈行为。这里的关键是要和核心供应商建立**长期关系**，通过长期关系约束早期介入后的博弈。

日本的一些公司是供应商早期介入的典范。它们和数量有限的供应商合作，供应商在参与设计的时候就知道这生意是它们的了，但敢不敢因此漫天要价？不敢。因为如果在这个产品上把客户扣作人质，客户拿它们没办法，但在未来新产品上就可不选它们——客户和供应商是长期关系，供应商知道自己有几个竞争对手，也知道大概能得到多少比例的新生意。正是因为在长期关系下，供应商有所失，不配合的机会成本很高，才驱动它们"向善"，约束了它们的基于短期利益的博弈行为。

要知道，**真正能够约束供应商的，是它们还没得到的未来生意**。在短期关系下，供应商和我们是没有未来的：它们和我们协作，并不是说未来业务就有保证，因为我们最后还是要多家竞标的，最低价中标；不和我们协作，未来业务也并不是没有保证，因为只要到时候报个最低价，这生意就是它们的了。如果你是供应商，你当然会选择博弈，让自己的短期利益最大化。况且早期介入对供应商来说也意味更高成本，如果不是长期关系，那就只能在短期内回收，这也在客观上加剧了供应商短期博弈的冲动。

在长期关系下，约束供应商博弈的另一利器是**目标成本**。在目标成本下，双方有共同目标，也就有了合作的基础——如果达不到目标成本，我们就要另找供应商。有人或许会问，如果实现了我们的目标成本，供应商

多赚钱怎么办？这是好事，因为我们得到了自己想要的，我们的诉求得到了满足，供应商赚得钱越多，那么以后帮助我们进行设计优化、设计选型的积极性也就越高，也会把优质资源优先给我们。

要知道，采购的终极目的不是让供应商少赚钱，而是整合供应商的最佳智慧和优质资源，推动产品的设计优化，从而开发出更加有竞争力的产品，基于差异化优势卖个好价钱，让链条上的伙伴都有钱赚。

试错后，如何尽快纠错以降低产品复杂度

到现在为止，我们谈了产品管理、销售和供应链在复杂度控制中的角色，主要是在产品开发中不要产生复杂度。但是，业务环境复杂多变，企业无时无刻不在面临着巨大的不确定性，试错是难以避免的。

比如你是个快时尚电商，流行元素、气候温度都充满不确定性，促销活动也是。再比如说你是个新零售，为了增加客单量，就在前置仓增加越来越多的低销量 SKU，你知道成本和收益有个边界，但在一个新兴行业，我们其实不知道这个边界。这些都需要必要的试错来验证。

我们要做的就是**试错前要审慎，力求慎始如终，提高新品导入的成功率；试错后要决绝，避免优柔寡断，对不成功的产品要尽快精简以便止损**。而现实常常正好相反：试错前轻率随意，试错后优柔寡断，上得快、下得慢，导致老产品越来越多，产品复杂度越来越高。

那么多的老产品，出路是什么[⊖]

面对那么多的老产品，企业可以有一系列的选择来应对。

选择 1：**整合**。整合就是通过销售、定价、售后服务等一系列措施，引导需求，把老产品的需求整合到主推产品上。比如新产品推出后，销售就重点推销新品，让新产品的性价比更高，同时适当降低老产品的服务水

⊖　参考自 Conquering Complexity in Your Business, Michael L. George and Stephen A. Wilson, McGraw-Hill, 2004。

平，让客户对老产品的需求尽快转移到新产品上。

公司并购后，两个公司的产品有重叠，就常用这种方法来整合。比如前些年，外资企业大幅并购本土品牌，很多就用这样方法，淡化民族品牌的影响，把相应的需求整合到其主流品牌上去。

选择 2：剥离。不管当初技术含量多高，任何产品都难免大众化，大众化后将其剥离给成本更低的企业，是前瞻性企业战略聚焦的常用手段。典型的例子就是 IBM。随着 PC 的大众化，IBM 先是剥离 PC 业务，后来剥离普通服务器业务。两项业务的接盘者都是联想，因为联想的成本更低，更有可能在大众化的电脑市场中生存下来。

另一个典型的例子是通用电气。通用电气的成长史，也是并购与剥离的历史：它剥离了家电业务，剥离了塑料业务，剥离了电视业务，最后连发家的照明业务也剥离了（通用电气由爱迪生创建，而电灯就是爱迪生发明的），然后聚焦航空、发电、医疗、再生能源等业务。

选择 3：自然消亡。对于有些产品，如果整合不了，也剥离不掉，但利润尚可的话，企业可以采取自然消亡的做法。这些产品的客户往往出于技术、经济等原因，不能或不愿采用更新的产品。比如德州仪器有一些老芯片就是这样：虽然批量小，客户数量有限，但毛利高。能卖成钱的复杂度是好复杂度，这样的产品就成了现金"奶牛"，直到需求最终消亡。

备件领域也有这样的例子。有些设备的生命周期长达几十年，其中一些关键备件的需求量小，但非常昂贵，毛利高，值得设备供应商长期经营，而企业要做的就是在需求自然消亡的过程中，逐渐降低对这些产品的需求预测，消化掉供应链上各环节的库存。

选择 4：业务收缩。也就是说，产品还在，但在业务范围上适度收缩，不做所有客户的生意，不做所有地方的生意，不以所有方式做生意。比如原来是线上、线下并举，现在只做线上；原来是在全国销售的，现在只在华东和华南卖；原来铺货到地市级分销商，现在只到省一级。这是聚焦于规模效益更明显的地方。

地域、业务渠道如此，规格型号也是如此。比如在快时尚行业，当产品进入生命周期尾端时，有经验的企业会把剩余的物料加工成更畅销的型号、尺寸、颜色等，以尽快消耗掉剩余物料。新型号、新产品导入时，要尽量推迟切换用量大的客户，以尽快消耗掉老产品的库存，同时减少新产品的短缺，也是类似的逻辑（当然，在实践中往往正好相反：大客户的影响力大，往往要求最先上新品，从而加剧了老品的过剩和新品的短缺）。

选择 5：**直接精简**。有些产品和规格型号，既没法整合到主流产品中，也没有接盘侠，也不是自然消亡的理想对象，哪个渠道也不好卖，那就长痛不如短痛，直接砍掉，以求在坏的复杂度上降本。比如在电商业务下，一个产品卖上一段时间，就能相当清楚地看出哪些规格型号畅销，把不畅销的规格型号下架，主推畅销的规格型号。

要不要继续经营这个产品或型号，在哪里卖，以什么方式卖，这些都需要数据支持，主要是考量营收和成本，要算一笔账。下面我们来看看，这笔账究竟要怎么算。

精简老产品，要算什么账

一位经理人给我发邮件，诉说公司里的单品数量不断增长，库存 KPI 年复一年越发严峻，部门之间博弈不断。用她的话说，就是 SKU 数量存在一个物极必反（边际效用递减）的临界点，但苦于没有数据支持，来体现 SKU 泛滥对生意大盘的损害。因此，管理层（尤其是销售部管理层）并不认为公司应该主动对 SKU 数量进行控制。

这位经理人的问题存在普遍性。企业大了，没法量化的就没法管理，放在复杂度控制上也是。虽然没法精准量化，企业还是在做各种尝试，以评估精简产品复杂度对营收和成本的影响。

先说营收。一个产品精简掉了，并不是说与之相关的所有营收就都会没了，有些营收会转移到别的产品上。这是因为产品之间有重叠，姑且称之为**重叠营收**。产品的重叠越多，精简其中一个产品，对营收的影响也就越小。比如产品 A 的营收是 100 元，其中 70 元可转移到别的产品上（重叠营收），那么精简后的营收损失就只是 30 元。

营收还要考虑**关联营收**。比如客户买不到这个产品，就可能去别的公司买，顺便带走更多别的生意。这是销售端不愿精简产品的一大顾虑。假定产品 A 的关联营收是 20 元，那么加上重叠营收 30 元，精简这个产品后，面临的营收损失就是 50 元。

这些道理简单，但账难算。比如产品 A 的重叠营收是 70 元，这一数字从哪里来的？或许你可以实验，可以凭经验估计，但准确度难以保证。关联营收就更难估计了，我们又不能做"活体实验"，在实际业务中验证。

营收如此，成本也是如此。产品精简了，材料、人工等**直接成本**就节省了，这账好算。**间接成本**，在传统的会计系统里，主要是以平均摊销的方式来处理，没法准确反映出低销量产品的真实成本——产品的销量越低，一般我们越会低估该产品的间接成本。

固定成本就更复杂了。精简产品后，相应的营收减少了，剩余产品的固定成本摊销反倒更高，除非我们能把相应的工厂、设备彻底关掉。当然，我们可以把产能节省下来，投入到投资回报率更高的产品上，这是潜在的收益，也是精简产品的一大驱动力，但我们还是难以算清这笔账。

假定营收和成本的账都能相对算清，那么产品精简的决策就容易做出：按照净盈利，从低往高砍就行了。但你知道，这不现实，因为我们很难算清这笔账。比如，产品精简了，那么人闲下来，有没有更高的投资回报率？货位空下来，有没有更好的产品去填充？把不盈利、低盈利的客户淘汰了，能不能找到更好的客户？发生连锁效应怎么办？更糟糕的是，我们往往都不知道还有什么事情可能发生。

在巨大的不确定性下，上新品容易，下老品难，维持现状就成了很多企业的选择。不过不要绝望：对于很多企业来说，产品的复杂度如此之高，有很多挂在低处的果实可以摘，其实根本不需要什么分析和智慧，需要的只是**决心**，就如下面的乐柏美案例。

案例 分得清的就留下：乐柏美精简规格型号[一]

乐柏美是美国家庭用品的第一品牌，产品包括家居收纳、车载保温箱、食物容器、洗衣／沐浴／清洁用品、壁橱、厨房用品等系列。[二]我们这里要讲的是办公桌上的附属文具。

在办公桌的附属文具上，乐柏美紧随家具商，每当家具商推出一款新的办公桌，它就推出相匹配的文具。同一家具商，每款家具的颜色大都略有不同；同一款产品，卖给不同渠道、不同平台的颜色也会有差异；竞争对手之间，即使是同种颜色，颜色深浅也会略有不同。就这样，乐柏美跟着推出几千种文具，例如仅米色的文件盒就有十几种，颜色非常相近，生产、销售、配送经常搞错。

CEO怒了，把十几种米色文件盒齐齐摆在桌子上，让那些销售自己来辨认。颜色、型号认对了，就保留下来；认错了，就淘汰。结果一半的文件盒被砍掉了。就这样，乐柏美把4000多种规格型号（SKU）一路砍到1000种左右，配送中心从9个整合到3个再到2个，最终只剩下1个，库存周转率实现翻倍。

一年后，公司盈利翻倍，尽管营业额只上升了10%还不到。

宝洁也有类似的情况。比如海飞丝的SKU精简超过一半后，每个单品的销量不仅翻倍，而且业务增速是精简前的两三倍，整体营业额增加超过20%。[三]要知道，降低产品复杂度的目的有两个：其一，降低成本；其二，更加有聚焦地增长。乐柏美和宝洁的案例都完美地体现了这两点。

随便到一家公司你都会发现，不管用什么标准来衡量，有些产品根本不用思索就该砍掉，那为什么它们迟迟不能动手呢？

[一] 引自 The Complexity Crisis: Why too many products, markets, and customers are crippling your company-and what to do about it, by John L Mariotti, Adams Media, 2008。

[二] 百度百科，"乐柏美"词条。

[三] Conquering Complexity in Your Business, Michael L. George and Stephen A. Wilson, McGraw-Hill, 2004。

其中，大原因是公司政治。要知道，每个产品、每个型号，后面都有一个人或者一群人，而且是高层管理者，产品就如他们的孩子，砍谁的产品都得罪人：砍掉产品的话，他的人就也得精简；没有人的话，要他这个管理者干什么？这都是切身利益。那怎么办？决心之外，还得有点技巧。

有家企业的产品线泛滥，但哪个产品都动不了。首席运营官说要下定决心，"背靠背"来砍产品——大家投票表决，但产品的负责人要回避。这是个有家族背景的企业，首席运营官和董事长是至亲，精简产品尚且这么难，别的企业就可想而知了。

但问题是，稍微有点规模的企业动辄就有成百上千的产品，仅靠投票表决显然管不好。那么多的产品，规格、型号的组合那么多，究竟砍哪些、留哪些，可供选择的方案太多，容易让人不知所措。所谓复杂，正是因为选择太多，导致迟迟不决，或者做出错误的选择，甚至纯粹回避决策。

那人类怎么对付极度复杂的东西呢？我们会转向**简单法则**，以简单对复杂，快刀斩乱麻。

比如驾驶是个非常复杂的任务，否则，为什么谷歌、百度都研究那么多年了，自动驾驶还是没法上路。但开车又很简单，只要你能坚守一个简单法则，就能保证安全无虞，那就是保持距离：和前面的车保持距离，和后面的车保持距离，和左边、右边的车保持距离。围绕这一法则，你要么踩油门，要么踩刹车，就那么简单。

小贴士　谷歌利用简单法则，招聘顶级人才

谷歌的产品开发一度挑战重重，因为顶级的计算机专家不够。于是，产品开发问题就变成了雇人问题。要找到那些顶级的人才，难度和从千百只股票里淘出未来的苹果、微软、腾讯一样，你用任何模型都没法清楚地评估。于是，谷歌制定了一系列简单法则来应对：[⊖]

其一，找非常规的人。顶级的人才大都看上去"不正常"，容易有离经

⊖　Effective People Think Simply, Kathleen Eisenhardt, YouTube. Stanford Graduate School.

叛道的行径，做一些疯狂的事，就像苹果的经典广告词中所说的——为常人所不容，但正是他们才能改变世界。我们也不能以常人的标准，来衡量这些顶级的人才。

其二，谷歌员工推荐。俗话说，一流的人推荐一流的人，二流的人推荐三流的人。在谷歌顶级员工荟萃，最了解谷歌需要什么样的人才。他们也最熟悉全球顶级的研究机构，以及那些顶级的博士、硕士——那些人往往是他们的校友甚至同门师兄弟，员工推荐行之有效。

其三，一旦看到简历上有任何可疑之处，坚决不招。因为企业需要的是诚信，而诚信没有替代品。相信直觉，感觉到有问题的人，十有八九有问题。

识人难，识别"千里马"更难。借助这些简单法则，谷歌找到了更多的顶级人才，开发出了一系列伟大产品。下面我们分享一个案例，看如何用类似的简单法则，来指导产品的复杂度控制。

🔍 案例　好坏 SKU：高乐氏控制产品复杂度

高乐氏总部位于美国加利福尼亚州奥克兰，是全球领先的消费品制造商，主营清洁用品等。该公司 2021 财年的销售收入为 73 亿美元，全球有9000 多名员工，在 25 个国家和地区运营。

像很多公司一样，高乐氏的销售希望做每一个地方、每一个人的生意，把每一个产品放到每一个货架上，这意味着产品线长，产品的规格、型号、库存点多。比如同样的洗洁精，针对不同的渠道、地域、客户群体，会有多种不同的包装、容量、标识等。这都导致 SKU 大增，规模效益下降，单位成本上升。

高乐氏开发了一套决策流程，制定一些简单法则，来精简 SKU，控制产品的复杂度（见图 1-12）。

首先，我们需要问一个根本性问题：企业为什么要存在？答案只有一个：股东回报。这并不是说客户、员工、社区不重要，但离开了回报，股东就不愿意投资，企业就不会存在。皮之不存，毛将焉附，所有别的目标也就成了空话。

一个 SKU，如何才能给股东更好回报？要么能够盈利（**利润**），要么能够冲量（**销量**），两者都不满足的话就要精简。利润很直观，不用解释。有些产品赚钱少，甚至不赚钱，但可以冲量，以维持市场份额，分摊渠道和供应链的固定成本，给其他业务带来客流量，淡季的时候养活工厂和员工等，所以也有存在的理由。

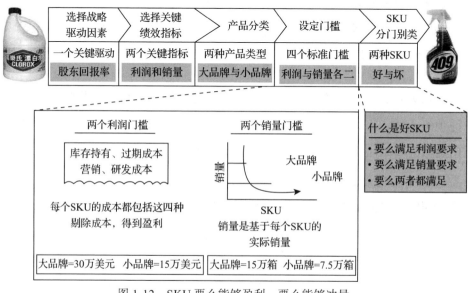

图 1-12　SKU 要么能够盈利，要么能够冲量

资料来源：Operations Executive Board.

当然产品有大品牌、小品牌之分，相应的利润、销量门槛也应该不同。

对于大品牌，如果一个 SKU 的年销量少于 15 万箱，而且盈利低于 30 万美元，那么就是坏 SKU，要么采取措施改进绩效，要么下架。对于小品牌，年销量的门槛为 7.5 万箱，盈利的门槛为 15 万美元。这样，对于每个产品的众多 SKU，就可以计算出其好坏的比例来，并作为一个绩效指标来管理。比如产品 A 有 100 个 SKU，其中有 76 个能达到销量或利润门槛，所以好 SKU 的比例为 76%，坏 SKU 的比例为 24%。

作为一家公司，高乐氏定期评估好坏 SKU 的比例，及时做出整改措施。比如，在图 1-13 中，产品 A 的坏 SKU 比例先是下降，然后上升，随后又下降。这或许是个新产品，先是第一季度小范围上市，销售情况不错（表现为坏 SKU 比例下降），然后决定大面积上市（第二、三季度），导入更多的 SKU。或许是面铺得太广，或许是促销工作不到位，总体销售不佳，表现为坏 SKU 的比例上升。于是采取措施，比如加大宣传力度，或者下架一些 SKU，促成坏 SKU 的比例在第四季度大幅下降，表现为逐渐向产品 B 靠拢——产品 B 的坏 SKU 一直呈下降趋势。

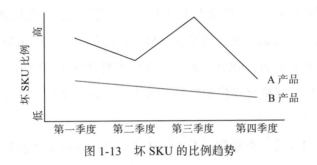

图 1-13　坏 SKU 的比例趋势

资料来源：Operations Executive Board.

在产品的复杂度控制上，高乐氏的案例有几点值得借鉴：

其一，**清楚、易懂的复杂度门槛**。一个产品存在，要么能够盈利，要么能够冲量，就这么简单，相应的门槛值根据大品牌、小品牌适当调整。产品的复杂度控制涉及营销、设计、产品管理、财务和供应链等多个职能，再加上产品线、事业部、总部等不同层级，清楚、简单的门槛指标对进行有效的跨职能沟通至关重要。

其二，**清晰的责任体系**。在业务方面实行事业部负责制，责任人是事业部的领导；在流程方面实行供应链负责制，责任人是供应链计划经理。具体地讲，供应链计划经理对**过程**负责，定期计算好 SKU、坏 SKU 的比例，引导事业部和各职能采取行动；事业部的领导对**结果**负责，通过提供足够的资源和支持来贯彻执行，实现降本和盈利的目标。

其三，**清晰的年度目标**。每类产品的坏 SKU 都有年度指标，由 SKU 指导委员会批准设立。该委员会由 CFO 任主席，供应链计划总监领导日常工作，清晰的年度目标可以从根本上解决"愿不愿意"的问题，并把产品的复杂度控制纳入运营指标体系。

在产品的复杂度上，营销、产品、设计等需求端职能只管生，[⊖]不管养，真正养的人是供应链——他们得一遍又一遍地进行计划、采购、生产、配送以及售后服务，最熟悉相应的成本和其他不良影响，因而更有动力来精简产品。这就是为什么在高乐氏的案例中，供应链（确切地讲，是供应链的计划）扮演关键角色，比如设定量化指标、定期统计、跟进执行等。

在一家本土电商公司，情况也类似：产品的上线主要由销售定，销售在上新品时面面俱到，SKU 泛滥；下线则主要是供应链驱动，比如每隔一个季度，供应链就梳理在售的产品，对销量不好的做出调整等，在复杂度控制上扮演主导角色。

下面我们再看一个案例，看如何从供应链的角度来评估复杂度。这些评估不一定能准确量化，但只要方法论一致，按照同样的标准打分，结果还是有可比性的。

💡案例　从供应链角度评估产品复杂度

案例企业主要生产美容、美发等快消品，每年营收有十几亿美元。在快消品行业，产品生命周期短，产品型号、规格泛滥，给计划、采购、制造、仓储、配送等整个供应链带来重重挑战，案例企业也不例外。

为了降低产品的复杂度，案例企业从供应链的角度出发，计算出每个 SKU 的"复杂度指数"（见图 1-14），来指导 SKU 的精简工作。该指数由 11 个指标构成，这 11 个指标累计起来就形成了该 SKU 的"复杂度指数"。该指数越高，表明相应 SKU 的复杂度越高，从供应链的角度就越不值得保留。

⊖　前端职能只管产生复杂度，产生新的产品。

复杂度的驱动因素	描述	评分标准		SKU 名称 / 编号			
				SKU1	SKU2	SKU3	SKUn
1. 预测准确度	预测准确度越低，这个 SKU 对应的成本就越高	67% ～ 100%	0	1	2	0	
		34% ～ 66%	1				
		0 ～ 33%	2				
2. 合同制造商	合同制造商从好几个方面增加了复杂度，例如要额外管理、审核等	自己制造	0	0	2	0	
		外包制造	2				
3. 合同制造商的绩效	可以从下面几个方面来对合同制造商评分：按时交货率、灵活度、沟通、质量、汇报等	好	0	0	0	0	
		一般	1				
		差	2				
4. 合同制造商的问题	有些合同制造商有独特的问题，使得管理它们更困难	没有显著问题	0	0	0	0	
		有显著问题，增加复杂度	2				
5. 库存天数	手头上库存的天数	1 个月	0	1	1	2	
		2 个月	1				
		3 个月	2				
6. 零部件最小起订量	很多小批量的 SKU，其零部件的最小订货量往往高于 SKU 的销量，造成库存浪费	最小订货量可接受	0	2	0	0	
		最小订货量太高	2				
7. 零部件的复杂度	零部件也可能有独特的供应问题，例如采购前置期太长、寻源困难或者价格激增等	没有供货问题	0	0	1	0	
		至少一个有供货问题	1				
8. 客户投诉的比例	发货的批次中，有投诉的与没投诉的比例	投诉很少	0	0	2	1	
		投诉数量平均	1				
		投诉非常多	2				
9. 生产制造问题	SKU 可能有独特的生产制造问题，例如需要大量清洗、产线效率低等	没有生产制造问题	0	0	0	0	
		有显著的生产制造问题	2				
10. 工艺难度	SKU 可能有生产工艺问题	没有工艺问题	0	2			
		有显著的工艺问题	2				
11. 包装的复杂度	SKU 的包装也可能带来复杂度，例如独特的包装零件、寻源、成本等	包装不增加复杂度	0	0	0	0	
		包装显著增加复杂度	2				
复杂度指数		（7 ～ 10）建议砍掉		6	8	3	
		（4 ～ 6）寻求降低复杂度					
		(1 ～ 3) 不必采取任何行动					

图 1-14　从供应链的角度，计算产品的复杂度指数（示例）

资料来源：Operations Executive Board.

首先是预测准确度。比如，预测准确度越低，产品的计划和执行就越困难，相应的复杂度越高。就具体量化而言，预测准确度低于 33% 的话，该项指标评分为 2；高于 67% 的话，该项指标评分为 0。类似地，自己制造、包装，复杂度低于外包；零部件的标准化和重用比例越低，复杂度就越高。再如，一个产品的库存天数越高，表明不确定因素越多，复杂度就越高；客户的投诉率、生产与配送中的故障率越高，复杂度就越高，等等。原材料、零部件的最小起订量，制造工艺，生产、灌装过程中的特殊问题，都会增加产品的复杂度，也意味着更高的成本。

如果进一步探究这 11 个指标，你会发现它们中的很多是相关联的，变化方向相当一致。

比如预测准确度越低，库存天数就越多，合同制造商的绩效就越差，产线的效率也越低——这都是计划不准造成的。再如，复杂度越高的零部件，其定制化程度一般越高，需求量一般越小，相应地，最小起订量问题就越突出。而这样的产品，制造工艺、包装方面的难度就越大，生产制造的问题也越多（外包尤甚），最终客户投诉的比例也会更高。

对于每个指标来说，这些评分标准不完美，也不一定严谨。比如为什么库存天数低于 1 个月是 0 分，而高于 3 个月的话是 2 分，为什么是 2 分而不是 3 分或 4 分，我们很难给出完美的解释。我想说的是，这些其实都不重要，没有什么统计方法是完美的。重要的是，有了统一的方法论，就有了可比性，就为管理者提供了一定的决策依据。

比如在图 1-14 的示例中，SKU3 的复杂度指数显著小于 SKU1 和 SKU2，属于复杂度低的产品，从供应链的角度来说应该保留。至于 SKU1 和 SKU2，一个的复杂度指数是 6，另一个是 8，看上去不同，其实差别没有那么大，它需要更多的职业判断来支撑，由销售、市场、产品管理等职能来取舍。这也是"从数据开始，由判断结束"，目的是提高决策的质量。

产品组合的"鲸鱼曲线"

在产品组合的优化整合上，"鲸鱼曲线"是个很有用的概念。我们把所有产品按照净利润从大到小排序，然后以累计营收为横轴，以累计利润为纵轴，就得到图 1-15 这样的"鲸鱼曲线"。在一般企业，你会发现大多利润是由数量有限的产品带来的；大部分产品利润有限，或者营收与成本持平；其他的产品则是亏本的，在减少整体利润。

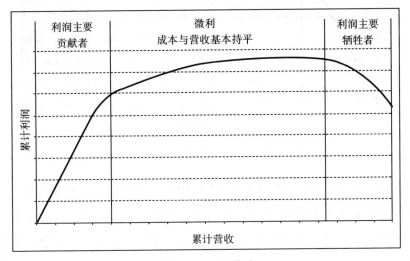

图 1-15 鲸鱼曲线

这个曲线看上去像鲸鱼的剖面，所以叫作"鲸鱼曲线"，在很多领域都适用。在企业里，你会发现真正创造价值的是数量有限的一些人；大部分人"收支平衡"，维持公司的正常运作；其余的人则制造麻烦，给别人添堵添乱。放在客户上，你会发现少数客户贡献了大部分利润，大部分客户基本"盈亏持平"，而其余客户则贡献了"复杂度"，虽然增加了营收，其实在蚕食整体利润。

作为企业，我们的目标当然是把那些添乱的人给精简掉，把那些亏本的客户、产品给优化掉。也就是说，沿着"鲸鱼曲线"从右往左砍（见图 1-16）。但是现实没这么简单，我们要提防把"孩子"和"脏水"一起倒掉。就拿人员精简来说，有些新员工刚从学校出来，有些员工刚从别的公司、岗位转来，还在成长，他们现在对企业的贡献低于他们所得的工资，但他们可能是未来公司的脊梁，不分青红皂白地将末位淘汰掉，显然不合适。

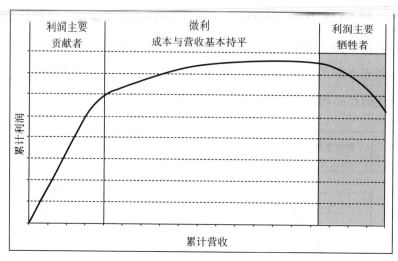

图 1-16 产品精简不能实行"末位淘汰"一刀切

放在产品精简上，我们不能简单地实行"末位淘汰"，除了那些有潜力但尚未达到成本与营收平衡的新产品外，还有些产品虽然在亏本，但事关重点客户，对维持客户满意度至关重要，亏本的生意也要行家做，还是要保留的。有些产品、有些区域、有些业务方式虽然不盈利，却是公司战略的关键组成，处于试错阶段，也不能一刀切地精简。

此外，不管我们用什么数据，用什么方法，基于什么准则，分析的结果都不会完美。比如数据会有不准，关键因素会有遗漏，分析方法也可能不全面等，这些因素归结到一起，就是为什么在产品精简上要"从数据开始"，但必须"由判断结束"：数据分析做好后，要由销售、产品等职能来调整，确保不要把"孩子"和"脏水"一起倒掉，最后的鲸鱼曲线就像图 1-17 一样。

在图 1-17 中，保留"脏水"里面的"孩子"很好理解。我们要提防的是滥用这点——销售经理习惯于高估某些客户的重要度，产品经理习惯于高估产品的预期成长，都容易让他们保留太多不必要的产品。这就是为什么要给事业部设定相应的指标，就如上文的高乐氏案例一样，跟踪、统计和管理"坏 SKU"，给它们更多的动力来精简产品。

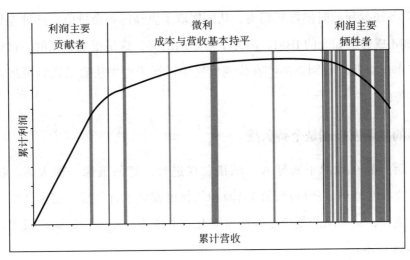

图 1-17　产品优化到最后更像这样

资料来源：Waging War on Complexity Costs: Reshape Your Cost Structure, Free Up Cash Flows and Boost Productivity by Attacking Process, Product and Organizational Complexity, by Stephen A. Wilson and Andrei Perumal, McGraw-Hill Education, 2010. 文字有调整。

但是，在图 1-17 中，有些收支基本平衡甚至是利润的主要贡献者的业务，也被纳入精简行列，却并不好理解。这有一系列可能：

其一是产品之间的重叠度太高，精简一些规格、型号不仅不会影响营收，甚至会增加营收，但会显著降低成本。就如汉王科技的那么多电纸书、绘画板一样，很多细微的差异对用户价值有限，产品划分得过细，不但会减小批量，增加单位成本，而且还会增加用户的选择难度，导致潜在的营收损失。

其二是战略性的产品整合。这在企业并购的情况下比较常见，也就是把有些品牌、型号的产品整合到主打品牌、主打型号中。这一般是通过销售引导需求来完成的。有些企业为了创新，让不同的团队开发同样的产品，造成公司内部的竞争，在产品进入成熟期后，成本压力更大时也可能做类似的整合。

其三是战略举措，就像 IBM 剥离 PC 业务一样。IBM 的伟大，就是在

PC 业务还盈利的时候将其剥离，从而攫取了更高的剩余价值。这种先见也让 IBM 成为了如今的 IBM，离开了清晰的战略，这是很难做到的。这也是很多本土企业，特别是那些在快速发展中习惯于做加法而忽视做减法者所不具备的。

产品的复杂度控制是个持久战

新产品在源源不断导入，试错总在进行，产品就像一棵大树，枝枝丫丫要经常修剪，所以产品的精简和优化也就成了持久战。这里介绍一个六步流程，让产品的复杂度控制常态化，并成为产品管理的固定议程，如图 1-18 所示。

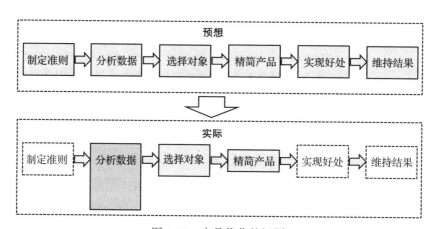

图 1-18　产品优化的问题

资料来源：Waging War on Complexity Costs: Reshape Your Cost Structure, Free Up Cash Flows and Boost Productivity by Attacking Process, Product and Organizational Complexity, by Stephen A. Wilson and Andrei Perumal, McGraw-Hill Education, 2010.

第一步，**制定准则**，即按照什么标准，来决定产品是精简还是保留。比如在前文的高乐氏案例中，一个产品要保留，要么能够盈利（获取净利润），要么能够冲量（摊销固定成本），就是这样的准则。

第二步，**分析数据**，即在上述准则的基础上，分析众多产品的复杂度。分析的前提是有标准，没有标准，就可能陷入为分析而分析的泥淖，表现为一堆又一堆的 Excel 表和 PPT 报告，但还是没法达成产品组合优化的共识。

第三步，**选择对象**。基于精简准则和数据分析，决定产品的去留。这不仅是数据分析的任务，更重要的是要得到销售、市场、产品等关联职能的认可，"从数据开始，由判断结束"，从而决定产品的优化组合。

第四步，**精简产品**。这是落地执行精简方案。产品的精简牵一发而动全身，需求端会影响到客户、渠道、销售、市场等，有效的沟通和过渡方案至关重要；供应端会影响到生产、采购、供应商、物流、仓储等整个供应链，要做好每个环节的库存和产能管理。供需两端都存在很多不确定性，容易造成短缺和过剩，影响客户满意度，甚至导致精简方案失败。

第五步，**实现好处**。产品精简了，并不意味着大功告成了：成本降低了，才是真正的目标。成本并不因为产品没了而消失；组织、流程的复杂度必须与产品复杂度一道降低，才能形成持久的节支。比如产品砍掉了，相应的人员、设施也精简了（或另做他用），相应的成本才能节约下来，真正实现复杂度控制的好处。这点在后文的联合技术（UTC）案例中还会谈到。

第六步，**维持结果**。产品组合的优化和精简不是一锤子买卖，如果缺乏有效的管控机制，产品的复杂度就会"春风吹又生"，就如库存的屡降屡升一样，变成了"打不死的妖怪"。

这六步流程的每一步都很重要，就如图 1-18 中的"预想"部分，每一步获得的关注度都应该差不多（表现在文字框的高度上）。但在实践中，却常常不是这样，就如图 1-18 中的"实际"部分所示。

第一个问题是**准则不明**，即什么产品该保留，什么产品该精简，按照什么标准来决定。自上而下的标准不清，运作层面的分析就会陷入为了分析而分析，导致虽然花了很多的时间，仍悬而不决。离开了标准，管理层也没法评判分析的好坏，这就如同如果没了方向，什么样的行动计划都不行一样。

第二个问题是**砍得不够深**，没有实质性地影响到成本。比如砍掉的主要是销量非常低甚至没销量的产品，看上去精简了相当比例的产品，其实没什么实质影响（这与有些企业整合供应商是何等相像）。这与"精简产品"阶段资源投入有限有关，也与"精简产品"得到的关注度有限，特别是高层关注度不够有关，导致落地执行的时候阻力重重，没法有效推进。

第三个问题是砍掉了产品，但**在组织和流程上并没有得到好处**。比如人还在，设施也没有关掉或另做他用，组织和流程的复杂度也还在，没有实质性地降低成本。再加上没有建立定期优化机制，复杂度控制做成了一锤子买卖，雷声大雨点小。而且随着时间的推移，复杂度又不断侵入。

通过降低复杂度来降低成本

复杂度是成本的驱动器。这里想阐述的是，要降低成本，只降低产品的复杂度还不够，同时还要降低组织和流程的复杂度。让我们来看联合技术的案例。

案例　联合技术通过降低复杂度来降低成本⊖

联合技术是一家全球多元化制造企业，主要为全球航空航天、建筑业提供高科技产品和服务。大家所熟悉的普惠航空发动机、奥的斯电梯、凯利空调都是联合技术的品牌。

联合技术也曾生产汽车零部件，服务北美和日本的众多汽车厂家。由于市场竞争激烈，这些汽车零部件的毛利很低，一度降到不到 10%（产品成本占营收的 90% 多），如图 1-19 所示。这么低的毛利，自然没法赚钱。价格是市场决定的，成本是复杂度决定的。联合技术分三步走，从降低复杂度着手降低成本，来提高产品的毛利率。

⊖　该案例摘自 Conquering Complexity in Your Business, Michael L. George and Stephen A. Wilson, McGraw-Hill, 2004。联合技术在 2020 年 3 月与雷神公司合并。

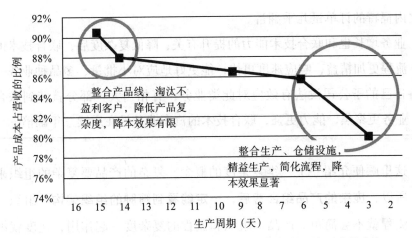

图 1-19　联合技术降低产品、组织和流程的复杂度，从而降低成本

第一步是精简产品，降低产品的复杂度。**说是精简产品，其实是精简客户**，因为客户的定制化需求导致独特的料号，从而增加了产品的复杂度。联合技术的汽车零部件业务当时的主要客户是底特律三巨头，于是就从相对小的客户入手，精简掉了一些日本客户。结果是毛利率提高了两个点，好是好，但还远远不够。

如果相关的人员还在、设施还正常运行的话，降低产品的复杂度还不够。联合技术的第二步就是降低组织的复杂度。当时它在美国有 7 个仓库，服务全美的客户。联合技术先是关掉了 4 个仓库，精简了相应的人员，然后进一步精简到 1 个仓库。组织的复杂度降低了，毛利率又提高了两个点，但还是不够好。

第三步是精简流程，降低流程的复杂度。联合技术导入精益生产，生产流程优化了，表现为产品的生产周期大减，从原来的 16 天降到 3 天。这后面是系统的精益改进，这里不予详述。我们只讲一下结果：产品的毛利率大幅提升到 20%，盈利水平大为改观。

以降低复杂度来降低成本的同时，也让企业更加聚焦，把资源投入到回报率更高的领域。比如在降低复杂度之前，联合技术在管理、设计、营销上的资源有百分之三四十专门用来应对丰田汽车的业务；精简掉丰田的业务后，联合技术把更多的注意力和资源聚焦到最大的客户福特身上，一年之内福特的订单量几乎翻番。

业务增长也和联合技术能力的提升有关：降低复杂度后，联合技术的组织、流程更加精益，响应速度更快，能更好地应对小批量、多品种业务——福特自己的子公司没法有效应对此类业务，有相当大一部分就转到联合技术。业务更聚焦，能力更强，联合技术的汽车业务量在后续三年翻倍。

这里顺便介绍一下三维复杂度的概念。复杂的产品要复杂的组织来支持。所以，**庞杂的产品组合背后，一定能看到臃肿的组织架构**。组织一复杂，流程就不会简单。产品、组织和流程的复杂度一起作用，速度就做不上去，成本就做不下来，图 1-20 中的高科技企业就是典型例子。

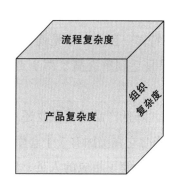

产品复杂度
- 产品品种多、但产量小，如何有效控制成本
- 产品多样化带来采购成本的难度
- 产品系类多导致物料种类太多

组织复杂度
- 公司内部关系复杂，效率低下
- 各个部门之间互相推诿责任
- 各部门分工不明确，出现问题了，谁有需要谁解决
- 研发项目计划实施中人为干预过多
- 职责不明，工作推进难度大
- 负责项目多，精力不够，无法做精

流程复杂度
- 流程不明确，出现问题无章法可依
- 采购系统流程的改善，供管系统的搭建
- 采购与销售不能有效对接

图 1-20　产品的复杂度带来组织、流程的复杂度，从而驱动成本上升

资料来源：某高科技企业员工问卷调查。

伴随着产品的复杂度增加，该企业的组织复杂度大增，各部门之间关系复杂，责任不清，互相推诿，最后谁有需求谁解决。组织复杂，掣肘的事情就多，流程就慢，项目就难以推进，运营层面怨声载道。三维复杂度一道，使得该企业营收增长停滞，成本却因为惯性继续上升，结果连续几年亏本。

联合技术通过三步走来降本的案例告诉我们，只精简产品线还不够，产品、组织、流程的复杂度一起降，才能最大限度地降低成本。

北美企业深知这一点。当经济不景气或盈利困难的时候，它们就这样三管齐下来应对成本压力。有些公司会把一些产品线连根拔掉，能卖掉就卖掉，卖不掉就干脆关掉。产品没了，相应的事业部也不就需要了，这样组织就简化了。组织简化了，流程的复杂度也会降低。

这些公司还精简一定比例的人，比如 5% ~ 10%，把那些闲人清理掉。闲人经常是害群之马，他们为了证明自己的价值，就想方设法把自己设计进流程，让流程更复杂。**闲人少了，流程也会随之简化；闲人少了，跨职能协作也会更容易，组织的复杂度就这么降下来了。**

小贴士　公司大了，唯闲人难养

公司大了，总会有这样那样的闲人，尤其是企业增速放缓时。闲人领着工资，当然要证明自己"人有所值"。怎么证明呢？做事拖拉和给别人制造麻烦。

越是闲人，做事越拖拉。这看上去有点费解，其实是有道理的：闲人为了证明自己忙，一点事儿本来一小时能完成的，他得一上午；半天能完成的，他得一整天。无非想证明给大家看：瞧我忙着呢。相信很多人有切身体会，如果要把一件事给结了，交给一个忙人，远比交给闲人完成得快。

闲人做事拖拉也就罢了，他们更大的祸害是制造麻烦，让流程变得低效。闲人为了证明自己重要，就想方设法把自己设计进流程，这里要"把关"，那里要"确保"，让流程更加低效、更加复杂。这部分解释了为什么组织的复杂度会增加流程的复杂度。

在日常工作中，闲人们的最爱就是一个又一个地回复电子邮件，问一个又一个的"好"问题，抄送很多的人，"确保"干活儿的人没出错。干活儿的人呢，又不能不回复，否则显得自己没做好事似的，特别是自己的老板和老板的老板都被抄送的情况下。但回复越多，招来的"好"问题也越少，就陷入惰性循环。结果，干活儿的人花在回复电子邮件上的时间比干活儿的时间还多。终于等到 11 点半了，闲人们的好奇心满足了，出去吃午饭了，你这一上午也就算完了。

公司越大，闲人就越多，制造的麻烦也就越多。**大公司里，唯闲人难养，如果闲人与小人是合二为一的话，更是如此**。作为一个职业人，你不能对此置之不理。你不理他们，他们便讲你的坏话。三人成虎，讲得多了就影响你的前程。你理得太多，又没时间。

其实，与其一个又一个地回电子邮件，不如径直走过去，面对面地把事儿给结了，或者至少给打个电话，然后回复所有的人，说你和某某已经沟通过了，这事儿结了，如果谁的好奇心还没有得到满足，让他们直接打你电话就行了。这样就能彻底堵死闲人们的路，把闲人们的电子邮件"扼杀"在摇篮里。

为了让闲人们忙起来，企业也是伤透脑筋，往往上马更多可做可不做的项目，跑更多可做可不做的报表，找更多低优先级的事。其实，对于闲人的解决方案很简单：让他们到别的地方高就。但在没有很大的外在压力情况下，没有谁愿意做这招人嫌的事儿：你拿掉他的饭碗，损人而不利己，他跟你拼命，犯得着吗？这和企业的国别和所有制性质没有多大关系，你到那些外资企业看看，哪个企业不是闲人多多？日本、欧洲企业似乎比北美企业更甚。

这就体现了经济危机的"好处"：经济不景气，企业压力大，就不得不裁人，闲人们当然首当其冲。在硅谷工作的十余年里，我就经历了两次这样的大规模裁员。每次裁员后，闲人少了，生产效率就高多了。这倒不是因为剩下的人干活更卖力了——裁员结束了，剩下的人的职位相对更安全了，员工反倒没有以前拼命，而是因为组织和流程的复杂度低了，找麻烦的人少了，大家能够将精力聚焦到重要的事情上了，人均产出就增加了。

复杂度控制的"三级跳"，要从产品开始

产品、组织和流程互相制衡，藕断丝连。产品的复杂度不降低，组织

就不能精简，因为复杂的产品需要复杂的组织来支持；组织复杂了，流程就不会简单，因为流程的一大功用就是串联组织。从产品到组织再到流程，这是复杂度控制的"三级跳"，如图 1-21 所示。

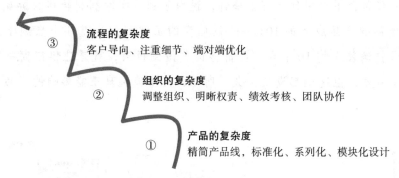

③ 流程的复杂度
客户导向、注重细节、端对端优化

② 组织的复杂度
调整组织、明晰权责、绩效考核、团队协作

① 产品的复杂度
精简产品线，标准化、系列化、模块化设计

图 1-21　复杂度控制的"三级跳"，要从降低产品复杂度开始

在"三级跳"中，最根本的是产品——组织和流程都是为服务产品而存在。所以，**复杂度控制要从产品开始**。产品复杂度不降低，组织和流程的复杂度即便降低了，也会反弹。这就是为什么经济不景气时，迫于压力，各部门一刀切按照一定比例裁员了，但要干的活儿没精简，干活的方式（流程）也没改变，等到经济一好转，人员很快就又雇回来了。

小贴士　供应链降本三台阶也是降低复杂度

在我的《采购与供应链管理：一个实践者的角度》（第 3 版）中，详细探讨了供应链的降本三台阶：第一个台阶是整合需求、整合供应产生规模效益，**谈判降价**，降低采购价格；第二个台阶是**流程优化**，通过优化生产流程来降低生产成本，通过自动化交易流程来降低交易成本；第三个台阶是**设计优化**，通过价值分析、价值工程来降低产品设计决定的成本。

这三个台阶其实也是通过降低复杂度来降低成本。比如整合需求是降低需求的复杂度，整合供应是降低供应的复杂度，改进流程是降低流程的复杂度，设计优化（价值工程 / 价值分析）则是降低产品的复杂度，如图 1-22 所示。

谈判降价。这是我们最为熟悉、最拿手的，也是最被滥用的降本手段。价格谈判能影响产品成本的多少？在供应市场竞争充分，一次报价、询价、招标操作规范的情况下，你得到的最好报价就代表市场价格。在此基础上的谈判降价，不管用什么词汇掩饰，说白了都是在做利润转移的游戏，大概只能影响产品成本的10%——供应商的正常利润也就几个点到十几个点，满打满算平均10个点。而价格谈判做到极致，就是让供应商一分不赚甚至亏本，但这些都没法持久。所以，价格谈判真正能影响的产品成本有限。

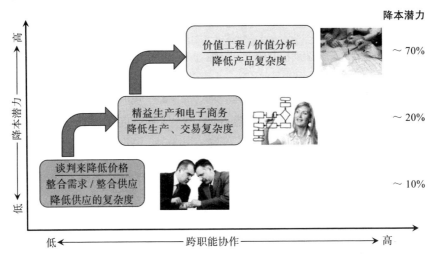

图 1-22　供应链降本三台阶也是降低复杂度

　　为了给谈判降价增加筹码，企业往往要整合需求、整合供应，以增加规模效益，从而取得更好的价格。需求整合是把多个分公司、事业部、工厂的需求整合到一起，这是降低组织的复杂度：供应商原来需要管理多头需求，和多个客户打交道（尽管名义上这些分公司、事业部都隶属同一家公司）；整合后供应商只需要和一个客户打交道，即总公司或总部指定的采购代表。供应整合是整合供应商，比如对于某类采购，原来有7个供应商，现在减少到3个供应商，也是在降低组织的复杂度。供应商少了，供应商的规模效益就会上升，从而可以给采购方更多的价格优惠。

流程优化。对于供应商的生产流程改进，一方面是缩短生产周期，以降低人工和设备成本；另一方面是控制、消除变动因素，以提高良率，减少浪费。精益生产、六西格玛都是改善生产流程的利器，但总体来说，它们的成果没有想象的大，想必很多实施过这些的朋友有同感。究其原因，是因为生产流程所用时间只占整个交货周期的20%左右，而80%甚至更多的时间是花在走流程、做审批、准备文档等不增加价值的事情上，即这里说的交易流程上。与生产流程相比，交易流程涉及范围更广，要从根本上改进也不容易，不过可以借助电子商务来提高效率。

在整个交易过程中，大多任务是围绕请购单、采购单和交货单来进行的。这些任务大多都能够自动化，由信息系统来做。但在信息化水平较低的公司，这些事还主要是手工做，也就成了公司和供应商的资源黑洞。例如，有个百亿级的本土企业，企业很年轻，连ERP都尚未完全实施，订单全部手工处理，仅采购员就80人左右；而信息化水平较高的本土同行，只需一半左右的采购员；在信息化水平高的硅谷企业，四分之一的采购员即可。就这一项，仅人工费每年就是千百万元。这是直接成本，机会成本还不算，比如把这些资源用来支持新产品开发、供应商选择和总体绩效管理的话，该产生多少效益！

总体来说，精益生产是对生产流程的改进，不管是缩短生产时间以降低人工和设备成本，还是消除变动因素以提高良率、减少浪费，都是降低生产流程的复杂度。在交易过程中，电子商务是在降低交易流程的复杂度。所以说，精益生产和电子商务降低了流程的复杂度，从而降低了流程决定的成本。

设计优化，即通过价值工程、价值分析来降低设计决定的成本，是供应链降本的第三个台阶，也是降本的最大潜力所在，因为产品成本的百分之七八十决定于设计阶段。比如设计选型、技术工艺、公差精度等都决定了产品的成本。通过优化设计来降本，对于技术复杂、供应商强势的产品尤其重要。因为此类供应商出于技术或规模优势，谈判降价的难度很大，只能更多地从优化设计上来降本。

价值分析是设计与营销合作，通过标准化客户的需求来降低产品的复杂度；价值工程是设计与供应链合作，通过产品设计与工艺设计的交互优化来降低产品的复杂度，以及生产工艺（流程）的复杂度。产品、工艺的复杂度降低了，成本自然会降低，速度自然会加快，市场响应速度自然会提高。

层层收口子，以有限对无限

复杂度是我们的大敌，尤其是成熟行业，营收增速放缓，成本压力大增的时候。就如摩托罗拉的前副总裁特蕾莎·梅提所说：**成熟产品，谁能控制复杂度，谁就更可能在竞争中胜出。**

每个人每天都在增加复杂度，所以复杂度控制要全民皆兵，通力协作。作为一个企业，我们要正视复杂度的成本，宣传复杂度的危害，警惕复杂度的侵蚀，从前到后，从上到下，形成以简单对复杂、以有限对无限的企业文化。落实在具体职能上，就是层层**收口子**，如图 1-23 所示。

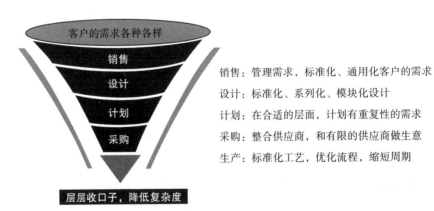

图 1-23　复杂度控制要层层收口子

管理能力强的企业，它的口子是收起来的：需求端是有口子的，不以所有人的所有业务为目标；供应端是收口子的，尽量以有限的供应来满足无限的需求。管理能力弱的企业，则往往是以无限对无限的信徒——因为有无限的需求，所以就要有无限的供应来匹配，貌似合理，其实会让企业陷入复杂度大增的泥坑。管理越是粗放，越是没有核心竞争力的企业，越容易犯这样的错误。

企业成熟的标志就是开始做减法，层层收口子，以有限对无限。企业要赚钱，最离不开的就是规模效益，而层层收口子正是提高规模效益的集中体现：需求是无穷无尽的，所以销售要收口子，尽量标准化、通用化客户的需求；产品规格也是无穷无尽的，所以设计要收口子，推动标准化、系列化和模块化设计；采购收口子，就是整合供应商，和数量有限的供应商做生意，增加规模效益；生产收口子，则是标准化生产设备和制造工艺，还是以有限对无限。

计划收口子不很直观，简单地说，就是在有共性的地方做计划，不管是成品、半成品还是原材料。提前做计划，给供应链更多的时间来建库存，这对提高规模效益、降低运营成本和提高服务水平至关重要。要知道，我们总是在做某种形式的重复性生意，只是重复性体现的位置不同，要么是成品，要么是半成品、原材料，再不行也是在生产工艺层面。不管需求多么复杂，我们总能在某个层面收口子，否则就会陷入以无限对无限的境地，这样的企业是不存在的。

重复性是可计划的关键。在复杂度大增、需求碎片化的今天，企业习惯性地低估业务的重复性，忽视计划的重要性，在该做计划的地方没有做计划，导致走上两个极端：要么是完全订单拉动，承受客户体验差、运营成本高的风险；要么在缺乏共性的成品层面做计划，承担呆滞风险高、库存周转率低的风险。这都是计划薄弱、需求和供应没法有效匹配的集中体现，也是下一篇"中间治乱"要重点阐述的。

资源　更多供应链管理的文章、案例、培训：

• 我的系列供应链专著，填补学者与实践者之间的空白。
　。《采购与供应链管理：一个实践者的角度》(第 3 版)

··《供应链的三道防线：需求预测、库存计划、供应链执行》(第 2 版)

。《需求预测和库存计划：一个实践者的角度》

- 我的微信公众号，更新、更快，定期发布新文章。

中间治乱

改善计划，控制库存，有效平衡需求与供应

要么量一下、剪两下，要么量两下、剪一下。

—— 美国谚语

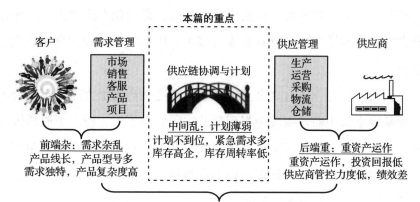

前端杂，规模效益丧失；后端重，投资回报低；
中间乱，库存高，浪费多。这注定成本做不下来，速度做不上去

中间治乱：改善计划，控制库存

引言中讲到，这些年来本土企业一直都是高增长，但也是以高成本为代价的。随着经济增速放缓，我们将普遍面临低增长、高成本的"增长陷阱"。这表面上是营收问题，其实是成本问题，即成本没法随着营收成比例变化。解决方案就是从产品复杂度、重资产和高库存着手，在更深层实质性地改变成本结构。

复杂度是成本的驱动器，因为复杂度高，单位成本就做不低。重资产

和高库存是成本的另外两个重要形式，是除了人工和物料以外的成本大头。"前端防杂"以降低复杂度，"后端减重"来应对重资产，"中间治乱"来解决高库存问题，三管齐下，才能更好地控制成本。

本篇的重点是"中间治乱"，即通过改善计划来应对高库存挑战。

库存：企业运营的焦点问题

增速放缓，行业不景气，库存就成了让人谈之色变的话题。搜索互联网，到处都是触目惊心的库存话题，比如90%的电商店铺死于库存，十个女装九个死于库存，服装行业三年不生产库存也卖不完。就连图书业也是"死书累累"，前些年的实体书库存一度高达 900 亿元。⊖对于众多的本土企业，用业界人士的话来说，就是供应链易断，最后死在库存上；用库存控制专家程晓华的话来说，就是仓库有多大，库存就有多少，仓库越大，死得越快。

我们关注库存，还有现金流的考量。企业破产的最大原因不是资不抵债，而是现金流中断。那现金都到哪儿去了？除了人工费，企业的钱主要有两个去处：要么花在固定资产上，要么花在库存上。固定资产越多，库存越高，现金流越紧张，投资回报率也越低。本书第三篇我们探讨重资产的问题，第二篇我们聚焦高库存。

库存是供应链上各环节的黏合剂，它能够让我们提高规模效益，降低生产、物流的单位成本，同时应对需求和供应的不确定性，提高客户服务水平。库存也是企业运营的焦点，和企业里每个职能都脱不开干系。就如一个人小肚子上的肥肉，和这个人的饮食、作息等息息相关一样，企业运营中的种种问题，或多或少都会体现在库存上，比如：

• 设计标准化不到位，产品复杂度就高，库存周转就慢。

• 质量差，次品多，就要多备安全库存来应对，库存就高。

⊖ 近 900 亿元"死书"呼唤"按需出版"，成都时报，2013 年 7 月 23 日。

- 供应商的按时交付差，一方面要增加安全库存来应对供应的不确定性，另一方面是齐套率低，它们都会导致整体库存升高。
- 回款周期长，应收账款就多——应收账款也是库存，在现金周期计算中与库存等同处理。
- 应付账款同理，它不过是供应商放在采购方的库存，而且往往是以更高成本建的库存。[⊖]
- 生产周期长，周转库存自然就高；补货周期长，在途库存也就高。
- 预测、计划不到位，要么造成短缺，要么造成过剩。短缺下，销售给的压力大增，供应链往往是花钱消灾，多建库存，最后以过剩结束。
- 产品管理不到位，产品复杂度高，新老产品交替不畅，库存自然会高。
- 部门壁垒森严，信息沟通不充分，需求的不确定性增加；执行能力差，供应的不确定性增加。这些都导致安全库存上升。

可以说，**库存是供应链上各种问题的焦点**（见图 2-1）。在供应链的诸多运营指标中，很难找出一个比库存周转率更好的指标，来反映供应链的运作水平。在同一行业，库存周转率高的公司，鲜有例外，都比库存周转率低的公司运作良好。在同一公司，库存周转率逐年下降的时候，往往也是公司走下坡路的时候。

库存周转率越高，企业的毛利率也就越高。有段时间，我正好服务三一重工和三只松鼠，前者是制造业的代表，后者是电商行业的佼佼者，这里就用它们的财务数据来展示库存周转率和毛利率的关系。如图 2-2 所示，我们能清楚地看到库存周转率和销售毛利率高度相关。这也符合常识：企业运营效率越高，库存周转就越快，整体运营成本也就越低，毛利率也就越高。

⊖ 供应商的规模一般更小，融资成本也更高。延长账期一般由财务部门驱动——财务当然喜欢有更多的现金，虽然企业的现金流已经很稳健。但相应的成本，羊毛出在羊身上，反映到供应商的报价里，无非由采购部门来应对。这就是在单一指标驱动下，局部优化以全局的不优化为代价。很多库存问题同理，比如销售不对库存负责，就容易在销售额的单一目标驱动下牺牲库存。

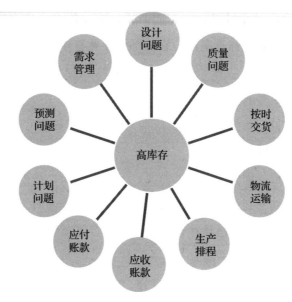

图 2-1 库存是供应链上各种问题的焦点

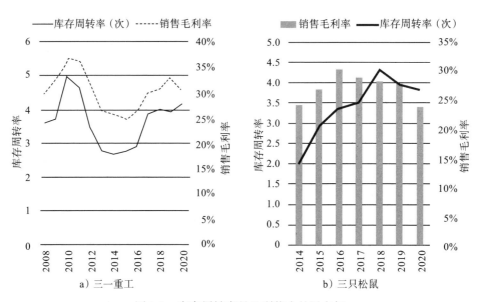

图 2-2 库存周转率是盈利能力的风向标

资料来源：同花顺网站，10jqka.com.cn。

这些年来，我发现一个有趣的现象：一个行业解决库存问题的过程，也是这个行业从大乱到大治的过程；库存管理越成熟，行业的供应链管理也越成熟，这个行业也越成熟。

在最近的记忆中，行业性的库存问题是从家电开始的，这些年已经得到了较好的控制；然后是服装，"三年不生产库存也卖不完"的岁月终于熬过去了；接下来是电商和新零售，随着爆炸式增长的结束，库存压力日渐严峻。至于冶金、化工、新能源等重资产行业，在经济周期下行或者行业低迷期间，库存和重资产问题会结伴出现，无非后者更严峻，掩盖了库存问题罢了。

库存是最难对付的企业宿疾之一，甚至比成本更难对付。

成本难降，不过只要拳头足够大，企业总能把成本问题转移给供应商，以转移问题的方式解决，或者至少部分解决。通用汽车这样的企业甚至一刀切，直接从供应商货款中扣掉一定比例。相对于成本，库存更难降，原因在于库存问题大都是需求端造成的，没法简单地转移。老总一怒之下可以降成本，比如下月起不许出差，所有问题都在电话、微信上解决，差旅成本就降下来了。但是，你见哪个老总一怒之下把库存降下来了？

能降低库存的举措，往往也能降低成本。比如精益生产缩短了生产周期，减少了变动性，从而降低了库存，生产成本也降低了。但降低成本的举措，比如为了有更好的价格而大批量采购，为了降低单位生产成本而大批量生产，却经常以牺牲库存为代价。

再如全球寻源、低成本地区制造，都是应对成本问题的有效举措，但鲜有例外都以牺牲库存为代价。这是因为全球供应链拖得更长，供应的不确定性更高，需求信息更加不对称，再加上需求的碎片化趋势，都需要更多的库存来应对。

在全球化下，库存周转率呈下降趋势。这不是某个行业的问题，也不是某个国家的问题，而是全球性问题，这在欧美企业二三十年来的全球化历程中得到充分体现。

对于众多的本土企业来说，真正的全球化才刚开始。在制造行业，手机巨头 OPPO、vivo、小米们的产品进入全球各大消费区域；纺织、服装、玩具等行业已经在几年前就向低成本地区转移。跨境电商更是发展强劲：2021 年，亚马逊上新增的卖家中，75% 来自中国。[⊖]

需求和供应的全球化，让企业的库存挑战更加严峻。一旦行业低迷，经济下行，库存问题就是一地鸡毛，成了老总们的心头病。习惯于行政命令的老总们，通过"搞运动"的方式来应对库存问题，结果库存越降越多，越多越降，库存成了"打不死的妖怪"。

整体而言，库存是个计划问题

库存是企业运营的焦点，供应链上的各种问题，或多或少都会在库存上体现出来。这么说，库存应该由所有的部门负责？错。这不符合唯一责任人原则——人人负责，就是人人不负责。

那么究竟谁对库存负首要责任，也就是说，谁应该第一个站在老总面前解释？**计划**。[⊖]道理很简单：**库存是需求与供应不匹配的结果**，虽说有执行的成分，但更多的是因为计划不到位，比如预测准确度低，库存水位设置不合理。造成计划不准确的原因很多，我们还要继续追责，后文会详细讲到。但库存是计划的产物，哪个职能做计划，哪个职能就要负首要责任。

就连设计变更、产品升级换代造成的库存，看上去是设计、营销的问题，实际上也和计划脱不开干系：计划最熟悉供应链各节点的库存，要帮助设计、销售职能制订更好的过渡计划。在有些业务复杂、建制完善的企业，计划职能设置专门的团队来支持设计变更。

计划不到位，库存高企，现金积压在库存里，没钱付给供应商，应付账款就不会低。这不，高库存、高应付的"两高"现象就结伴而行。至于

⊖ 75% of New Sellers on Amazon Are From China, Marketplace Pulse, marketplacepulse.com.

⊖ 注意，我们这里说的是首要责任。库存的最终责任，特别是成品库存，要由销售负责。毕竟，最终的成品库存要送人，也得销售去送。这就形成销售和运营的闭环，促使销售端与运营端更好对接，帮助提高计划的准确度。相应地，原材料的库存最终要靠采购，看能否折价退给供应商；或者靠设计人员，看能否用到新产品、新项目上。

计划多变，它会导致供应端疲于应付，增加供应的不确定性，供应链的自然应对就是增加安全库存，不管我们叫不叫"安全库存"（有家营收几十亿元的工业品企业，把这样的库存美其名曰"战略库存"）。

计划在做预测，计划在设库存水位，计划在承担销售和运营的桥梁。需求和供应不匹配造成库存，计划当然首当其责。我们常说的管理粗放，首先是计划薄弱。貌似没做到（执行），实则没想到（计划），最终还是计划问题。所以，改善管理和改善库存，都需要从改善计划做起。

计划是本土企业的短板

简单地说，企业的计划可以分三层。如图 2-3 所示，在**战略层面**，老总制定战略目标，这是战略规划；在**战术层面**，职业经理人把战略目标翻译成计划，匹配需求和供应，指导基层执行；在**执行层面**，基层员工把计划付诸实施，并把可执行性反馈给战术层，供调整计划。三层结合，从战略到战术再到执行，是基本的企业管理模式。

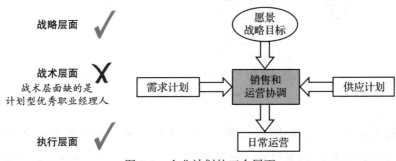

图 2-3　企业计划的三个层面

就战略层来说，中国的企业家大多是白手起家，充满街头智慧，有远见，有胆识，敢于抓住机会，敢于承担风险。正是因为有这些创业型的企业家，才造就了四十余年的经济高速发展。而在欧美企业，尤其大中型上市企业，老总们更多的是职业经理人背景，论胆识、论远见，和我们的企业家都没得拼——这也是职业经理人与企业家的本质区别。所以，在战略层面，我们的老总总体上强于欧美。

在执行层面，我们的基层员工远胜欧美的"贵族"员工。就拿我个人的经历来说，我在硅谷管理全球团队时，同样一件事，交给中国、韩国、日本等亚洲员工，三天后回复来了，说哪些已经做完了，哪些还在继续；交给欧洲、北美的员工，三天后回复的往往是一堆理由，每一条都是为什么这事儿没法做。在高福利政策下，欧美员工的进取心、责任心确实不能和中国本土员工相提并论。

那么欧美企业的优势又在哪里呢？在战术层面，即职业经理人层面。职业经理人做什么？职业经理人做**管理**。那管理做什么？管理其实不"做"什么，管理的任务主要是想（计划），是动脑而不是动手，简单地说就是两件事：**计划**和**控制**，即把目标细化为计划，用计划来指导执行，同时根据执行情况来完善、调整计划（控制）。计划不到位，全靠执行补；貌似没做到，实则没想到。再加上不统计就不知道，不知道就没法管控，你就知道粗放管理意味着什么了（见图 2-4）。

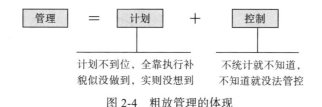

图 2-4　粗放管理的体现

欧美企业之所以能够保持竞争力，在我看来，关键在于职业经理人。它们有相对完善的职业经理人培养体系，比如商学院的 MBA 教育和公司的轮岗、企业大学等，打造了优秀的职业经理人阶层。这些职业经理人通过完善的计划，有效地弥补了战略层和执行层的不足。我在北美接受了系统的商学院教育，在硅谷做了十多年的职业经理人，对此深有体会。

计划薄弱是个职业经理人问题

本土企业不缺少一流的商业领袖："宁为鸡头，不为凤尾"的传统思想和几十年的经济腾飞，催生了数不清的商业领袖。我们缺少的是一流的职业经理人，或者说计划型的职业经理人。

虽说过去二三十年里，跨国企业在中国培养了大量的职业经理人，但相对于这么大的经济体，只能说是杯水车薪。

在成熟的欧美企业，职业经理人的力量比较强大，能够与企业家互相补充，也在一定程度上互相制衡，这是良性的平衡。而在很多本土企业，职业经理人一方面能力稍差，另一方面资源不足，在"官本位"的国有企业和创始人强势的民营企业中尤其明显。对于老总的点子，他们没有能力制订出翔实的计划，佐证可行还是不可行；或者即便制订了计划，认为老总的点子不可行，也说服不了老总改变。

你可以说这是因为老总固执，但更深层次的原因，还是职业经理人的能力不够。老总再固执，只要职业经理人分析得透彻，阐述得清楚，老总也不会拿自己的钱闹着玩。

于是职业经理人就面临两种选择，不过两种都是失败的选择：少数人继续"抵抗"，被视为不合作而最终被淘汰；多数人"投降"，顺着老总的意愿，叫干什么就干什么。这其实是放弃了职业经理人最重要的计划角色，把职业经理人从运筹帷幄的军师，降格为冲锋陷阵的士兵。

缺乏职业经理人的有效过渡，老总们就不得不撸起袖子亲自上阵，一竿子插到底，成为成千上万人的火车头。而离开战术层的细化推演，战略层的点子注定是"摸着石头过河"，在试错执行中走了很多冤枉路，成本低不了，速度也快不了。

计划多变，成了操作层的噩梦。有位几百亿元营收的大公司的采购经理说，总裁每月开会的那几天，他的日程根本没法计划，因为上司去见总裁，他得随时待命，应付各种可能提出的问题。从这个基层经理到总裁，至少还有三四个层级。采购经理的日程这样，那他上面的总监、副总裁等就可想而知了。结果就是自上而下，整个公司都被一个人牵着走。

"牵着走"与"引着走"大不相同。"引着走"是指引方向，是老总们应该做的，比如王石人在海外游学，万科还是运作得有条不紊。"李首走"则变成了火车头，一举一动都会影响到整个组织，这是商业领袖之大忌：若老总点子多变，几万人的大公司一会儿朝东，一会儿朝西，进三步，退两步，只能是瞎折腾。

自上而下缺乏计划性，导致计划先天不足，就只能靠加班加点来弥补。员工们做得很辛苦，但产出不高，因为很多时候都在来回折腾，做无用功。进三步，退两步，原地打转，相当于挖了个坑又填上，忙是忙，但没什么成就。不幸的是，这是很多本土企业的主旋律。

计划薄弱，究竟薄弱在哪里

在我看来，计划薄弱主要体现在以下三个方面：

其一，没有计划，意味着**多个计划并存**，供应链协同成空话。要知道，各职能协同的关键是有同一个计划。

其二，不确定性大时，**免不了大错特错**。这是个跨职能问题，需要有效对接销售和运营，通过消除信息不对称来应对。

其三，可重复性高时，**做不到精益求精**。这更多是个计划职能问题，需要选择合适的数据模型，更好地做数据分析。

下面我们逐个来分析和解决这些问题。

没计划，这是计划的首要问题

2009 年，我刚开始服务本土企业，就对有些企业在计划上的欠缺深有感触。用一位美国合作伙伴的话讲，"短期计划是下午四点，中期计划是本周四，没有长期计划"。这不，前一天下午会议上谈得好好的事，第二天一大早就变了，就因为上面的一句话。

没计划，常见的"理由"是计划赶不上变化。前面下雨，后面也下雨，那你就站在雨里不动？**计划虽然赶不上变化，但有一个计划总比没有强。**

英语中的一句谚语说得好：有计划的傻子也能打败没计划的天才。[一]在计划上，有所作为远胜无所作为。

没计划，也与行动导向的企业文化有关。因为期限紧张、客户要求急等原因，企业总是习惯性地处于盲动状态，没有时间计划到位，做不到位就返工，折腾几次才能做好，花的时间更多。就像一位经理人开自己公司的玩笑：我们从来没时间一次性把事做好，但总有时间把事情几次性做好。

企业大了，摸着石头过河的创业者心态不能丢。但企业越大，就越经不起折腾，就越需要确定性，要避免进两步，退三步，以让整个运营更加可控。用微信读书上一位名叫董志江的读者的话说，公司小的时候是枪杆子指挥笔杆子，公司大了一定是笔杆子指挥枪杆子。其实这也是凸显了计划的重要性。

没计划，意味着有多个计划

不预不立，每个职能都要靠计划驱动。当没有计划时，其实每个职能都在做计划，从而导致多重计划问题。就拿需求预测来说，不确定性很大的时候，需求端往往不愿意给出预测。但生产要靠预测来备产能，采购要靠预测来与供应商谈价格，物流要靠预测来计划仓库容量，财务要靠预测来筹措资金。于是每个职能都在自己做计划，而且因为更加远离需求，预测准确度也更低。

多重计划，最多只能有一个是正确的。错误的计划，最终总会体现在库存、产能和资源的低效利用上。多重计划，鸡对鸭讲，供应链就没法协同。这就如销售、计划、采购都念不同的经，各自为政，怎么谈得上协同呢？这就是为什么销售与运营计划的根本目的之一，就是制订同一个计划，并使之成为跨职能协同的基础。

没计划，助长了借口文化的盛行

一家饮料企业的销售说，他对接的渠道商回家结婚去了，这就是为什

[一]　原文：A fool with a plan can beat a genius without a plan。

么他没有完成销售目标，言下之意是，这是计划外的事。结婚这么大的事，当然不会突然发生，怎么就不能计划呢？如果销售与渠道定期沟通，询问有什么可能显著改变需求的事，渠道商当然会告诉你他要结婚的安排，说不定他还在等着你随份子呢。

你知道，这是借口文化。渠道商会结婚，渠道商会生孩子；天会下雨，天会刮风。借口文化盛行的地方，你会听到一堆一堆的"偶然"事件。每个事件都可能不同，但共性是因为没想到，所以没做到。没想到，是真的想不到，还是没有去想？更多的时候是后者。如果连想都不愿意想，那么做的决心能有多大？你就知道为什么没计划倒是个借口了。

比如一家商用车制造商说，国家的排放标准一直在变，对新车需求的影响太大。国家标准不会一夜间改变，一个几百亿的企业，行业几十年的老兵，难道就真的一无所知，没法计划吗？一家卖羽绒服的企业说，天气的冷暖难以预知，这就是为什么需求预测难做。一家做新零售的企业说，下雨与否影响需求，而天气预报又不准确……难道真的就没法计划？

我想说的是，没有什么业务是确定的，除非关门，把剩下的钱存银行。我们不能因为不确定性大，就不计划，或者做不好计划。殊不知，计划的目的就是应对不确定性，给不确定性中注入一定的确定性。不确定性越大，就越要有计划。况且，计划并不一定要多准。**即便是一个错误的计划，也比没有计划要好**。否则就彻底变成了盲动，更谈不上完善计划了。

计划并不一定非得多准

人们一谈到计划，就将其和准确性联系起来，好像不准确的计划就没什么用似的。其实，计划并不一定非得多准。精准预测一个点的确很困难，但更多时候，**计划并不是一个点，而是一个区间**，或者一系列可能发生的情况，并不难预测。很多时候，知道这么一个区间，知道可能会发生的问题，就足以让我们采取合适的行动了。

第二次世界大战（简称"二战"）期间有个美国将军，每次打仗前都让参谋部预测战役期间的天气。那都是几十天后的事，以现在的科学来预测也与投硬币无异，何况七八十年前呢。但这位将军还是乐此不疲。他的用意当然不是准确预测打仗那天刮风还是下雨，而是驱动团队考虑各种可能发生的情况，准备相应的应对方案。

这就和我们做情景分析或者敏感度分析一样。是的，各种天灾人祸难以精准预计，竞争对手要具体干点什么、客户端要导入什么变动也一样，但这并不意味着就不能计划。要知道，**计划是一个识别风险和预设应对方案的过程**。这才是计划的真谛。

小贴士　难以预测，并不是说不能计划

天灾人祸，导致供应链中断，关系到企业的生死存亡。你当然没法预测泰国何时会发大水，你也没法知道日本什么时候会地震，国际政治带来的大宗原材料风险，就更没法预测了。但是，你知道会有水灾，东南亚一带的国家尤甚；你知道日本处于太平洋板块的边缘，会有地震、海啸；你也知道国际关系是波浪式前进、螺旋式上升，进一步退两步也是常有的事。用一位银行家的话说，世界上没有一年太平过。⊖每年总会发生些什么，并可能显著改变需求和供应。

对供应链的风险管控来说，知道这些就足够了。当然有人说，某种芯片主要在日本生产，就那几家供应商，都在同一地区，言下之意是，还是没法管控供应风险。同一地区并不是说地震、海啸的影响都一样，你也可以让供应商在不同城市的工厂生产，一旦一个工厂受损，很快可以启动另一个工厂，整体供应可能不足，但避免了彻底断供的风险——这些都不可预测，但可以计划。

有人或许会说，我们有那么多的产品、那么多的零部件、那么多的供应商，这风险简直防不胜防，根本没法计划。持有这种想法的人，根本原

⊖ 这句话应该是摩根大通的董事长兼CEO杰米·戴蒙（Jamie Dimon）说的，我在YouTube上听到的，但一时找不到出处。

因是没有入行，不知道自己到底在做什么，当然也就不知道从何处入手。如果你仔细分析，那么多的产品、那么多的供应商，真正会要了你的命的，其实远没想象的多。

计划的过程其实也是个分析的过程，是识别那些可能显著影响我们的"大石头"的过程：在企业运营中，绝大多数事情都是"小沙子"，让流程、系统按部就班地应对就够了；沙里淘金，通过细致的分析，我们才能淘出那些真正重要的东西，也就是那些需要更多的组织关照的"大石头"。

这些"大石头"，也往往是投资回报最高的地方。所谓计划，就是识别"大石头"，指导组织把有限的资源投入到这些重要地方。计划缺失时，资源就没法聚焦，要么是漫天撒网，蜻蜓点水；要么是听天由命，纯粹不作为，意外连连。

当然，知道这些"大石头"后，我们并不一定非得做点什么。知道而决定不作为和不知道而不作为，看上去都是不作为，性质却大不一样。知道了，分析投入产出，决定不做，这是在承担"经过计算的风险"，即便失败了，也是个好决策；不知道，即便侥幸成功了，也是个糟糕的决策。

这也是管理的精髓。优秀的高管会不断问问题，驱动团队来分析那些可能发生的情况，承担"经过计算的风险"。他们知道很多东西没法预测，但可以计划。这一过程也是增加可预见性的过程，给整个供应链注入更多的确定性，以确定应对不确定。

那什么时候就知道计划到位了？你分析了能找到的数据，熟悉了关键的假设，总结了数据中的规律，识别了数量有限的可能害死你的问题后，不管谁来挑战你，你都胸有成竹。有了"虽千万人吾往矣"的气概，你就知道你的计划做到位了。无论出了什么事，你都不会感到意外的时候，你就知道你的计划做到位了。

没有什么意外。历史总是以某种形式在重复。**对于意外，我们可以做不到，但不能想不到。**不确定性是生活的一部分，我们要设法来管理它。我不接受意外。这就是对计划的要求。

没有计划性，让我们变成劣质客户

计划的缺失，给供应链带来更高的运营成本，让我们成为劣质客户，影响获取供应商的优质资源。有些供应商甚至不愿和计划性差的本土企业做生意。

"有些企业真的很怪，同样一个产品，外商去采购，报价可能 5 元，如果国内企业去采购，报价 15 元。"名创优品的联合创始人叶国富告诉《创业家》，根本原因是外贸生意模式简单且有安全感：韩、日等外商把设计稿给中国工厂，工厂按设计加工，然后外商把信用证开好，一手交钱一手交货。而和国内企业做生意，隐性成本高。[⊖]

这隐形成本里，很大一部分是因缺乏计划性：需求变动大，赶工加急多，朝令夕改；设计变更无序导入，都量产了还在不断变更等。外商相对计划性强，订单下来，变化一般较少。本土企业整体上是很好的供应商，却是糟糕的客户，糟糕就体现在计划性上。也不是我们不想做个好客户，因为那也不符合我们自己的利益；而是因为管理能力不足，没法有效管理和配合内部客户，把计划尽量做准，尽快、有序纠偏。

小贴士　如何从无到有制订一个计划

你或许会说，我知道有个计划肯定要比没有强，但不确定性那么大，问题那么复杂，不知道从哪里下手。

让我先讲个京津唐高速公路的故事。这条高速是 20 世纪 80 年代末 90 年代初建成的，部分资金来自世界银行（简称"世行"）贷款。这个项目很大，施工等级高，施工环境复杂，再加上当时经验不足，管理粗放，挑战重重。其中一项就是计划很不到位，工期不可控，世行就派了一位专家来帮助他们。

这位女士一到，没什么虚头巴脑的东西，就是和每个相关的负责人谈，让他们评估自己负责的部分需要多久能完工，什么时候完工。她一一记下

⊖　名创优品：10 元店如何做到营收 50 亿？雪球，xueqiu.com。

来，整合到一起，就成了项目计划。然后，没有然后：大家按时把各自的活儿做完了，工期问题也就解决了。

这是我在读大学时听到的故事，快 30 年了，有些细节可能不够准确。我当时的想法是，这就是专家干的活儿？大家心目中的专家是权威，振臂一呼，救大众于水火之中。这位世行专家做的一点儿也不像专家嘛。找人谈话，记下来，整合到一起，这活儿有什么难？

30 年过去了，我逐渐意识到，这后面蕴藏着丰富的哲理，让我们能从无到有做个好计划。

其一，**写下来**。万事开头难，千头万绪，一旦开始写下来，思绪就会慢慢理清，你会发现其实没那么复杂。比如面对困难问题，一群人激烈地讨论，说着说着就漫无边际了，甚至在有些细节上钻起了牛角尖。这时候一旦有人走到白板前，把大家说的写下来，大家的想法就更聚焦，一个计划也就能慢慢成形。

写下来，总结、整合已有的信息，把我们能想清楚的写下来，成为后续改进完善的基础，这也是给不确定性中注入确定性。很多时候看上去没法计划，实际上是没有尝试去计划。不写下来，各相关方互相推诿，难免无限博弈，也让整个过程更加不可控、更难预计。

放到京津唐高速的例子中，这位女士逐个谈话，把各相关方的承诺写下来——计划其实也是让大家做出承诺。通过承诺，让大家更加愿意落实计划。要知道，一个好的计划不只是计划出来的，而且是执行出来的。

其二，**分而治之**。一个大项目无从下手，但分解成多个小项目就好对付多了。比如一座大楼的造价要多少，你当然不知道，但分解成每一层，每一层有多少柱子、多少梁，多厚的混凝土板，多少管线，几个电梯，多少楼梯……你会发现这些问题不再那么具有挑战性了。再如一个新产品的预测很难做，但分解到线上线下、主要的渠道、主要的客户，再分解到促销、正常销售，就会更容易。

这就是费米估算法的基本思路，即将复杂的问题拆解成小的、可知结果的部分。如果还不能得出结果，那就继续再拆解，直到所有部分都变成常识，或者容易解决的问题，从而将一个结果未知的问题清晰化。⊖每个单项的估算准确度虽然可能很低，但整合起来的准确度相当高。

　　举个我自己的例子。一日晚饭后，女儿让我猜，她今年在 Spotify⊖ 上总共听了多少分钟的音乐。Spotify 是女儿的最爱，经常在上面听韩国流行乐。我当然不知道她听了多少时间，但我知道如何去猜：每年 52 周，每周 7 天，其中 2 个周末会听得多，5 个工作日听得少点（上学时没法听）。假定工作日每天听 2 个小时，周末每天听 4 个小时，一年下来就是 56 160 分钟。

　　女儿查看 Spotify 里的实际统计，截至 11 月底是 47 269 分钟。换算成 12 个月，我的估计比实际值只高出 9%。这下可把女儿给镇住了。作为爸爸，这显然有助于重塑形象：过来人都知道，赢得青春期孩子的尊敬，可真不容易啊。掩饰着得意，装作轻描淡写的样子：爸爸都写过两本计划方面的书了，算这点账根本不算什么……

　　当然，有其父必有其女。有一次，女儿看到我的培训学员清单，就活学活用，开始盘算：一次培训这么多人，每人学费多少，一年培训多少次，所以能赚多少钱……我是个作者，但写作没法谋生，就兼职做点培训，钱当然是赚不了多少，但被女儿估算得那么准，还是让人颇为吃惊。

　　估算得这么准，这自然有侥幸的成分，但我对费米估算法的方法论深信不疑：不管多难的问题，一旦分解后，就更容易解决。"曼哈顿工程"如此，"阿波罗计划"如此，你要装修房子的预算、工期也是如此。分解得足够细，细项的误差也就关系不大了：有的地方高估，有的地方低估；有的地方准，有的地方不准；有的地方很准，有的地方很不准，最后都**神秘地抵消**了。这也是费米估算法的精髓所在，冥冥中的力量，真的说不清道不明。

　　其三，**尽量具体**。问题分解后，每个细项的计划要力求具体、可量化、可实现。

　　⊖　费米估算是什么？教育达人小嫣，百度知道，zhidao.baidu.com 。对于费米估算法，可参考
　　　　"知乎"上的《数据分析中最好用的估算法：费米思想》，zhuanlan.zhihu.com。
　　⊖　Spotify 是一个正版流媒体音乐服务平台，2008 年 10 月在瑞典首都斯德哥尔摩正式上线。
　　　　百度百科，Spotify 词条。

比如星期天早晨起床，你问孩子今天干什么。孩子说，我把家庭作业都做完，再做些课外练习。那家庭作业都有什么？语文、数学、英语（这是更加具体）。各自有多少道题，你计划什么时候做完呢？这是与时间挂起钩来，督促孩子更加细化计划。孩子说早晨。早晨是个很大的概念，那你继续问，先做什么，后做什么？先做数学的话，数学多少道题？大概需要多少时间？这是进一步细化。没有细节，孩子可能高估冒算，制订的计划不切实际，自然也不太可能实现。

具体量化之外，还要考虑可行性。要知道，计划要切实可行，不能依靠长官意志。脱离执行能力的计划不是好计划。有时候，我们为了更好地实现目标，往往在计划的时候"高要价"，让相关方做出超出能力的承诺。这就增加了不确定性，也助长了博弈：别人看到承诺者注定完不成，就猜测什么时候能完成，并盘算自己该怎么办，让整体计划变得更加不确定。

计划有多种，相互有关联

任何事情都是个两阶段的实现过程：先有**精神实现**，然后有**物质实现**；前者是**计划**，后者是执行。企业里的每个职能，凡是有执行的，都能找到相应的计划，无非有些计划实现了专业化，由专职人员在做，有些是兼职在做而已。

我们这里讲供应链相关的计划。

供应链的每一个环节都有相应的计划，以驱动相应的执行职能。比如计划决定买什么，买多少；生产什么，生产多少；配送什么，配送多少。供应链的绩效问题，包括交付和库存，计划没想到，执行就很难做到，即便做到，也是以高昂的成本和库存为代价的。我们的目标是**不但要做到，而且要想到**。企业越大，这点就越重要。

从需求预测开始的"计划链"

供应链相关的计划是环环相扣的，从**需求预测**开始。

需求预测是在特定条件下，对需求量的**客观**估计。比如在特定的价格、交付、促销计划下，我们认为客户需要多少产品。需求预测的关键是**客观性**，而不是我们的主观愿望。想让客户买多少，与客户愿意买多少，就如我们想赚多少钱，与我们能赚多少钱一样，完全是两码事。

在很多公司，需求预测和需求计划通用。严格意义上，它们是有区别的。比如"双十一"那一周，我们预测能卖掉1000个商品，这是需求预测。但在指导备货时，由于产能限制，我们把这1000个商品拆分成4周，每周生产250个来平滑需求，这就是需求计划。不过这些差别相对细微，除非另做说明，在本书两者通用。

基于需求预测，我们会做**库存计划**，比如我们按照预测生产出来了，成品库存要放在什么地方，总库放多少，各个分仓放多少，要不要设安全库存，设的话要设多少。

在我的一系列图书中，需求预测和库存计划的侧重点略有不同，如图2-5所示。需求预测侧重总库，在公司层面确保总进与总出匹配。比如这个产品每周能卖出1000个，那么供应链每周就得进1000个。销售与运营协调流程没打通，信息不对称，职能之间互相博弈，都可能造成预测的大错特错，导致总进与总出不匹配，最后体现在一堆库存上。

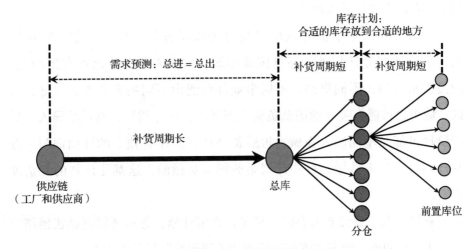

图 2-5 需求预测和库存计划的侧重点

但是，总讲与总小匹配了，并不是说库存问题就没有了：合适的库存放不到合适的地方，比如有的地方太多，有的地方太少，就会导致过剩和短缺同时存在，整体库存高，整体服务水平低。这是库存计划要重点应对的问题，可通过合理设置每个库存点的再订货点、安全库存等来实现。

当然，需求预测和库存计划的区分是相对的，主要是为了阐述方便。在实践中，需求预测和库存计划没法分离。比如在做库存计划的时候，我们是离不开需求预测的，不管是设立再订货点，还是预测补货。再如安全库存的部分功能就是应对需求的不确定性，而需求的不确定性与预测的准确度直接相关——预测越不准，需求的变动性就越大，也就需要越多的安全库存来应对。

需求计划、库存计划后面是**生产计划**。生产计划把产品的材料清单（BOM）打开，扣除库存后，就产生零部件、原材料的**物料计划**，由物料计划转换为**采购计划**，最后变成采购订单。采购计划支持物料计划，物料计划支持生产计划，生产计划支持需求计划，这就形成了"计划链"。

"计划链"向两头延伸，在客户端有配送计划，在供应商端有产能计划，但都是在需求计划的基础上制订的。**计划是供应链的引擎，而需求计划是计划的龙头**，就是这个原因。正因为需求计划有着重要地位，后面讲到的计划，大多是需求计划。

种种计划，除了沿着供应链切分为需求计划、生产计划、物料计划、采购计划等计划外，还可围绕组织、产品来切分。比如在组织上，同是需求计划，不同渠道、不同事业部可能由不同的人负责；总部、大区、城市也可能有独立的团队负责。围绕产品生命周期，新产品导入、量产阶段可能是不同的人在做，售后备件计划往往有独立的计划部门。有些计划有专职人员做，有些计划是兼职人员做的，这都让计划的复杂度大增。

看到这儿，或许有人会问，讲了这么多计划，怎么还没有**销售预测**的影子呢？要知道，很多"灾难"都和"销售预测"脱不了干系。

销售预测和需求预测不一样

一旦提起销售预测，人们容易联想起两点：①自上而下，由销售目标驱动；②自下而上，由销售人员提交。这让销售预测带有浓厚的主观色彩，给企业带来诸多运营和库存方面的挑战，特别是把销售预测等同于需求预测的时候。

销售预测和需求预测不是一回事，让我们打个比方来说明。

很多妈妈都熟悉这样的场景：小孩子疯玩了一天，回来说，"妈妈我饿死了，我能吃 5 碗饭"——这就是孩子的"销售预测"。作为"供应链"的妈妈，当然不会做 5 碗：这孩子平常每顿吃 2 碗（这是"从数据开始"），今天看上去脸饿得有点发白，那就多做 1 碗吧（这是"由判断结束"），这就是"需求预测"。

这也是需求预测和销售预测的本质区别：需求预测更客观，是用供应链的**理性**来平衡销售的感性。要知道，销售预测经常受**销售目标**的驱动，销售目标承载了老总的主观愿望，销售预测承载着销售的主观愿望，两者都是"想"让客户买多少，而不是客户愿意买多少。把现金变成库存容易，把库存变成现金难，你不能简单地拿销售预测当需求预测，来指导供应链"生米做成熟饭"。这就如美好的赚钱愿望不能成为实际花钱的计划一样。

那么制定需求预测的时候，要不要考虑销售目标？要考虑。因为销售目标直接决定在业务端投入多少资源，用多大的力度来影响需求、制造需求。但这并不是直接把销售目标当成需求预测，而是基于这样的销售目标，问市场、销售、产品部门有什么显著改变需求的计划，影响到哪些产品，预计带来多少**增量**需求等。

这里的重点是需求历史里没有但未来计划做的，或者可能发生的。打个比方。门店的销售员们每天都在门口叫卖，以前是，以后也是，这已经反映到需求历史里了，不需要销售来提供计划。但是，眼看后半年的销售目标达不到，于是就在暑假期间雇了 100 个大学生做地推，那可是能显著改变需求的，需要销售端帮助量化对需求的影响。

当然，销售端可能说，这事儿我们第一次做，不知道效果怎么样——销售知道，做预测相当于做承诺，他们不愿承担预测不准的风险。每个大学生每天 200 元，100 个就是 20 000 元，也就是说每天拿 20 000 元来做试验？

没几个企业会那么花钱。销售总得做各种假设来量化可能的投入和产出。比如每个人每天发 500 张传单、2% 的转化率，这就意味着增加 10 个顾客；每个顾客买 1 件这个产品，每件 100 元，这就是 1000 元的营收。通过这样量化来说服老总这样的活动是否值得做。

是的，我们需要的就是这样的**判断**。这也驱使销售端更加细化改变需求的方案，注入更多的客观性，而不是单纯地在销售目标的驱动下盲动。基于历史需求的基准预测，加上各种促销、上新、市场开拓等可能带来的额外变动，就是"从数据开始，由判断结束"，从而生成客观性更高的需求预测。

这时候问题又来了：销售目标和需求预测不匹配的话，该怎么办？比如老总的销售目标是 1 亿元，但需求预测怎么算，8000 万元看上去更靠谱。这种问题很常见，一般有两种方式来应对：

其一是按照老总的目标，生产出 1 亿元的产品来。老板的目标是 1 亿元，往往有他的理由，比如抢占市场份额，争取早日上市，或者让工厂的产能得到充分利用，使产品的整体成本更低等。供应链根据历史需求，整合销售、市场、产品等职能的判断（比如促销、活动、新老产品的迭代等），发现更客观的需求是 8000 万元。这 2000 万元的差距，就需要制造更多的需求来填补，老总要在销售端投入更多的资源来产生额外的需求。

其二是用供应链的三道防线来应对。让我们继续用小孩吃饭的比方来说明。小孩的"销售预测"是 5 碗，妈妈的"需求预测"是 3 碗，但 3 碗饭吃完没吃饱怎么办？这时妈妈就会给他找点小饼干、水果什么的——这是你的"安全库存"。放在供应链上，凡是有库存的地方，十有八九有某种形式的安全库存，以应对需求和供应的不确定性。那么"安全库存"用完了，小孩还没有吃饱怎么办？那就下楼到便利店再买点什么，通过执行来弥补。放在供应链上，就是加急赶工催货，计划的先天不足由执行来弥补。

需求预测、库存计划、供应链执行合在一起，就是"供应链的三道防线"，也叫"计划的三道防线"（见图 2-6），用它们来有序应对需求和供应的不确定性，平衡库存和执行风险，提高客户服务水平。

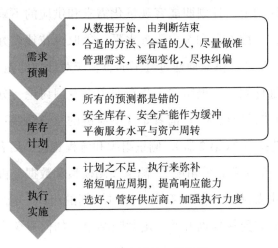

需求预测	· 从数据开始，由判断结束 · 合适的方法、合适的人，尽量做准 · 管理需求，探知变化，尽快纠偏
库存计划	· 所有的预测都是错的 · 安全库存、安全产能作为缓冲 · 平衡服务水平与资产周转
执行实施	· 计划之不足，执行来弥补 · 缩短响应周期，提高响应能力 · 选好、管好供应商，加强执行力度

图 2-6　供应链的三道防线

供应链的三道防线

从某种意义上说，所有的预测都是错的，但错多错少不一样。如何尽量提高预测准确度，增加首发命准率，这是供应链的第一道防线要解决的问题。预测错了怎么办？供应链的天然应对方法是设置安全库存。如何科学合理地设置安全库存，少花钱多办事，这是库存计划的一大任务，即供应链的第二道防线。预测错了，安全库存不够用，那就要启动第三道防线——供应链执行来应对。三者结合在一起，就构成了供应链的三道防线。

在三道防线里，需求预测相当于河流的第一道防洪堤，希望把百分之七八十的"洪水"拦住；拦不住的就溢出来，进入第二道防线——安全库存，安全库存希望能挡住百分之一二十的"洪水"，剩下的就溢出来，由第三道防线——供应链执行来应对。我们的挑战在于需求预测准确度太低，需求的"洪水"一来就被冲垮，那安全库存自然不够用，于是所有的"石头"就都落到供应链执行上。负责计划的人员也不得不花大量的精力来催货，导致没有足够的时间做计划，这就会陷入恶性循环。

三道防线也是跨职能协作的。在需求预测上，计划和销售、市场等需求端职能协作，从数据开始，由判断结束，以提高预测准确度，争取首发命准；在库存计划上，计划职能客观量化需求和供应的不确定性，设立合适的安全库存，平衡库存和客户服务水平，争取少花钱多办事；在供应链执行上，采购、生产、供应商通过赶工加急，应对计划的先天不足。

对于供应链计划的三道防线，我有两本书专门讨论，分别聚焦计划的"七分管理"和"三分技术"。前者是《供应链的三道防线：需求预测、库存计划、供应链执行》(第2版)，侧重组织和流程建设；后者是《需求预测和库存计划：一个实践者的角度》，侧重预测模型和数据分析。

这里我们主要从公司层面着眼，探讨计划的组织、流程和系统问题，特别是需求计划如何从数据开始，由判断结束；如何避免大错特错，追求精益求精。

需求预测：从数据开始，由判断结束

前面说到，就跟妈妈们决定做多少饭一样，一个好的需求预测是"从数据开始，由判断结束"。"从数据开始"是基于需求历史，选用合适的预测模型，来制定基准预测，如图2-7所示。常见的预测方法有移动平均法、指数平滑法、线性回归等，我有一本专门的书讲这些。[⊖]

"从数据开始"有个重要假设，就是我们的业务有一定的**重复性**。企业常见的误区是低估业务的重复性，比如业务变化太快了，需求历史没有什么参考性。没有重复性，也就是说，我们只靠做一锤子买卖，就能把企业

⊖ 《需求预测和库存计划：一个实践者的角度》，机械工业出版社，2020。

做到几千万、几亿、几十亿甚至几百亿的规模？显然不可能。我们的业务总有一定的重复性，即便不在成品层面，也在半成品、原材料层面，至少工艺层面有共性。

周	基于历史数据的预测
1	21
2	14
3	17
4	29
5	32
6	16
7	15
8	19
9	12
10	25
11	21
12	19
13	28

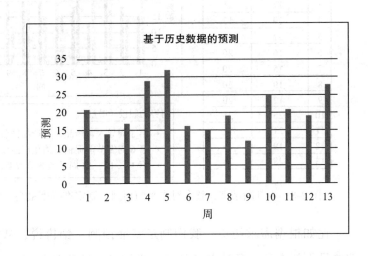

图 2-7　从数据开始，基于需求历史，制定基准预测（示例）

"发生过一次，可能永远不会发生第二次；发生过两次，注定还会发生第三次"，《牧羊少年神奇之旅》中这样说，讲的就是重复性。"这个世界上没有新事，如果有的话，也是你不知道的历史罢了"，说的也是重复性。低估业务的重复性，就容易助长计划的不作为，导致数据分析不足，势必过重依赖需求端的判断，走上一线销售、内部用户提需求的迷途。这是需求预测的一大误区。

需求历史会不会完全重复？当然不会。以前发生过的，以后可能不发生；以前没发生过的，以后可能会发生。那么，什么人对未来有一定的预判？销售、市场、产品管理等离需求近的职能。设计、客服、高管等也接触客户，对未来有一定的判断。基准预测做好后，结合这些职能的判断，就完成了"从数据开始，由判断结束"的需求预测流程，如图 2-8 所示。

㊀　美国前总统杜鲁门的话，大意。原话：There is nothing new in the world except the history you do not know。摘自 Brainy Quote, www.brainyquote.com。

周	基于历史数据的预测	辅以销售的判断
1	21	15
2	14	18
3	17	25
4	29	13
5	32	18
6	16	20
7	15	20
8	19	20
9	12	20
10	25	25
11	21	25
12	19	25
13	28	25

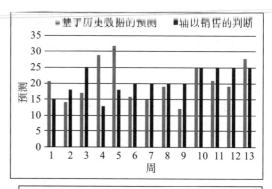

销售的假设（增量）
- 第 5 周导入新产品，老产品销量下降
- 第 6 周做节前促销，消化产品库存
- 第 11、12、13 周是圣诞节假期，需求高

图 2-8　由判断结束，整合对未来的预判，制定准确度最高的预测（示例）

比如根据需求历史，我们制定基准预测。销售说，从第 5 周开始，我们要导入新产品，预计老产品的一半需求会转移到新产品；从第 6 周开始，我们要做节前促销，以消化老产品的库存，预计增加 30% 的需求；最后 3 周是圣诞节假期，这个产品包括在圣诞活动计划里，预计整体需求拔高 ×%。就这样，"从数据开始"是整合历史经验，"由判断结束"是整合对未来的预判，两者相结合，让我们的预测准确度最高。

在需求计划中，知道"什么"不重要，知道"谁"很重要，[⊖] 说的就是"由判断结束"的重要性："什么"是已经体现在需求历史里的信息，用合适的数据模型和分析即可得到；"谁"指那些能够显著改变需求的人，或者对其有一定预判的人。你的数据分析做得再好，也没法预测那些没有发生过但可能显著改变需求的事，比如活动、促销、新老客户的变动、新老产品的交替等。这些需要市场、销售、客户经理、产品管理等职能的判断。

从数据开始，由判断结束，把前端做生意的和后端做运营的完美串联起来。这难不难？不难，如果是家小公司的话。比如是个夫妻店，你在前

⊖　5 Lessons I had to Learn as a Demand Planner, by Dan Seville, May 14, 2021. Institute for Business Forecasting & Planning，www.demand-planning.com.

面卖烧饼，你太太在后面烤烧饼，只需一个简单的提示，你太太就知道要烤几个烧饼。但公司大了，前面有几十、几百名销售，后面有几十、几百名运营人员，中间是几十、几百名产品管理人员，要把这些都串到一起，那难度就大了。

而且企业大了，有数据的职能往往没有判断，有判断的职能往往没有数据，更是增加了数据和判断对接的难度。哪些职能有数据？计划。计划人员最熟悉 ERP 的每个角落，最清楚产品的需求历史，比如卖给什么客户，什么时候卖掉，从什么渠道卖掉等。但是，计划人员整天对着计算机，不接触客户，有没有判断？没有。真正的判断来自客户端。

哪些职能有判断？销售、市场等贴近需求的职能，尤其是直接面对客户的一线销售。但销售有没有数据和数据分析能力？没有。销售的专长是和人打交道，不是做数据分析。如果一群销售整天挂在 ERP 上分析数据的话，那么我们还不早都喝西北风去了。

这就是企业大了的问题：有数据的没判断，有判断的没数据，直接决定了需求预测是个**跨职能**行为。熟悉历史数据的计划职能做好数据分析，制定基准预测；对于可能显著改变需求的活动，由销售、市场、产品管理等需求端职能做出判断，并提供判断的依据和假设，以此来调整基准预测。虽然所有的预测都是错的，但有数据的出数据，有判断的出判断，两者相结合，让信息对称后，得到预测的准确度最高。

跨职能行为由单一职能做，能做好吗？当然不能。在很多企业，需求预测准确度低，后面都能看到单一职能做预测的影子。要么是计划主要靠历史数据做预测，要么是一线销售主要靠判断提需求，数据和判断总有欠缺，注定预测准确度低。**单一职能做跨职能的事，整合不了跨职能的最佳信息，可以说这是需求预测的最大挑战，也是预测准确度低的最大原因，没有之一。**

接下来，我们从更大范围来看需求预测，也就是把它放到销售与运营计划的范畴，看它是如何成为跨职能协同的关键的。

需求预测是销售与运营计划的核心

集成供应链（ISC）是企业的两大主干流程之一 [另一个是集成产品开发（IPD）]，其核心是销售与运营计划。这两个流程驱动企业的大部分资源。如果说集成产品开发的目的是开发一个好产品，解决从 0 到 1 的问题，那么销售与运营计划的目标是制订一个好计划，解决从 1 到 N 的问题。而这个好计划的核心呢，就是需求预测。

我们先看一下销售与运营计划的基本流程，以及需求计划扮演的角色。⊖

如图 2-9 所示，这是个典型的销售与运营计划流程，每个月运行一次。首先是需求计划职能分析历史数据，制定基准预测（第 1 周）；然后整合销售、市场、产品端的判断，比如促销计划、活动安排、新老产品交替，得到**非限制性**的需求预测，也就是说，没有考虑供应和财务等约束条件（第 2 周）。下一步要与**供应链**和**财务**等职能协同，比如工厂和供应商有没有足够的产能，没有的话是增加产能还是调整预测；这样的预测能否满足财务的营收目标，财务有没有足够的资金来建库存、建产能等（第 3 周）。

当销售、市场、产品、计划、供应链和财务等职能达成一致的时候，最终的需求计划就呈现到老总层面，一边是该计划要达到的销售目标，一边是实现该计划所需要的资源，由老总来拍板决定。对于这些职能达不成共识之处，也要由老总层面来拍板（第 4 周）。一旦拍板了，需求计划就成了供应链的原动力，层层分解为生产计划、物料计划、采购计划等，驱动各职能来执行。

这就是销售与运营计划的简单过程，核心任务是通过**同一个**需求计划来协同企业的各个职能。一段时间后，比如一个月后，需求、供应情况变化了，就要更新需求计划，整个过程又来一次，这就是销售与运营计划的定期更新。在整个过程中，计划职能在主导大部分的行动，而达成共识的需求计划则成为销售与运营计划的内核。

⊖ 更详细的销售与运营计划（S&OP）流程，可参考《供应链的三道防线：需求预测、库存计划、供应链执行》(第 2 版)，144 ～ 150 页。

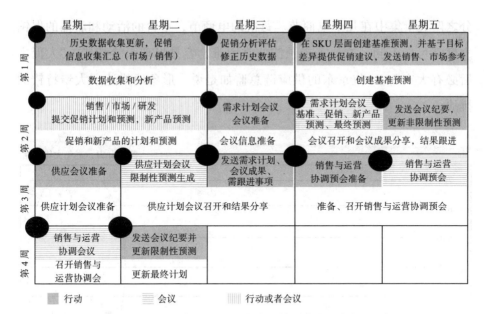

图 2-9　需求计划在销售与运营计划中扮演关键角色（示例）

资料来源：驭策供应链。

　　整个过程从数据开始，由判断结束，而且最终**达成共识**。这一过程让需求端与供应端成为闭环，避免了常见的"三开口"：销售目标没有翔实的销售计划来支持；销售计划没有客观的需求计划来支撑；需求计划没有可靠的供应计划来匹配。离开这一闭环，一系列的计划都是开口的，注定整个运营过程中充满不确定性，为后续的产能、库存和运营成本问题埋下伏笔。

需求预测的两大核心挑战

　　需求预测的核心挑战有两个（见图 2-10）：**对于不确定性大的，没法避免大错特错；对于可预见性高的，没法做到精益求精**。两者的结果都是需求和供应没法有效匹配，库存高企，库存周转效率低下。

　　常见的大错特错来自显著改变需求的行为，比如促销活动、新品导入、市场和客户开拓等。以图 2-10 中的电商来说，某产品一年的销量，百

分之四五十集中在几个电商节。每次的电商节，平台的活动和店铺的促销
力度都可能不同，这让需求预测非常困难，容易出现大错特错。"大促之
后必有大灾"，一位京东的供应链总监如是说，形象地描述了大错特错的
挑战。

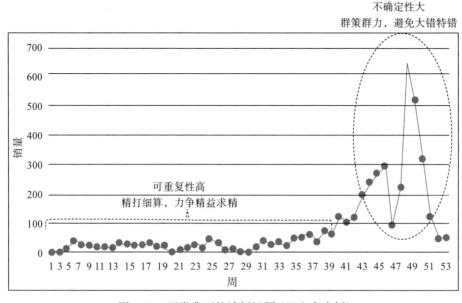

图 2-10　两类典型的计划问题（以电商为例）

对于快消品、快时尚、手机等产品，渠道铺货，上新促销等也会显著
改变需求，无非是需求峰值发生在导入期。在导入期，如何避免大错特错，
尽量降低严重积压和短缺的风险；在生命周期的其他部分，需求的可预见
性相对较高，如何做到精益求精，让库存尽可能地低，以降低对资金的占
用，杜绝库存呆滞，挑战同样巨大。

计划是七分管理，三分技术。"七分管理"不到位，就容易出现大错特
错，表现在呆滞库存高；"三分技术"不到位，就做不到精益求精，表现在
整体库存周转慢。"从数据开始"是做到精益求精，"由判断结束"是避免
大错特错。这是两个相关但不同的问题，需要区别对待。

接下来，我们先来探讨如何避免大错特错。

不确定性大，如何避免大错特错

计划的大错特错，主要是因为销售和运营协调流程没打通，做生意的和做运营的严重脱节，组织博弈导致信息严重不对称，导致预测准确度太低。把销售目标当成需求预测，层层博弈导致的牛鞭效应，短缺时的过激反应，都可能造成需求预测的大错特错，以及严峻的库存和交付问题。

不能把销售目标当作需求预测

把销售目标当作需求预测，在管理粗放的企业里相当普遍。

公司小，快速成长的时候，历史数据的可参考性较低，就只能主要靠判断，而没有人比老总经验更丰富，更能预测未来。于是老总做计划，销售目标便成了需求预测。业务快速增长下，人有多大胆，地有多大产，多高的销售目标都实现了，预测准与不准影响不大。

等企业到了一定规模，业务复杂到一定程度，就没有人知道真相了——真相在数据里。如果继续沿用老总拍脑袋的方式，把销售目标当作需求预测，一旦业务增长出现拐点，行业陷入低谷，就容易出现大错特错，库存、产能问题就大了。

比如一个百亿级的工程机械企业，长期以来把老总的销售目标当作需求预测。2008 年金融危机后，国家投入数万亿元刺激经济，其后几年间，工程建设遍地开花，对工程机械的需求节节攀升。等到刺激方案结束了，对工程机械的需求锐减，该企业的过剩库存高达数十亿元，成了大问题。

还有个百亿级的手机公司，以前一直是快速增长，老总做计划，将销售目标作为需求预测，设多高的目标都能达成。等公司到了一定体量，增量市场突变为存量市场，用销售目标做预测，承载了老总太多的主观愿望，客观性不足的问题就更加凸显。低端产品的需求计划没问题，因为老总不参与；中端产品的需求计划还可以，因为体量大；高端产品的需求计划风险最大，预测准确度相当低，因为老总寄予太高的期望，高度参与需求预测。结果，高端产品的库存压力最大。

销售目标一般是金额，层层分解到产品、渠道、客户等能够考核销售的地方，准确度注定不高。离开了自下而上的验证，销售目标就变成了硬性摊派，没什么计划可言。于是，渠道就成了重灾区：为了达到销售目标，销售就在月末、季末、年末一轮轮地压货。渠道压货，导致整体库存偏高，库龄问题恶化，影响产品的美誉度，又反过来，又影响品牌。此外，渠道压货会人为造成需求的不平稳，给供应链造成更高的运营成本，产能利用率的问题也更严峻。[⊖]

把销售目标当作需求预测，也是需求计划的初级状态。这里让我们顺便看一下需求计划的进化史，看看它如何"进化"到更高级阶段，以解决这一问题。

小贴士　需求计划的进化史[⊜]

需求计划的"进化史"，也是需求计划从单一职能向跨职能、跨企业协作发展的历史，从避免大错特错向追求精益求精的发展历程，如图 2-11 所示。

图 2-11　需求计划的五个阶段

[⊖] 渠道压货是个非常具有挑战的问题，它有很多原因，可参考《供应链的三道防线：需求预测、库存计划、供应链执行》（第 2 版），286～288 页。

[⊜] 摘自我的《供应链的三道防线：需求预测、库存计划、供应链执行》（第 2 版），131～134 页，机械工业出版社，2022，有修改。

最初级的需求计划是**单一职能**在做，而且往往是以兼职的形式。比如，公司小的时候老总做计划，公司大一点后别的职能兼职做计划。单一职能做预测，预测准确度低；跨职能没达成共识，多重预测并存，是这个阶段的特点。自上而下基于销售目标做需求预测，英语里叫"政治预测"，也是这个阶段的常见做法。

然后发展到第二个阶段，即**跨职能共识**阶段。本书讲的"从数据开始，由判断结束"，就是跨职能共识预测。计划职能的数据分析，加上业务端的职业判断，让预测的准确度更高；计划和营销达成共识，让需求预测的约束力也更强。这也是对多重预测的应对方案，但生成的需求预测往往是非限制性的，即没有充分考虑生产、采购能否满足。

到了第三个阶段，需求计划达成共识的范围更大，从营销、计划延伸到产品、生产、采购、财务等职能。这就是**销售与运营计划**（S&OP）。S&OP 涉及的职能更多，时间跨度更长，考虑到主要的约束条件，比如供应能力、财务资源等，需求预测就成了限制性的预测。最终，需求计划成为协同各职能的关键：供应链要按照这个计划生产出来，销售要按照这个计划销售出去，财务要按照这个计划准备资金，生产、供应商要按照这个计划准备产能等。

到了第四个阶段，需求计划超越企业的边界，与供应链伙伴对接起来。这就是**协同计划、预测和补货**（CPFR），最早是在零售行业发展起来的。比如沃尔玛每卖掉一瓶洗发水，相应数据就传递给宝洁，帮助宝洁安排后续的生产和补货计划。这是在拿信息换库存：信息越对称，不确定性就越小，库存也就越少。跨职能之间如此，公司之间也是如此。三一重工、美的这样的企业和渠道商共用信息系统，渠道商的进、出、存都在一个系统里，也是供应链协同和库存控制的有效举措。

在第五个阶段，**集成业务计划**（IBP）把 S&OP 的思路延伸到整个供应链、产品和客户，形成端对端的管理流程。IBP 更多地是从财务视角，为企业决策层提供决策依据。[⊖]IBP 的出现，也与 S&OP 日渐成为运营层面的

⊖ First S&OP, then IBP – what's next? by Jean-Baptiste Clouard, www.linkedin.com.

工具有关。S&OP 刚导入的时候，是为解决企业中长期的产能与销售目标之间的平衡问题。⊖但是，在实际操作中，S&OP 越来越下沉到运营层面，成为日常运营中各职能达成共识的预测工具。于是 IBP 应运而生，以在更高层面指导企业决策。

这就是简单的需求计划进化史。你能看到，需求计划的影响范围一直在扩大，从单一职能到跨职能再到跨企业，成为形成共识的核心手段。我们常说的供应链协同，就是围绕同一个计划的协同，而需求计划是这个同一计划的基础。供应链上各环节能够串起来，需求计划扮演的角色怎么强调都不为过。

群策群力，多人智慧胜一人

不确定性大，历史数据不足，我们就习惯性地向销售经理、产品经理、客户经理"要"计划。于是就会看到销售经理、产品经理、客户经理等拍脑袋，提需求，做计划。如果这些人都承担不了预测准确度低的风险，老总就不得不亲自做计划。

老总做计划，准确度的问题照旧，甚至更糟糕。有位供应链总监抱怨说，你得给我们老总讲讲，让他不要做预测。我说，你们老总做预测，是他喜欢吗？当然不是。你们老总做预测，是因为需求预测怎么做的问题没有解决，预测准确度太低，没人愿意承担预测的风险，最终就由最能承担风险的人来做计划。

不管是需求部门提需求，还是老总做预测，都是寄希望于那个看上去最厉害的人。但是，一个人的智慧总是没法与多人智慧相比，因此导致大错特错频频。《超预测：预见未来的艺术和科学》一书中说道，"（在预测上）一个人要打败多个人，需要有很强的能力和相当的训练（也意味着交了很多学费，试了很多错）；一群人要打败一个人，则不需要多少专业知识和训练"。

⊖　比如跨度至少要有 18 个月（因为建厂房、买设备需要这么长时间）。

群策群力，整合团体的智慧，是应对高度不确定性、避免大错特错的有效举措。常见的就是**德尔菲法**。其基本逻辑是，对于同一个判断对象，不同人会从不同角度有认识，这些认识整合到一起，便形成更全面、更准确的认识。三个臭皮匠，能顶一个诸葛亮，就是德尔菲法的通俗解释。

我在美国参加一些会议时，经常看到组织者在入口处放一大罐巧克力，让与会者有奖竞猜。几十、几百人猜的平均值，和真实值非常接近。比如有一次实际值是296个，竞猜的平均值为292个。我后来在上海、深圳多次重复这个实验，只是把巧克力换成了糖，也得到类似的结果。

有的人猜得多，有的人猜得少，两者会互相抵消。在数理统计上，这叫"大数定律"，也就是说，样本越大，其平均值越接近真实值。群众的智慧不可忽视。多份研究表明，职场流言中有70%～90%是准确的。我们的经验也表明，无风不起浪，职场流言是有群众基础的。德尔菲法就是用**结构化**的方式来整合群体的智慧，以避免大错特错。

德尔菲法形成于二战后期，主要是为帮助美国空军的新武器开发。因为是新武器，没有多少可参考的数据，美国空军就请来相关方面的专家，每位专家在各自领域对新武器有一定的认识，让他们背靠背，独立做出判断，匿名汇总后反馈给大家，进行第二轮判断，如此这般，不断改进，直到达成共识。[一]

德尔菲法的具体做法，我在另一本书中有详细的描述和案例。[二]这里我想讲一下，与我们常见的会议讨论相比，德尔菲法有什么不同，以及企业在实施德尔菲法时常见的错误。

需求预测的精髓是"客观"二字，而常见的会议呢，人与人之间互相影响、博弈，往往难以得到客观信息。比如不管老总多么民主，他坐在那里，大家总是自觉不自觉地跟着他的思路走。职能之间也互相博弈，一个

[一] 当然，也可能经过一定轮数还是达不成共识，那就表明德尔菲法并不合适，需要找别的方法。

[二] 摘自我的《需求预测和库存计划：一个实践者的角度》，224～247页，机械工业出版社，2020。

职能说什么，往往取决于别的职能说什么。级别高的人影响级别低的人，经验丰富的人影响经验不足的人，强势职能影响弱势职能，这些都影响了群策群力的效果。

德尔菲法有三个特点，可以尽可能地发掘客观信息，让信息变对称，帮助我们做出更好的决策：其一，**独立**，专家们背靠背做判断，这样避免了相互影响和博弈；其二，**匿名**，这样大家能够畅所欲言，没有后顾之忧（当然，为了约束信口开河，专家们要罗列判断依据和假设）；其三，**多轮循环**，上轮的判断整合起来后，组织者以匿名的方式提供给专家团队，帮助下一轮改进判断。

在实践中，企业经常犯一些错误，让德尔菲法在防止大错特错的效果上大打折扣。

其一，**选错专家**，把专家定义为职位级别高的人。这些人往往是每个职能的总监、副总，但对具体的产品并不十分熟悉，没法有效做出判断。在新品导入、大活动、大促销等充满不确定性的情况下，工作层面的人对产品往往更有判断能力。

其二，把德尔菲做成"**免责委员会**"。比如有个工业品企业在设计德尔菲法时，把采购经理、财务经理、制造工程师都纳入专家团队，潜台词是"你们都参与决策了，以后预测不准，采购不能抱怨催货，财务不能怪库存高"。这样做，稀释了专家团队的能力，反倒降低了预测准确度。

其三，把德尔菲法当作工具箱里唯一的锤子，事无巨细，事事都让专家团队来决策。德尔菲法是个重武器，需要销售、市场、设计、产品、计划等跨职能团队参与，组织起来有一定的难度；参与者大都是各个职能的佼佼者，都是大忙人。事无巨细都让专家团队来决策，杀鸡用牛刀，势必造成资源摊得太薄，走过场，反倒把那些真正需要判断的大事做不到位。

群策群力，德尔菲法让信息变对称，并达成共识，可以说是图 2-11 中需求计划的第二个阶段。但是，一旦德尔菲法做不到位，就没法做到群策群力，预测准确度低，势必会倒退到强势职能提需求或者老总做计划的初级阶段。

避免"牛鞭效应"造成的多重计划

牛鞭效应，也叫长鞭效应，指的是需求变动沿着供应链层层放大，造成多重需求预测和相应的库存问题，如图 2-12 所示。越是远离需求，看到的变动就越大，库存问题也就越多。这后面的问题是组织博弈带来的信息不对称。

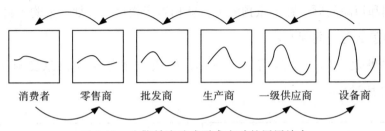

消费者　　零售商　　批发商　　生产商　　一级供应商　　设备商

图 2-12　牛鞭效应造成需求变动的层层放大

资料来源：Clockspeed: Winning Industry Control in the Age of Temporary Advantage, Charles Fine, 1999.

公司内部也存在牛鞭效应。比如客户说预测是 100 个，销售不信任客户，说万一需求更多怎么办？那就变成 120。计划想，销售不知道他们是干什么的，万一需求更多怎么办？那就变成 140。同样的逻辑，到了采购就变成 160 了，到了供应商就变成 180 了。

在牛鞭效应的作用下，短缺的时候，需求会层层放大，最后形成过剩；过剩的时候，需求会层层缩小，最后造成短缺。供应链越长，需求失真的情况就越明显；越在供应链后端，离需求越远，看到的需求变动也越大。短缺与过剩交替，带来业务的周期性变动，都是牛鞭效应在作祟。

如果在供应链的后端的话，比如芯片制造，终端市场的微小变动就会变得很大，导致严重的短缺和过剩问题。2010 年前后是芯片极度过剩时期，存储芯片都卖成白菜价了；2020 年前后是芯片极端短缺时期，有些芯片的交货周期都超过一年了，这些都是牛鞭效应导致的需求预测的大错特错。

牛鞭效应根深蒂固，没有一个行业、一个企业能够幸免。职能与职能的博弈、公司与公司的博弈、分部与总部的博弈，都会造成牛鞭效应。行业性的短缺和过剩，国民经济的周期性波动（严重时造成经济危机），后面都能看到牛鞭效应的影子。如果没有牛鞭效应，估计一半的人就不用上班了。

信息不对称下，层层博弈，就会造成多重需求预测。你知道，真实的需求最终只有一个，在这 N 重预测中，至少有 N-1 个是错的，最后都造成过剩和短缺问题。在多重预测下，就相当于销售、计划、采购各自为政，供应链怎么能协同呢？

牛鞭效应的根源是信息不对称，解决方案就是让信息变对称，如图 2-13 所示。

图 2-13　牛鞭效应的解决方案：让信息变对称

在公司内部，我们要从数据开始，由判断结束：有数据的职能选择合适的预测模型，制定基准预测；有判断的职能拿出那些可能显著改变需求的计划，比如促销、活动、上新，以及其后的假设；两者结合，让信息变对称，并且达成共识，从而得到准确度最高的预测。放到更大范围，就是 S&OP，核心目的也是达成"同一个计划"。

在公司之间，就是推动 CPFR。比如将销售终端的数据直接传递给制造商，就避免了在零售商内部层层汇总、层层调整（人的天性是看到数据就做点调整，不然觉得自己没增加价值似的）。再如，渠道商和品牌商用同一个系统，所有的进、出、存都在系统里，品牌商能看得到，供品牌商来进行补货，那渠道商就没法博弈，人为调整下单量。

小贴士　为什么采购不能调整需求预测

我经常问采购，计划做出的需求预测，当传达给供应商时，采购能做调整吗，比如加码或打折？相当多的采购说会做调整。原因很多，比如预测的准确度太低，供应商的良率太低，或者纯粹是为了安全——说是每周要 100 个，万一要得多呢？那供应商你就按 120 个准备吧。

这些理由看上去很正当，其实未必。

比如预测准确度低，但作为更加远离需求的采购职能，要数据不如计划多，要判断不如销售多，何德何能可以把预测做得更准？再如良率，采购能比供应商知道的多吗？而且供应商也不知道采购已经加了富余系数，它们的生产计划再加个富余系数，结果就是双重上浮，最后只能以库存积压收尾。

再说，采购拔高预测，供应商会不会知道？当然会。实践是检验真理的唯一标准：预测是 100 个，实际订单只有 80 个，供应商不用是个博士都知道你拔高预测了。那下次看到你的预测，供应商会怎么办？打折扣。供应商打折扣，采购方最终当然会知道，那下次就加更多，供应商也就打更多，来回博弈，导入更多的不确定因素，最后都形成库存——对于不确定性，供应链的自然反应就是建库存。

采购和供应商这么博弈，计划和采购这么博弈，销售和计划这么博弈，客户和销售这么博弈，四重博弈的结果就是四个需求预测。层层博弈，你就能理解为什么需求信息越来越不准，从而造成典型的牛鞭效应。供应链上的不确定因素本来就够多了，而这种人为导入的博弈更是自作孽，不可活。

在有些行业，上下游之间习惯性地博弈，比如上游给的预测习惯性地虚高，供应商拿到客户的预测后就先打个折扣，否则还不成了客户的仓库而银行，结果，就发展成了"假做真时真亦做"，真假难辨，谁先诚实谁先死，结果是谁也不敢停止博弈，过去把未来扣做人质。

让人忧心的是，有的公司习惯性地对预测层层加码，却不知道其危害。

一位来自风电设备行业的经理人说，他们行业一直在走上坡路，需求总是高于预测，所以他们给供应商预测时，总会加一个富余系数。这是家新能源行业的龙头企业。这些年来新能源行业发展迅猛，该公司营收跨越100亿元，正在冲击200亿元的大关，供应链的产能瓶颈不断出现，采购就通过给供应商的预测层层加码来应对。

我问他，"网络泡沫"期间的硅谷有同样的情况，预测节节拔高，但总有一天需求会停止增长，开始走下坡路，你知道后果有多恐怖吗？答曰：不知道。无知者无畏。当年思科因此注销二十多亿美元的库存，一二十年过去了，自然是没人记得了。不过历史注定会重演，无非是时间、地点不同罢了。

那这问题怎么解决？让信息变对称，停止博弈。销售与运营计划的一大目标就是消除职能之间的博弈，"从数据开始，由判断结束"，让信息变对称，推动跨职能协作，制定公司范围内的最佳预测，然后驱动整个供应链上的各个环节，按照同一套数字来执行，让大家对就对到一起，错也错在一起。毕竟，死于一根棍子，要比被乱棍打死要好，因为我们至少知道是被哪根棍子打死的。而在多重预测下，大错特错频发，最后连错在哪里都不知道，改进自然就无从谈起。

避免过激反应，动物本能做计划

在极度短缺下，企业经常会出现过激反应，比如本能地拔高预测、拔高安全库存，给供应商超出补货周期的订单，这些都可能造成大错特错，非但不能解决眼前的短缺，反而会造成短缺后的过剩。

有家高科技企业是行业里的佼佼者。前几年芯片短缺，货期一再延长，于是就给硅谷的供应商下了很大的订单，比如有个芯片的在途和在库已有4500万元的货，够用22.5个半月了。这期间如果设计变更了，客户的需求变化了，或者技术升级换代的话，库存风险以千万元计。

那么该怎么办呢？退给供应商？不行。货要么已经到手了，要么已经发出，正在办理入关手续，而且供应商早就说过不能退。卖给别的公司？供应商早就料到这一招儿，在合同中约定不能卖，否则的话可能冲击渠道，造成混乱。这个供应商在硅谷，经历了半导体行业多年来的起起伏伏，这样的事情见得多了，早就在合同中把这些路给堵住了。

这后面的根源，就是短缺下的过激反应，疯狂拔高预测，增加安全库存，给供应商一年、两年、三年的订单等。但问题是，这样做能否解决短缺问题？当然不能。供应商没法给你发货，是因为它们没产能、没库存，而不是你下的订单不够大。拔高了预测，增加了安全库存，给供应商很多订单，你还是拿不到你要的货。所有的短缺都会过去，等供应商把那些货送来时，你发现你将坐在一堆库存上面。

这样的例子不胜枚举。芯片、电容、LED 屏幕短缺，多晶硅、有色金属短缺，如此种种，过激反应造成大错特错，最后都以过剩结束。制造商如此，代理商也是如此。比如 MLCC 电容短缺，一个代理商却造成 360 万元的风险库存。企业如此，家庭也不例外。比如新冠疫情期间，美国的防疫物资短缺可以理解，但连卫生纸都短缺，到头来，有些家庭囤的货一两年都用不完，后面都能看到过激反应的影子。

解决方案，还是要回到计划的基本准则，比如出现行业性短缺，或者供应商产能严重不足时，要避免本能式做计划，不要拔高预测、增加安全库存，采购提前期变多长，就下多少采购订单。如果要超出提前期，一定要了解风险，认真评估风险，只承担"经过计算"的风险。我们需随时记着：**所有的短缺，大都以过剩结束；所有的过剩，大都在短缺时造就**。

能从数据开始，不能由判断结束

计划的大错特错，还有个根本原因就是能从数据开始，但不能由判断结束，对那些可能显著改变需求的活动缺乏预判。

我们知道，一个好的预测是"从数据开始，由判断结束"，两者缺一个不可。公司大了，有数据的职能一般是计划，但因为远离客户和市场，计划并没有多少判断；有判断的职能一般是销售，他们熟悉市场和客户，擅长客户关系管理，但数据分析能力有限。这就注定"从数据开始，由判断结束"的需求预测是个跨职能行为。

跨职能任务由任何一个单一职能来做，注定做不好。不幸的是，这正是很多企业的现状：销售与运营协调的主干流程没打通，需求预测能从数据开始，但没法由判断结束，对可能显著改变需求的事件缺乏预见，导致大错特错频发，习惯性地陷入救火状态。

这是企业的一大挑战，首当其冲的原因是**复杂度**。一个企业前端有那么多做生意的人，后端有那么多做运营的人，中间有那么多的产品、规格型号和库位，要把这些有效地对接起来，难度的确很大。再加上在快速发展下，组织能力赶不上业务发展的速度，有经验的人员摊得越来越薄，整体的管理能力其实越来越弱，更是增加了销售与运营对接的挑战。

比如说你是家餐饮连锁企业，一路狂奔做到几十亿元的营收，门店开到数百家，有几百个店长在决定促销、活动，很多店长非常年轻，根本不知道做活动需要预先与中央厨房、供应链协同。他们觉得大仓库里的东西多的是，自己一家门店做点活动没什么。殊不知，年头节下每个店长都这么做的时候，大仓库和中央厨房很快就断货了。

做餐饮的如此，卖手机的、做电商和新零售的也不例外。如果你是OPPO、vivo、小米这样的企业，在全球卖手机，每个地区的业务都有自己的特点，那么多的人在那么多的地方导入可能显著改变需求的事件，销售与运营的对接就困难多多。如果你是希音、安可、名创优品，在全球不同地方线上、线下都有业务，那么多的人，在不同的时区，操着不同的语言，应对不同的需求，销售和运营的对接之困难，也是可想而知的。

这听上去有点恐怖，看起来是让人处于被乱棍打死的境地。请不要绝望，打死我们的总是有限的几根棍子。之所以我们处于被乱棍打死的境地，是因为我们还没有识别出那几根主要的"棍子"来。

　　放在产品上，不是所有的产品预测都需要判断，也不是所有的销售都需要给我们判断。比如有些产品的需求很分散，每个客户、渠道只占几个百分点，是"小沙子"，东边不亮西边亮，需求变动往往会相互抵消，所以我们不需要任何销售来帮助判断。如果需要的话，也是判断整体的业务走向，比如下季度预计增长 20%，那就把预测拔高 20% 就可以了。

　　真正需要判断的，是那些可能显著改变需求的"大石头"。比如大的促销、活动、新老产品交替、重点市场开拓和客户导入等，这些都是常见的"大石头"，需要需求端的职能来预判。对于具体的产品，需求集中度高时也可能有"大石头"。比如这个产品有 20 个客户，但其中一个客户的需求占总需求的 40%，如果它的需求一变，供应链就受不了。这些变动可能是我们驱动的，可能是客户导入的，也有可能是竞争对手造成的，不管怎么样，都需要相应的销售端人员来判断。

　　从众多的"小沙子"中识别可能的"大石头"，并不是件容易的事。这需要把需求历史分解到客户、渠道等层面。企业动辄有几百几千的产品，几十几百的客户，分解到客户、渠道层面，数据动辄以十万百万行计，这就需要强大的数据分析能力来支持。这是典型的数据分析工作，计划职能处于最佳的位置来做。但是，计划职能薄弱的时候，做不了这样的分析，"从数据开始，由判断结束"就没法落地。

　　举个例子。有一次我拜访上海的一家欧洲企业，该企业在中国已经发展多年，本地化程度很高。我问他们的计划经理，每个月的预测做出来，Excel 表有多少行需要发送给销售经理们，请他们帮忙判断？答曰：七八十行。再问销售经理，如果看到一张七八十行的 Excel 表，而且是整个公司的预测，你该如何判断？答曰：没法判断。人的注意力有限，那么多行，账多不愁，自然是没法判断了；因为作为一个具体的销售，你熟悉自己的客户、渠道，不熟悉别人的，怎么能判断整个公司的预测呢？

　　这是计划和销售沟通中的典型问题。业务是分散的，每个销售一般是按照地域、客户、行业、渠道等划分各自负责的范围，他们知道自己知道的，不知道自己不知道的；供应链是集中的，计划在公司层面做预测，预测所有地域、客户、渠道的需求。在数据分析中，计划需要化整为零，识别"大石头"，让合适的判断者做出判断，再汇总到总的需求预测中。

比如我们的总预测是每周 100 个，一般客户的需求历史在其中只占几个百分点，但有一个客户占 40%，那就意味着相应的预测是 40 个。这个客户就是"大石头"。我们把这个客户的需求历史找出来，给相应的销售经理。作为销售经理，这是你的客户、你的产品，有了客户的需求历史和预测，你当然可以更好地判断。比如该客户下季度计划多开店，预计需求会拔高 30%，意味着预测从 40 个上升到 52 个。相应地，总的预测也由 100个上升到 112 个，也就完成了"从数据开始，由判断结束"。

到现在为止，我们谈了一些常见的大错特错。计划 = 数据 + 判断，数据是对历史智慧的总结，主要源自数据分析；判断是对未来没发生的事件的预判，取决于组织行为。销售和运营协调的流程没打通，做生意的和做运营的没法有效对接，组织的最佳智慧没法整合，是造成大错特错的根本原因。计划的"七分管理"，其核心任务就是打通销售和运营，避免信息不对称造成大错特错，这也是我的《供应链的三道防线：需求预测、库存计划、供应链执行》(第 2 版) 的主旨。

可重复性高，如何做到精益求精

不确定性大时，大错特错难避免，最后就是一堆库存，你不喜欢如此，但能够理解。但是，在很多情况下，业务的重复性、可预见性相当高，库存却一点也不见少，远远做不到精益求精，这就有点费解了。原因有很多，我们这里主要从批处理、信息化和计划团队的能力建设几个方面来探讨。

批处理，增加了周转周期和库存

2010 年前后，我负责库存计划不久，和全球的客户合作有八九十个库存寄售点。在日本，东芝这样的客户体量很大，需求相当平稳，离我们的仓库也就几十分钟的车程，但在客户现场寄售的库存动辄放着三四周的货。在一个以精益著称的国家，这一点可算不上"精益"。好奇心起，我就细究供应链的各个环节，看这些库存都是怎么来的，结果发现到处都是**批处理**的影子。

比如客户每周盘点一次库存，把上周用量告诉我们，这就意味着几天到一周的延误。我们的员工接到信息后，也不是立马更新我们的 ERP——这些员工有时在出差，有时在开会，手头总有很多事在忙，这就是一两天的延误。更新 ERP 后，负责物料需求计划（MRP）的人员一天跑一次（还是批处理），补货指令才能发到仓库。

仓库也是批处理，逐个客户分拣库存。分拣包装好了，物流也不是随时发货，一周一次或两次，这又是几天的延误。再加上周末、节假日，从需求发生到补货到位，动辄两周就过去了，这意味着客户现场需放两周的库存来应对。需求、供应都存在不确定性，意味着又得放一两周的安全库存。这就是为什么寄售点动辄就得放三四周的库存。

后来，在一些电商企业，我也看到类似的问题。比如有一个跨境电商，总库在深圳，它以空运的方式向美国、日本、欧洲各地的亚马逊补货，出关、运输、入关满打满算也就几天时间，但各国亚马逊的仓库里却放着四五周的库存。相对于国内电商平台，亚马逊上的促销活动较少，需求相对稳定，为什么要放这么多的库存呢？

细究根源，还是离不开**批处理**。它们的店铺每周下达一次补货指令，意味着离需求产生有几天到 1 周的延误。仓库是批处理，捡完一个店铺的货，再捡另一个。物流是批处理，每个店铺每周发一次货，又是几天到 1 周的延误。到了亚马逊仓库，入库质检快则 1 天，慢则 1 周。这些累积到一起，加上实际的空运、清关时间，补货周期就在 3 周左右，相应的库存也就来了。

在规模效益上，批处理有一定的合理性，可以降低单位成本，但批量太大，批次太不频繁，又造成太长的等待时间，以及相应的库存。其解决方案就是两个字：**精益**。一方面，精益让生产、配送过程更加小型化，降低了对批量的依赖，让产品流的速度更快，从而降低周转库存；另一方面，精益控制变动性，增强每个环节的可预见性，从而降低了不确定性，以及相应的安全库存。关于精益的专著很多，这里不予累述。

但是，批处理远非单纯的规模效益的原因。信息化不足，助长了信息流的批量处理，增加了周转周期；信息不对称，增加了不确定性，最后都体现在库存上。

就拿上面提到的跨境电商来说，当初每周发一次货，是为了积攒一定的量，降低单位运费。后来业务增长了，量足够大了，我问仓库经理，每周发两次或三次货，会不会影响运费？答曰：不会。她还倾向于多次发货，这样货物在仓库里停滞的时间更短，爆仓问题就容易缓解；细水长流，她也能更好安排员工。那为什么不多次发货呢？答曰：店长们不愿意。

原来这家跨境电商店铺的补货需要店长们手工处理：他们在 Excel 表上更新库存，更新需求历史，预测未来几周的用量，计算净需求，用 Email 给总库补货。整个过程中的各种确认、跟进工作，都是通过 Email 或微信，很麻烦，费时费力；动不动数字对不上，问题频发。信息化程度低，店长们太忙，补货这事儿的优先级低，那就每周下达一次补货指令，每周做一次入库验收，以打包的方式来减少"痛苦"的次数。

这样的批处理，一方面可通过**专业化**来解决，比如设置专门的岗位；⊖ 另一方面要通过**信息化**来应对，缩短供应链周期，降低不确定性，从而降低库存。

放在日本的寄售案例中，就是拉通客户和供应商的信息系统，比如建

⊖ 就拿这里的补货来说，作为店长们的兼职，估计连他们 5% 的责任也不算，所以不大会得到他们多少关注；如果由专门的补货助理来负责多个门店的补货，可能占其责任的 80%，不但能获得更高的优先级，而且多个门店一起做，也有更大的规模效益。

立 EDI 连接，客户的库存实时传递给供应商，让信息共享更及时，以缩短整个补货周期，以及降低期间的不确定性；如果可能，让 ERP 根据库存计划水位，自动下达补货指令，尽量减少手工操作。

放在电商案例中，就是在每个店铺建立再订货机制，信息系统自动探知库存水位，低于再订货点就发出补货请求，信息系统自动转换为调货单、采购订单，自动发送给仓库、采购、供应商，驱动整个供应链的执行。这样就避免了人工处理，更及时、更经济。像京东这样的电商，每年要求一定比例的自动补货率，就是为了减少人为干预，提高决策质量，提高补货效率，从而降低整体的库存水平。

推动信息化，用信息换库存

"用信息换库存"在国内不大听到，在北美却时有耳闻。传闻最广的，大概要数沃尔玛创始人山姆·沃尔顿的那句话："人家以为我们变大，是因为我们在小镇上建大店；实际上，我们变大，是因为我们**用信息换库存**。"（黑体由作者加）

20 世纪 80 年代，沃尔玛就投入巨资，比如通过卫星系统，更好地传递库存、需求、订单等信息。信息对称了，计划就能做得更到位，事情也做得更快，周转库存就少；信息对称了，不确定性就小，安全库存也就低。

信息化不够，看不见就管不着。有个百亿级的企业，各子公司的系统不同，看不到兄弟子公司的库存。于是货到地头死：一个子公司在过剩，另一个子公司却在买新库存。信息没法拉通，各子公司的需求没法有效整合，就只能各自为战，在颗粒度更小的地方计划、采购、储存。颗粒度越小，预测准确度就越低，库存的风险也就越大，整体库存也越高。

供应链的各个环节要么由信息来连接，要么由库存来连接。如果信息不通畅，就和人体脉络不通会形成瘀滞一样，最后总是体现在一堆库存上。

这几年有个热词叫"供应链控制塔"，一大卖点就是拉通供应链各个环节的信息流，从仓储到运输再到制造，更快、更准确地评估供应链库存和

产能，提高库存周转率和产能利用率，同样是用信息换库存。比如你知道
有在途库存，如果知道在什么地方，什么时候来的话，你就可以更好地做
计划，管理物料齐套率；如果不知道在什么地方，不知道什么时候到的话，
那就得放更多的安全库存来应对。

　　说到底，计划是在和信息打交道。信息化提高了信息透明度，信息对
称了，有助于更好地做计划，以及评估具体事件对供应链的影响。让信息
变对称有两个先决条件：

　　（1）大家**愿意**分享信息。比如业务端做活动，如果提前告知供应链具
体的时间、地点，我们就可以有针对性地一次性备货；如果销售与运营协
调不通畅，这就成了不时之需，我们就得备更多的安全库存。这是个组织
问题，要通过企业文化、绩效考核等组织措施来应对。

　　（2）大家**能够**分享信息。这更多是个信息系统问题，信息化是解决方
案的关键构成。这也是为什么企业投入巨资，通过信息化来让信息更准确、
更易得、更及时。这对计划的影响深远：信息系统如果有短板，就需要由
组织来弥补，那么多的计划人员在手工打开 BOM，跑 MRP，跟进度，都
是在做信息系统的活儿，自然就没有资源做好计划应该做的工作。

　　供应链相关的基本应用可分三类：ERP，即企业资源计划，这是信息
化的内核，把企业内部各职能串联起来；CRM，即客户关系管理，这是和
客户端对接；SRM，即供应商关系管理，是和供应商对接。ERP、CRM 和
SRM 一道，成为供应链的"信息高速公路"，拉通了从客户到公司再到供
应商的整个流程。

　　这里我们主要从供应链的支柱——ERP 的角度出发，来阐述信息化要
解决的一些根本问题。

ERP 要解决的两个根本问题[⊖]

　　ERP 要做的事很多，解决的问题也很多。从供应链的角度看，其根本

　　⊖　摘自我的《供应链的三道防线：需求预测、库存计划、供应链执行》（第 2 版），336 ～
　　　　348 页，机械工业出版社，2022，有删节和修改。

任务有二个：其一，能自动跑物料需求计划（MRP）；其二，能通过信息系统实现闭环的交付承诺（ATP）。不要因为这两个英语缩写词，就觉得它们高大上，是一群 IT 人员的自娱自乐。其实供应链的每个环节都离不开这两点，不管是生产制造、电商贸易，还是流行一时的新零售。

我们先谈 MRP。

MRP 是 ERP 的一个基本功能。简单地说，成品的需求录入 ERP 后，MRP 扣除在库、在途库存，计算出成品的净需求；然后层层分解物料清单，对每层的半成品、原材料都计算净需求；最后针对最基层物料的净需求生成生产工单、调货单、采购订单等，驱动供应链来响应。

企业动辄几十几百几千的产品，每个产品有几十几百甚至几千个物料，这些工作要手工完成的话，费时费力准确度又低。企业花费几百几千万元上 ERP，一大目的就是让 MRP 能够跑起来，通过自动化来解放员工，特别是计划团队，以便把更多的精力投入到回报更高的事上。能否跑 MRP，也成为 ERP 是否成功实施的两大试金石之一（另一个是能够生成财务报表）。

对于财务报表，高层管理一般比较重视，ERP 往往能够实现；即使实现不了动态准确，也可按月、按季更新，在特定的时间点实现静态准确，提供月度、季度、年度的财务报表。但对于 MRP，很多企业的 ERP 都上线多年了，还在 Excel 上跑 MRP。不仅是本土企业，在有些全球知名企业的国内分部，我发现也在手工跑 MRP。中小企业如此，百亿级的大企业也不例外。

MRP 跑不起来，员工就继续干应该由信息系统做的事：系统能力不足，组织能力来弥补。苦了那么多的计划和运营人员，从前端的销售到后端的采购，都在忙执行层面的事，真正投入到计划和决策层面的资源少得可怜，计划做不好，整体库存就高，服务水平反倒低。

MRP 跑不起来，更多是运营问题，比如物料清单不准确、主数据不准确、库存账实不符等，而非 ERP 本身的问题。当然，有些简单的"ERP"只能做物料的进出存，没有 MRP 功能，那就另当别论了。我想说的是，解决这些问题重要的不是技巧，而是决心，自上而下，把每一件事情一次性做到位的决心。运营越是粗放的企业，操作越是"灵活"，也越不遵守基本规则，各种例外就越多，远非**结构化**的 MRP 能对付得了。这不，千百万元投资的 ERP 系统自然就败下阵来，成了摆设。

我们接着看闭环的 ATP。

简单地讲，ATP 是针对具体的需求，由 ERP 通过计算来承诺供应的数量和日期。比如客户订单来了，需求产生了，如果手头有库存，现在有货，那就承诺现在就可发货；如果没有库存，那就需要造一个，要 3 周时间，因为其中一个零件没有库存，需要 2 周来买该零件，生产线上再花 1 周来组装，那就承诺 3 周后，产品会准备好，发送给客户。

这是简单、直观的 ATP。更复杂的，比如需求产生了，我们手头没有库存，但是有在途库存，ATP 逻辑会根据在途库存预计到达的日期，计算出最终的交期承诺。因为供应可能是分批到达，所以我们的最终承诺也可能是多次的，比如 5 月 20 日给客户 10 个，5 月 27 日给 8 个，6 月 5 日再给最后的 13 个。

客服人员把上述日期承诺给客户，客户说，6 月 5 日的那 13 个太迟了，能不能提前到 5 月 27 日？客服就联系计划，计划联系采购，采购联系供应商，逐层倒逼，改善相应环节的交期，并在 ERP 系统里更新，然后再度运行 ATP 逻辑，算出新的承诺日期，报给客户。

过了几天，客户来电话了，说实在抱歉，5 月 27 日也赶不及了，能否都提前到 5 月 20 日？于是，从客服到计划到采购再到供应商，整个供应链上又是层层要约、层层承诺，每个环节的日期都更新到 ERP 系统中，再度运行 ATP 逻辑，给出最终的承诺。

看得出，企业有那么多的产品，每个产品的物料清单里有那么多的料，每个料的采购、生产、配送有那么多的环节，这后面的计算量实在是大得惊人，没有 ERP 系统的帮助，人工几乎不可能快速、准确地完成。供应网络越复杂，工作量就越大，信息系统就越不可替代。

比如你是家手机制造商，在全球各个地区销售手机，现在印度尼西亚的客户有需求，你的默认供货点是雅加达的仓库，但雅加达仓库没货，你是从新加坡还是吉隆坡的仓库调货？假定是新加坡，如果新加坡仓库货不够怎么办？下一步是深圳的总库还是东莞的工厂？

这后面有很多因素要考虑，包括距离、运费、进出口、财务结算等。比如北美有个制造商，在中国有四个大仓库，但一旦一个仓库缺货，因为国内保税仓的一些限制，却不能从其余的三个仓库调货，那就只能到日本、新加坡调货，支付更高的运费。这些都可以通盘考虑，设计进 ATP 的逻辑中（有些 ERP 需要二次开发），由 ERP 系统来自动调度，驱动供应链以尽可能优化的方式执行。

ATP 是一个企业 ERP 系统里最为复杂的逻辑之一（不是难，是复杂），在主数据和订单层面有很多维护工作要做。比如一个新客户添加到 ERP 里，我们就要在系统里定义默认的发货点（仓库），以及第一、第二、第三备份发货点；一个新的仓储或生产设施产生了，我们也要定义它们与现有设施的支持关系，从一个设施到另一个设施需要多长时间，有没有特定的限制等。这都是主数据，一次性输入后，需要定期维护。

随着业务的全国化、全球化，企业的 ATP 逻辑就更加重要，成为企业交付能力的基础构成。可以说，在很大程度上，**企业的交付流程固化在 ATP 逻辑里**。在 2017 年的新年致辞中，华为轮值 CEO 徐直军说，"（华为）经过多年的努力，交付流程基本贯通"。而这交付流程的后面，就是基于 ATP 逻辑，集成供应网络的各个节点，从供应商到工厂到仓库再到分库，更快地给客户可行、可靠的承诺。

为什么我们要连篇累牍地讲信息化？信息化程度低，做事的速度就慢，周转周期就长，周转库存就高；信息化程度低，信息就更不对称，不确定性更大，意味着要用更多的安全库存来应对。信息化程度低，人在做信息系统的事，计划人员是最大的受害者之一，他们成了十字路口指挥车流的交通警，整天忙于收集数据和更新相关当事方；计划工作资源投入不足，计划就做不到位，库存和运营成本让定就高。

我们接着看一个案例，因为信息化程度低，连"延迟"这样的战略都没法实施，导致企业在成品层面建库存，承担更高的库存和库存风险。

💡案例　信息化不够，延迟战略没法实施

有个手机厂商在全球开展业务。不同国家的说明书的语言可能不同，电源插头可能是不同规格，包装材料也往往不同，但手机的主体是一样的。这是"延迟战略"的绝好应用：先把手机的主体生产出来，等具体需求明确了，再按照具体国家或地区的要求，配以合适的包装、电源、使用手册等，组装好了发货出去。

受益于聚合效应，手机主体（半成品）的预测准确度相对较高，库存风险较低；手机成品是需求拉动，满足差异化的要求。推拉结合，总体成本和总体库存都低，库存风险也是如此。兼顾成本、库存和差异化，正是延迟战略的精妙所在，让大规模定制成为可能，当然也是众多制造商梦寐以求的。

但是，案例企业还是在**成品**层面建库存，这意味着提前差异化。成品的预测准确度低，相应地，库存风险高，整体库存也高。芯片等关键元器件短缺时，在成品层面的预测驱动下，有限的芯片进了错误的成品，进一步加剧了短缺的地方短缺，过剩的地方过剩。

案例企业之所以在成品层面做预测，承担更高的库存和库存风险，一大原因是信息化程度低。比如 BOM 不准确，库存账实不符，MRP 没法在 ERP 中自动跑，渠道、客户的订单来了之后需由手工来匹配；和供应商缺乏电子商务的连接，在途订单交期不确定，需要电话、邮件来确认。这些都需要大量的人工处理，每个环节动辄需要几天的时间，如果成品是需求拉动的话，供应链的响应周期太长，客户体验太差。

上面手机厂商的情况有相当的普遍性。爆炸式成长后，小企业变成了大企业，能力和业务增长的差距却越来越大，其中最为滞后的便是信息系

统。**企业小的时候，组织在驱动流程和系统；企业大了，系统和流程在驱动组织**。相对而言，组织问题可以短平快地解决，常见的就是重金挖人。有能力、有经验的人来了，流程总能被制定出，虽然不一定最优。但是，信息系统是个长周期的问题，仅靠堆钱没法改善：你可以投巨资一次性上系统，但后续主数据的维护、BOM 信息的更新、库存数据的准确性等，却需要长时间的努力。

企业越大，信息系统的建设越无法一蹴而就，可以说你三年后忙的很多事情，与现在忙的不会有多大区别。正因为难以对付，所以很多企业没有决心根治，就通过打补丁、走捷径的方式来"灵活"处理，而"灵活"的结果，则是问题越积越多，越来越解决不了。这就是为什么在快速发展中，企业间信息系统的差距越来越明显，成了供应链的一大短板。

小贴士　先是自动化，后是智能化

一提起信息化，首先想到的往往是让计算机帮我们做决策，即智能化。但智能化的前提是自动化，离开自动化，数据就难以稳定地产生和获取，也很难释放人力资源来做好决策。所以说，在信息化的过程中，先要自动化，然后才是智能化。

自动化主要针对重复性的操作，减少人工操作，由计算机来做。就拿采购订单的自动化来说，需求录入后，ERP 自动生成采购订单，通过电子商务发送给供应商；供应商通过电子商务承诺交期、数量、单价，自动写入 ERP；入货验收时，到货数量、扫码的时间自动记录在 ERP 里。

就这样，每个节点的数据都自动收集，我们可以相当精准地计算供应商交期，评估按时交货率等。如果手工做的话，那么多的订单，没有一个公司有足够的资源，能够精准、及时地收集那么多环节的数据。

有些企业的自动化程度之低，可以说是让人难以置信。例如有个几百亿元营收的大公司，仓储管理还用手工台账，公司从来弄不清到底有多少库存。还有个老字号的本土企业，被一欧洲企业收购后，新老板发现会用 Excel 的员工也没几个，账都手工记在本子上。

经常有人要我推荐计划软件，说是在谋求智能化。鉴于这些企业的信息化水平低，我的建议是先自动化，比如建立基本的信息平台，拉通需求和供应，实现端对端的订单自动化，收集更可靠的数据，这样就可以把计划人员的资源释放出来，即便用 Excel 也可以做不错的计划。

这些年来，北美企业的信息化焦点逐渐从**更快地做事**转向**更好地决策**，即从自动化向智能化过渡。这与过去几十年里它们在自动化上取得的重大进展有关。本土企业的挑战看上去是智能化不足，其实要从解决数据问题开始，也就是完成自动化工作。这几年流行的大数据、商业分析、商业智能，都有个基本假定，那就是自动化层面的短板已经补齐，其实对于很多企业来说，这个假设显然不成立。

计划不能是一个人的最后一站

计划上做不到精益求精，还与计划人员的专业能力息息相关。比如计划人员的资质、经验不足，没掌握基本的预测模型，那就谈不上优化这些模型，预测准确度就不高；为了应对预测的不准确，我们就得建更多的安全库存，花更多的钱来弥补。如果能力不足，面对那么多的产品和库位，没法科学、合理地做好库存计划，合适的库存放不到合适的地方，服务水平和库存就更加没法优化，让我们在精益求精上渐行渐远。

计划能力差，一方面是资源投入不足，吸引不来优秀的员工，计划成了"老弱病残"的最后一站；另一方面是改善意愿不强，计划人员成了唤不醒的装睡人，本来应该做好的事也做不好。

有七八年时间，我一直在硅谷的一个高科技制造企业管理全球计划团队，先后管理过几十个计划员。这些计划员都有 10 年左右的工作经验，最低也是本科毕业。计划是供应链的引擎，其决策直接决定着供应链的绩效，所以必须由最优秀的员工来做。

比如我手下的计划员，鲜有例外，都是从各个分公司的客服、物流、仓储等职能中选拔出来的最优秀的员工，是本地运营经理的左右手，指导客服、物流和仓储等其他职能。这些计划员熟悉公司的产品、组织、流程和系统，有较强的跨职能协作能力，再加上较强的分析、判断能力，很好地充当了供应链的引擎。得益于一流的计划团队，我的老东家一直是行业的供应链标杆，库存周转快，客户服务水平高。

我一直认为每个计划部门都应该这样，直到后来接触到越来越多的本土企业。

有家江苏的企业，几年时间就发展到过亿美元的规模。爆炸式成长后，留下的是一地鸡毛：质量做不好、交期做不短、成本做不低，库存一大堆，客户要的却没有。我们做了详尽的现场调研和差距分析，发现一大问题出在计划团队：计划经理只有三五年的工作经验，连我以前的计划员都不如；好多计划员刚从学校毕业，专业能力有限，只能胜任追料；好不容易培养出一个计划员，没几天就被挖走，拔高一级，到管理更粗放的公司任计划经理——这个城市虽然人口超过600万，但供应链人才奇缺，尤其是计划类专才。

后来我到浙江的一家企业，也看到类似的问题。这是家几亿元营收的企业，产品主要外销欧美。企业中有些计划人员连中专都没上过，专业能力很欠缺。计划人员能力差，计划当然就做不好，直接表现在库存上：原来是厂房的一楼放库存，后来放不下了，就把二楼也给占了；二楼不够用了，就在两栋楼之间搭起彩钢大棚，棚里堆满了各种各样的纸箱，里面都是货。几年来，这家企业营收不增长，但供应链增加了100多人，这与计划不到位导致的效率低下不无关系。

再后来，我到广东的一个人口三四百万的城市，在一家200多亿元营收的企业，问他们的两个计划经理，计划人员整天在忙什么。一位说，他的计划员50%的时间在催货，另一位说，他的计划员60%的时间在催货。计划人员陷入执行模式，计划就做不好；计划做不好，就有更严重的执行问题。就这样，整个计划、生产、采购陷入恶性循环，库存、交付和各种运营问题可想而知。一有机会，计划员就会跳槽到采购部门。而对于很多计划员来说，计划部成了地地道道的"一个人在公司的最后一站"。

从表面上看，这是因为二线、三线城市缺乏计划类人才；实际上是公司对计划的重视程度不够，资源投入不足。**所有的重视，最后都要体现在资源的投入上。**资源投入不足，计划职能就雇不到足够优秀的人，雇不到足够优秀的人，系统和流程没法完善，计划自然就做不到位。

比如在浙江的那家公司，本地的设计人才也同样奇缺，但公司从一线城市挖来设计专家，而且不惜重金和国际上的一流设计师合作，所以公司的产品设计很新颖，创意十足。和他们的创始人谈，老先生感慨那些优质境外客户的计划性强，对他们的帮助很大，但对自己公司的计划，显然还没有提上他的议事日程。

这也是本土企业的普遍现象。它们认识到，供应链前端的客户很重要，所以销售要有能力的人来做；供应链后端的供应商有的很强势，所以采购也需要强人；计划嘛，都是和内部自己人打交道，好说话，所以就成了"新兵"的训练营和"老弱病残"的养老所。

资源投入不足，重视程度不够，计划部门在这些公司的地位也很低。

有一次，一位计划专家吐槽，说她做咨询，有些客户，规模都几十亿上百亿了，但就是没有个像样的计划部门，计划大都归经理管，连计划总监也没有，计划汇报给生产、销售甚至物流、仓储。计划就如同一家公司的大脑，是劳心者。劳心者制人，是笔杆子管枪杆子。你现在知道，如果一家公司的计划汇报给仓储、物流等，枪杆子管笔杆子，能做好吗？

经常有人问，那么如何判断计划在一家公司中的地位？我说这容易：采购、生产和计划有了空缺，假定报酬相当、级别相当，大家愿意到哪个职能去？在大多企业，答案是大家喜欢做采购。我说，这就是为什么你们做生产、做采购的那么辛苦了：计划吸引不了一流的人员，计划能力有限，其先天不足要靠执行来弥补，就成了执行部门的麻烦，外加一堆堆的库存。

那么，如何才能提高计划在公司的地位？投入更多的资源，雇更优秀的人。但问题是，计划做得不好，证明不了其价值，就得不到相应的资源投入，这就成了蛋生鸡还是鸡生蛋的问题。

我想说的是，要把计划做**好**很难，需要相当多的资源投入，但要把计划做得**更好**不难，并不需要多少资源投入。比如我写了两本计划方面的书，微信公众号上有几百篇计划方面的文章，把它们都读了，这只需要时间投入（意味着平日少刷些微信，少看些朋友圈），我敢打包票你的计划能力会与以前不同，老总自然会看到成果，你不用我帮忙，就能说服老板，获取更多的资源。

有些人动不动就说，老总不重视计划，希望我来培训他们老总，好让他改变观念，认识到计划的重要性。想不到就很难做到，做到的话成本就很高，老总整天为计划薄弱买单，怎么能不知道计划的重要性呢？我要讲的大都写在我的书和文章里，整合到我的系列培训中了，你想让老总学，那你们自己学了没有？

供应链管理是门学问，覆盖产、供、销、人、财、物六大职能中的三大职能，而计划可以说是其中最具技术含量的部分。以其中的需求预测和库存计划来说，如何运用成套的数据模型和计算方法，不花时间自然是学不会的。这都是基本功，是计划人员的看家本领，每一个计划人员都应该掌握，并不是说老总不重视，我们就不去学习。

离开这些基本的看家本领，计划就没法差异化自己，于是退化成打杂、催货、数据收集职能。而真正的计划工作，就成了内部客户职能的兼职——内部供应商做不了的，自然就需要内部客户来对付。计划的价值有限，自然就得不到更多资源，不会被"重视"，经常性地成为"背锅侠"，如此一来，吸引不来优秀的人才，留不住优秀员工，便成了恶性循环。

所以，计划职能的改善要解决两方面问题：一方面，我们现有的人员要力求变得更专业，懂得基本的计划常识，这需要我们自己来学习、思考、总结，需要的是学习的**意愿**；另一方面，企业得投入更多的**资源**，壮大计划团队，驱动销售、产品、设计等内部客户职能的改变，销售与运营协同，能够驱动需求端和供应端更好地协同。

我所接触到的公司中，很多计划人员缺乏常识，基本的计划都做不好，就只能怨天尤人，抱怨销售，指责采购和生产，其实都是**以别人的不作为，当成自己不作为和没能力的借口**，计划人员成了唤不醒的装睡人。让我们看个具体的例子。

案例　便宜的不敢多备，昂贵的不敢少备

这是个几十亿元规模的企业，库存高企，但原材料的齐套率低，产线需要的材料手头没有，手头有的材料产线不需要，交付和库存问题很严重。

分析这家企业的原材料，总共有8200多个料号，其中41%是单价低于1元的便宜料，31%单价低于10元，两者合起来占料号总数的72%，但占库存金额的20%都不到（见图2-14）。进行对比发现，单价较高、超过150元的原材料只占料号数的5%，却占总库存金额的41%。

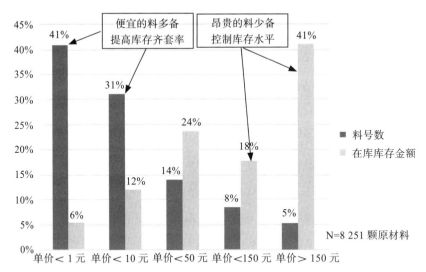

图2-14　某企业的原材料库存构成

我们的资金有限，作为有经验的计划人员，为了让齐套率更高，整体库存更低，你会多备什么，少备什么？当然是多备便宜的，少备昂贵的，要缺的话也缺贵的。这就如一个是5分钱的螺丝钉，一个是5000元的发动

机，缺哪个都没法装配一辆车，要缺那当然缺发动机，因为从有货率统计上看，同样是缺一个，却节省了 5000 元的库存。

这是常识，但并不是人人都理解。比如在案例企业，情况就不是这样。我是怎么知道的？我看他们具体缺什么就知道了：分析他们极度短缺的那 349 颗料，发现近一半是很便宜的产品，单价低于 10 元，甚至只有几毛钱或几分钱，如图 2-15 所示。

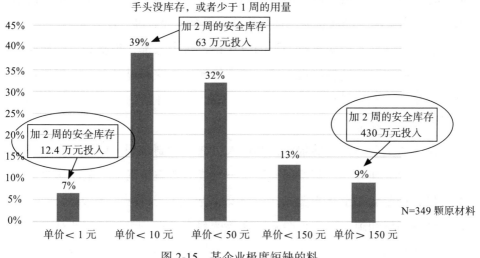

图 2-15　某企业极度短缺的料

这里我把极度短缺定义为手头没库存，或者少于 1 周的用量——该企业的原材料周转率是每年五六次，这意味着手头平均有 2 个多月的库存，如果手头库存低于 1 周的话，那短缺就很严重了。如果给这些便宜料一刀切，比如增加 2 周的库存，金额有限的库存投入，就可以解决公司近一半的原材料短缺。对于一个有几亿元库存的企业来说，这点库存可谓九牛一毛，也是计划和供应链完全可以自己做的决策，根本不需要高层授权，也不需要销售帮忙。毕竟，这些便宜物料短缺会造成齐套率低下，带来的整体库存积压会更严重。

计划经理说，没关系，这些便宜料的供应商都在附近，一个电话就送过来了。但不管是谁打电话，都得花时间，而这时间本来可以用在更有价值的地方。作为管理层，我们能够看到的，是那些金额高、交付周期长的物料，比如关键元器件，因为这些物料会在公司层面造成问题。但是那些便宜料很少能够引起管理层的关注，但基层的相当大一部分时间都花在这些杂七杂八的物料上了。

我选取了一些有代表性、有可比性的产品，发现一群计划员都是拍脑袋、靠经验来设置安全库存，计划员与计划员之间看不到多少共性；即使同一计划员，制订的不同产品的计划也看不出共性。共性就是规律性的东西，比如需求的变动性越大，你当然希望安全库存越高，反之亦然。

看不出共性，表明没有一致的方法论，每个人都在拍脑袋，即便同一个人，不同情况下的拍法也不同。这直接导致短缺和过剩并存，难以做到精益求精。而在短缺时，客户端的压力最终会让你放更多的库存，这样，整体库存金额就高，库存周转低下。

从表面上看，问题的根源是基层人员缺乏计划常识。但这么多的料显然不是一个人在计划。**基层的问题，一旦成为普遍性问题，就不再是基层的问题，而是管理者的问题**。那么多的人整天忙于救火，作为计划总监、计划经理当然知道，但有谁会知道在催的料中，近一半是这些非常便宜的料呢？还是那句老话：企业大了，没有人知道真相——真相在数据里。这样的数据分析并不难，关键是管理者要具有数据分析的**习惯**，善于总结数据，并从数据中发现问题。

在案例企业，供应链从计划到生产再到采购，矛头所指都是销售。销售当然有他们的问题，比如需求管理不到位，紧急需求频发；独特需求太多，给供应链的响应时间太短等。但是供应链职能也不是没有短板。便宜的不敢多备，昂贵的不敢少备，安全库存设置无章可循，这些就是典型的计划问题，反映了基层人员缺乏计划常识，管理人员缺乏基本的分析能力，都是计划能力不足的表现。

不过我们也不能对计划人员太苛刻。他们负责计划的总监非供应链背景，没有系统学过计划和供应链管理；计划经理和计划员多为老员工，虽说制订过多年计划，但也没有接受过系统的培训，一直在低水平徘徊。好在他们意识到了，开始系统地学习和改进。

还有些更粗放的企业，对计划根本没概念的大有人在。比如有个企业问我计划问题，发给我一堆进、出、存数据，连按周、按月汇总都不知道，他们说就是看着这一堆订单做计划的。这就如成年人不知道怎么用筷子一样。每每看到这样的企业，真是让人绝望，不知该从哪里帮起。

掌握基本的数理分析，优化基本的数据模型

预防大错特错要靠人脑，靠整合业务和运营端的最佳智慧；**追求精益求精要靠电脑**，靠基于数据的数理统计分析。用一位京东总监的话说，就是"短尾靠人脑，长尾靠电脑"。短尾产品一般是企业的主要营收来源，经常有各种人为改变需求的行为，要靠互通信息来避免大错特错；长尾产品数量众多，谁拍脑袋也没有电脑做得好——数理统计就是从大量的数据中发现规律，没有什么比电脑更善于做这些了。

面对那么多的产品，计划人员要有概率统计的思维，需要掌握基本的数理统计方法。需求如何预测，安全库存如何设置，都有一系列的数学模型，其实也不难，只要掌握正态分布等一些基本概念即可，学上 20 个小时，你大概强过世界上 99% 的人了。但这么多年来，我接触了千百个计划人员，具备基本的数理统计知识、有基本的数理统计思维者，一直稀缺。

还有，在计划方法上，有些人习惯性地求新求异，寄希望于复杂的模型和软件。其实，简单的模型往往比复杂的好，用我们懂的模型要比不懂的强。简单的模型，做些适当的优化，即便做不到最优，也会比我们以前做得要好，能让我们在精益求精的路上更进一步。

比如，几乎所有的企业都在用移动平均法，也就是说，用最近几期的需求历史，平均或加权平均后作为下期的预测。但究竟用多少期的需求历史？一般人凭经验，说我们用过去 × 月的需求历史。但经验可能老化，比如业务变化更快了，产品的生命周期更短了。还有，不同产品的需求变

动性也不同，需求变动越大，相关的需求历史就越短，反之亦然。

我们可以通过复盘来优化。比如选取过去一段有代表性的时间，用不同期数的需求历史来复盘预测这段时间的需求，与实际的需求相比，预测准确度最高的那种方法就是最优的（当然，这里假定需求有一定的延续性，即过去的需求能代表未来的需求，至少一定程度上能代表）。

这样的分析并不难，在 Excel 表中就能做，不一定能达到最优，但可以做到更优，把预测准确度提高一到三个百分点，并没有多少难度。⊖或许有人会说，这点改进看上去微不足道。你可不要小看，那可能让你的净利润增加相应的点数。这些不需要多高深的学问，也不需要多少资源投入，照着书学，参加短平快的培训，都是计划职能自己能够做到的。

公司大了，计划不能再是个兼职职能

虽说计划是供应链的引擎，但在很多企业，计划由执行部门兼职做。对于那些管理粗放、快速成长起来的企业，这一现象尤其普遍。这些公司虽说在规模上成了大公司，但管理和运作水平却依然停留在小公司层次，一大表现就是计划职能没法专业化，没有独立的计划职能。

公司小的时候，老板兼职做计划。因为业务简单、组织简单、执行能力强，小公司的协调工作相对容易，计划的重要性也显现不出来。等到了一定规模，老总兼职忙不过来了，计划就成了销售、生产、采购等职能的兼职，表现在销售经理做需求预测，生产经理制订生产计划等。

等到公司更大了，营收达到几亿或几十亿元，员工达到几百或几千人的时候，业务和组织的复杂度就与小公司不可同日而语了，职能内部、职能之间的协作更加困难，要协调的地方更多，计划的重要性就凸显出来了。于是，计划和执行分离，成立独立的计划职能就很有必要。

就这样，从小企业的老板做计划，到一定规模时销售、生产、采购等

⊖ 这方面我有个完整的案例，见《需求预测和库存计划：一个实践者的角度》，203～220 页。

兼职做计划，一路走到更大规模时的专职计划：猴子终于变成了人，而计划也实现了专业化，如图 2-16 所示。

小公司
老板兼职做计划

规模大点了
生产、销售、采购兼职做计划

规模更大了
专职计划团队做计划

图 2-16 计划的进化史

图片来源：www.femulate.org.

但有很多企业，虽然规模已经很大，需要专职化的计划职能，但计划仍旧由执行者兼职，这就会凸显两个问题：①**执行者忙于执行层面的各种琐事，没有精力来做好计划；②执行者缺乏必要的计划能力，导致计划水平良莠不齐**。不管是没资源，还是没能力，两者的结果都一样：计划不到位，只能由执行来弥补；貌似没做到，实则没想到，最后都体现在成本和库存上。

先说没精力。我去过一些公司发现，在工厂，生产计划经常由生产经理兼职来做；在门店，补货和库存计划往往由店长兼职来做；在仓库，配送计划由库管兼职来做。至于说销售兼职做需求预测，那就更加普遍了。这些人兼职来做计划是有原因的：他们都最熟悉业务。

但问题是，企业规模大了，生产经理、店长要解决的事情越来越多，比如各种人事问题、跨职能协调、突发事件，内外客户的投诉就更不用说了。这些事情一来，很多是既重要又紧急的，必须马上处理，这些人其实是"救火队队长"，大部分精力被这些杂事占掉，留给做计划的时间就少之又少。

计划属于重要但不紧急的事，所以就被一拖再拖，得不到足够的重视。而计划，因为企业的规模增大，需要协调的事情也是越来越多，客观上需要更多的时间来分析、思考和协调。这些生产经理、店长、主管每天从一上班开始，神经就绷得紧紧的，最难做到的就是静下心来做计划了，注定计划很难做到位。

再说没能力。在供应链管理领域，**计划是个技术活**，有成套的方法论，要求很好的数据分析和组织协调能力，可以说是供应链上最具技术含量的一个职能。而数据分析则是采购、生产和销售等职能所不擅长的，要他们来做计划也是凭经验、拍脑袋。

当企业规模很小、业务简单时，做计划凭经验、拍脑袋可以。比如说一个车间只生产十种八种产品时，生产经理凭经验可以很好地进行生产排程；但一旦成了个大工厂，生产几十种上百种产品时，就没有人能够拍脑袋来排程了。再比如说一个小店，只卖几十款衣服时，店长凭经验就能搞定进货计划；一旦成了卖几百上千款的大店，由 1 个店变为 10 个店、100个店甚至"百城万店"时，就再也找不到一个人，光靠拍脑袋就能够搞定那么多服装的补货计划了。

业务规模大了，业务的复杂度呈几何级数增加，对计划能力的要求也就更高了。而这些兼职计划人员，缺乏系统的计划技能培训，做不好计划，企业就不可避免地陷入了通过执行来弥补，而执行不力的时候，就只能增加产能、库存来应对。于是，企业的效率下降，成本攀升速度高过营收增速，利润空间被一再压缩，最后甚至因为没法负担成本自重而轰然倒地。

表面上看，这是因为大企业的执行能力差，其实更多是因为计划不到位。可以说，**绩效看上去是执行出来的，其实是计划出来的**，公司越大越是如此。解决方案就是专业分工：**把计划与执行分离，成立专业的计划职能**。

但问题是，为什么有那么多的企业，规模足够大了，计划和执行还是没法分离？表面上看，这是个组织问题，实际上，后面有深刻的流程和系统问题。让我们拿肯德基和中餐馆来说明。

就需求计划而言，肯德基有专门的计划人员，而连锁的中餐馆往往是店长、厨师长兼职做计划。肯德基能够专业化计划，有两个先决条件：

其一，信息系统较为健全（虽然用户友好性不一定高）。比如这根鸡腿，昨天、前天卖掉多少，上个月、上一年卖掉多少；这个门店卖掉多少，别的门店卖掉多少；天气冷的时候卖掉多少，天气热的时候卖掉多少，在信息系统里都能查到。数据相对充分，专业的计划人员就可以分析数据，选用合适的预测模型来制定基准预测。

其二，业务流程较为稳健。也就是说，前面做生意的和后面做运营的能对接起来。比如门店要做促销，需要提前特定的时间告诉供应链，活动对象是什么，做多少天，预计带来多少销量等。系统健全，计划人员能得到完整的历史信息；流程健全，计划人员能得到对未来的最佳预判。信息变对称了，专职的计划人员得以"从数据开始，由判断结束"，得到准确度最高的预测。

但是，在一些大型的中餐连锁店，情况完全不同。在信息系统上，门店和中央厨房、供应链往往使用不同的系统，数据没法拉通，供应链连菜品的销售情况都看不到。在流程上，前面的门店准备做活动了，也不告诉供应链：自己只是几十几百个门店里的一个，需求多点没关系，大仓库里的东西多的是。但是，五一、十一、中秋节，每个门店都这么做时，你发现活动开始没多久，中央厨房就断货了。

系统不完善，流程不稳健，如果你是个专职计划，要数据没数据，要判断没判断，肯定会死得很惨。就这样，即便专职化了，计划也是个"寡妇岗位"，断难成功。要知道，**专业化和集成化结伴而行**。专业化了的职能需要系统和流程的支持，来与别的职能有效集成，否则就没法生存。

流程不稳健，系统不健全，就得组织来弥补，那就是由最有经验的人兼职做计划。就拿餐饮业来说，店长、厨师长是一个店里最有经验但也最忙的两个人，能花在计划上的时间很有限；很多店长、厨师长高中毕业，连 Excel 都不会用，数据分析的能力可想而知。兼职降低了大错特错的风险，但以精益求精为代价，直接表现就是过剩的过剩，短缺的短缺。

比如有位餐饮企业的董事长想要"解剖麻雀"，便到一家门店去实地调查，发现晚上 7 点刚过，卖得最好的那道菜已经卖光了；转到另一家门店，都晚上 10 点了，还有好多冷菜没卖掉，隔日就得扔掉。这些虽然不是灾难，但显著影响企业盈利。这家餐饮企业的菜相当好，也卖出了很好的价格，但净利润也就区区几个百分点。原因呢，用另一个公司的老总的话说，就是利润进了下水道——剩饭剩菜的归宿。

这些看上去是个组织的专业化问题，解决方案却要从系统和流程开始。就拿连锁餐饮企业来说，让前台、后台用同样的 ERP，拉通销售端和运营端的数据流，就是一项有效举措。这些年来，海底捞、西贝莜面村等在信息化上投入巨资，都是在补齐信息系统的短板。系统健全了，销售和运营协调流程稳健了，计划的专业化才可以实现。

顺便提及，计划专业化后，往往会发现问题更多。这可能是过渡期间计划人员确实没做好，也可能是专业化后暴露了问题：兼职计划时，内部客户就如自己做饭自己吃，不好吃也不会到老总那里告自己；专职计划后，计划人员做得再好还是有做砸的时候，老总的耳根就不清静了。作为管理层，我们要分清问题，避免倒退，重新回到原来的兼职状态。

计划的天职是抬头看路，不能一味低头拉车

计划职能习惯性地陷入执行模式，是众多企业存在的普遍挑战。为什么计划习惯低头拉车？首先，我们想到的是信息化不足，计划人员不得不陷入琐碎杂务，做大量本来由系统做的事；其次，计划的能力有限，只能做些简单地跟单、催货。企业是理性的，经过长期的磨合，职能分工都是基于其能力的，也就是说，每个职能做的，其实都是其最擅长的。

这些要通过组织、系统的能力改善来应对，比如给计划投入更多的资

源，进一步信息化等，在前文都已经谈过。为了让计划职能的"头"抬起来，做真正计划应该做的，这里想补充三点：

（1）制定绩效考核来保护计划人员，引导计划更加聚焦整体绩效，避免深陷订单层面的争夺战。

（2）发挥计划人员的主观能动性，积极管理需求，尽早发现尽早解决，减少紧急需求的发生。

（3）专业化，让专门的人来应对紧急需求，把计划人员从"救火"的状态中解放出来。

设定绩效考核，保护和引导计划"抬头看路"

一提起绩效考核，大家联想到的就是"紧箍咒"，怎么才能"保护"计划职能呢？没有绩效考核，自由自在地做事，这不最好嘛！对于强势职能没错，但对于弱势职能则是大错特错。要知道，没有绩效考核指标，并不是说对这个职能就没有期望，做到什么地步就算什么，而是完全由强势职能说了算，如果这样，强势部门会更加强势，弱势部门会更加弱势，失去了最起码的制衡，对企业来说并非好事。

没有绩效指标，就不知道绩效有多好，也不知道有多差，对计划和供应链的评价注定是主观的，由销售、设计等强势内部客户说了算。作为内部客户，他们记得最清楚的，就是上次你做砸的那件事，而不管整体绩效多好，你总有做砸的时候，所以被看到的就只有失败。英语里有句形容苛刻老板的话：You are only as good as your last screw-up（你只和你上次做砸的那件事一样好），放在弱势的计划和供应链职能上也很贴切。

内部客户总能找到做砸的事，给计划和供应链压力，这客观上把计划和供应链往 100% 的服务水平上逼。计划和供应链在重压之下，就只能赶工加急，响应速度是快了，服务水平是高了，但也花掉了太多的钱，积压了太多的库存和产能。结果是生意做了，钱没赚到；或者说，账面上赚了，实际上都赚进了库存，掉进了前文图 0-2 中的"响应陷阱"。

表现在日常运作层面，计划就不得不花太多的精力来应对具体订单的交付，从而陷入一城一池的争夺，因为他们输不起。但你知道，订单层面的普遍性问题是没法通过订单层面的努力来解决的，而是要通过更高层面，比如做好计划，选好、管好供应商来解决。太多资源消耗在订单层面，就没有足够的资源做好整体计划，导致更多的执行问题，从而陷入恶性循环。

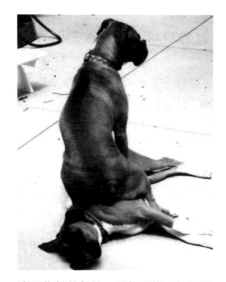

离开指标的保护，弱势职能更加弱势

在具体的订单、产品问题上，计划和供应链永远斗不过销售、设计等强势的内部客户。在公司，为计划和供应链制定整体的绩效目标，这样可以适当给运营层面减小压力，成为运营层面的"保护伞"，也能引导计划聚焦整体绩效。这里拿我的亲身经历举个例子。

案例　交付指标作为计划的"保护伞"

我曾经在硅谷的一家半导体设备制造商工作，负责全球备件库存计划。在大型设备行业，客户因备件停机待料是个大问题：一条生产线的投资动辄几千万甚至几亿美元，每停机一小时，成本就以十万百万计，所以关键备件的按时交货率是个重要指标。

当时公司的目标是95%，即在客户有这样的紧急需求时，95%的情况下我们会在4个小时内将备件送达客户。围绕这个目标，我们配置整个供应链的能力和资源，比如建多少仓库，建在哪里，备什么料、备多少，用什么样的运输方法，配备多少计划员、客服，一天几班人值班等。

这个目标是基于行业和公司的多年经验，是成本和收益相对最为平衡的点。客户和销售当然期望做到100%的按时交货率，但一过95%，边际效益就递减地非常厉害。比如按时交货率每提高1%，库存就得增加5%～10%，甚至更高。千百万美元的库存加上去，全球的按时交货率也就上升一个或半个百分点。当然，这些数字只是当时具体企业的具体分析，并不具有普适性。

销售时不时来抱怨，说按时交货率太低。太低？目标是95%的按时交付，我们的实际表现是97%，您哪儿不满意？您要提高到99%？那好，这里是账单：额外库存投资xxx万美元，额外仓储费用yyy万美元，额外运输费用zzz万美元。供应链花的都是销售赚的钱，现在轮到销售来决定：我是跟这几百几千万美元过不去呢（意味着我的毛利下降×个百分点），还是管理客户的期望，维持现有的服务水平呢？

您说上个订单迟到了，客户抱怨？是的，上次交货的确迟到了，但我们还有97%是按时的，超过95%的目标了。我会让计划员看看，上一个订单为什么迟到了——对于每个迟到的订单，我们都会做根源分析。但是，我们不一定非得做点什么，因为一旦陷入追货模式，一个料就够一个计划员追几天，Email满天飞，一遍又一遍地跟催，一遍又一遍地汇报，根本没有心思做计划，最后可能造成更多的问题。

在这里，作为指标，按时交货率成为协调跨职能期望的工具，客观上保护了供应链这一弱势职能。我经常给我的计划团队讲，我们每人都拿一份工资，一半是用来确保达到95%的按时交货率，另一半是用来确保有5%的会迟到：如果在5%上花费太多资源，最终可能因小失大，得不偿失。而作为计划职能，要达到95%，我们必须抬头看路，聚焦整体需求，做好计划来应对未来几周、几个月的问题。

对绩效指标和绩效管理，有些白手起家的企业家有种天然的排斥，认为都是些条条框框，而且还振振有词地说，索尼就是被绩效管理害死的。我想说的是，那些见诸报端的大企业，是因为绩效考核走过头而死，可以说是"撑死"的，但这不是很多本土企业的问题，本土很多企业的问题是绩效考核太少，强势职能得不到有效制衡，弱势职能得不到有效保护，面临的是"饿死"的风险。

比如有些企业的规模都几十亿元了，连副总层面的人都没有绩效指标，更不用说经理、员工层面了。对于计划职能来说，没有绩效指标，在客户导向的驱动下，交付就成了唯一指标。在单一指标驱动下，计划就缺乏全局观，扮演不了运筹帷幄的军师，只能降级为冲锋陷阵的士兵。只顾低头拉车，不顾抬头看路的必然结果，就是牺牲库存周转、产能利用和运营成本。

发挥计划的主观能动性，弥补流程和系统的不足

平衡、全面的绩效考核，能够保护和引导计划更多地"抬头看路"，但那些突发的事情，却屡屡把计划拖回残酷的现实。计划人员经常诉苦，说最后一分钟的需求变动如何害苦了他们。我想说的是，很少有变动是最后一分钟发生的，之所以看上去是突然发生，只不过是因为我们突然知道罢了。

这就如老同学好几年没见了，见面时发现对方的孩子都两三岁了——这孩子当然不是突然生下来的，不是"紧急"需求；之所以对你来说像"紧急"需求，是因为你事先不知道。同样，天上不会掉下来一个大订单，每个大订单都有个"十月怀胎"的过程，由很多人跟进相当长的时间，现在看上去像是从天而降，只是因为你事先不知道罢了。

那么如何才能事先知道？销售与运营协调、滚动预测、定期会议、信息共享等方法都是不错的选择。建制完善的公司一般会有成套的系统和流程做这些，它们的确能够解决绝大多数的问题。但是，让我们的麻烦是那些5%～10%的"突发"事件，按部就班的系统和流程对付不了这些"突发"事件，因为**系统、流程往往是滞后的**。这就需要人的主观能动性，即主动

来探知需求变化，及早着手处理。

这就得提**需求管理**，即在需求落地之前尽早探知需求，并做好准备工作。这不仅仅适合于计划职能，任何职能都一样，都有内部或外部客户，都需要做好需求管理。**从供给导向转为需求导向，是高效供应链的重要特征。**这要求计划职能抬头看路，通过有效管理需求来管理供给，通过理顺需求来理顺供应。

那么如何来积极主动探知需求呢？举个采购的例子，但同样适用于计划和其他职能。

我商学院毕业后来到硅谷，第一份工作是管理供应商。一位高级总监经常说，公司花相当于采购员两倍的代价来雇你们这帮经理，可不是让你们整天坐在办公室里，等电话铃响了才去救火——你们得积极管理需求。我们问，怎么积极管理需求？他说，早晨来到办公室，第一件事不是回复那成百个邮件，而是很快处理了紧急且重要的事后，就到内部客户那里去，敲开他们的门，问他们在开发什么新产品，看现在的供应商能否满足需求。如果不能满足，那现在就开始寻源流程，而不是等到三周后设计图正式发布了，接下来就得马上有供应商打样时。

又有人问，我支持那么多的工程师和计划员，你让我去敲哪一个的门？他说，我们有很多内部客户是不假，但真正给我们制造麻烦的有几个？那些就是我们要敲的门。或许有人会问，那些内部客户，平常我不去找他们，他们都会来找我的麻烦，现在去主动敲他们的门，这不是自找麻烦吗？是福不是祸，是祸躲不过，特别是在一个萝卜一个坑的情况下，该你的总是你的。早发现，早解决，事半功倍。

在企业里，职业人的行为是理性的。那些给我们"制造麻烦"的人，不是因为他们多么不喜欢我们——让我们不好过也不符合他们的利益诉求，而是因为他们的正当需求没有得到满足。这就如婴儿很少会无缘无故地哭——他们哭，要么是饿了，要么是没换尿布，要么是喂奶后没拍嗝。不懂事的婴儿都是理性的，何况企业里的成年人了。把这些为数不多的"麻烦制造者"服务好了，我们的主要需求管理问题也就解决了。

这是不是要取代正常的流程，比如新产品开发和计划预测流程？不是。在大企业里，绝大多数的事情还是要靠系统和流程来推动解决的。这里要处理的是那 5%～10% 的大事，比如重点客户的重点需求变化，这些变化影响大，在进 ERP 系统之前就应该获知，尽早驱动供应链来分析、准备。比如某个大项目谈得差不多了，需求预测还没有录入 ERP 系统，订单就没法给供应商，但我们可以和重点供应商沟通，评估它们的产能，决定是否要及早准备长交期物料等。

计划是个分析职能，但仅依靠电脑注定做不好计划。要避免计划消极等待的不作为。很多时候，消极等待、不作为就是失败。要知道，销售没主动说，打他的板子；计划没主动问，同样罪在不赦。销售什么时候会给计划打电话主动说？要么着火了，要么已经冒烟了，这就注定成了紧急需求，成了资源黑洞。我们要主动沟通，提前发现这些问题。

我负责全球计划的时候，要求各地的计划人员与主要的销售人员定期、不定期地举行会议，就各种可能显著改变需求的事项逐项讨论，看哪些需求有可能发生变化，以便及早调整预测，驱动供应链快速响应。⊖这是计划在发挥主观能动性，做好日常工作中的"抬头看路"。需求管理理顺了，供应管理就容易了，而计划团队也由供应导向转变为了需求导向。

专业化，让计划脱离紧急需求的处理

计划抬头看路，积极主动地管理需求。但紧急需求还是没法避免，计划还是不可避免地要和催货打交道，怎么办？专业化，设置专门的催货人员，来对付紧急需求，把计划人员解放出来，聚焦整体的需求和供应，就如下面这个案例所讲的。⊜

⊖　具体案例参见我的《供应链的三道防线：需求预测、库存计划、供应链执行》（第 2 版），191～196 页。

⊜　摘自我的《供应链的三道防线：需求预测、库存计划、供应链执行》（第 2 版），312～316 页，有删节和修改。

这是家大型跨国制造企业，每年销售额有几十亿美元，客户遍及全球各地，业务相当复杂，各种突发事件也多。为了避免计划人员深陷执行泥淖，他们按照不同的紧急程度，由不同的人按照相应的流程来催货，如图 2-17 所示。

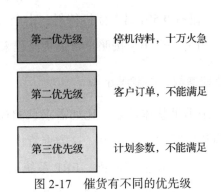

第一优先级	停机待料，十万火急
第二优先级	客户订单，不能满足
第三优先级	计划参数，不能满足

图 2-17　催货有不同的优先级

第一优先级：停机待料，十万火急

这是优先级最高的催货，比如客户的生产线停机待料，或者即将停机待料，客户的损失或潜在损失很大，此类物料由计划部门的一个小组专门负责催货。该小组包括一位经理和几位全职员工，每周 7 天，每天 24 小时待命。一旦接到催货要求，就马上进行全球库存分析，征调相应的库存，以最快的空运方式发送给客户；如果全球各地都没有库存，那就到生产线上，从正在制造的产品上卸下来需要的零部件；如果生产线上没有，那就驱动采购来向供应商催货。供应商接到催货指令，必须在规定的时间内确认交期。

这是级别最高的催货流程，主要靠电话实时沟通、Email 辅助，并且有成套的申诉机制。比如生产线在规定时间内不响应，就申诉到生产经理、总监直至副总；采购员在规定时间不回复，就申诉到采购经理、总监直至副总。

第二优先级：客户订单，不能满足

这适用于已经接到客户的订单，并录入了 ERP 系统，但现有交期没法满足客户需求，不过客户还没有到停机待料的地步。此类催料一般由客户服务部门传入，计划部门设定一个小组，专门负责全球物料的分配，并驱动供应链尽快响应。

这个小组和上面的停机待料小组一道，是计划团队的延伸。整个计划职能的目标是这样分解的：计划员通过设置合理的需求预测、安全库存，成功满足 95% 的需求；剩下的 5% 则由这两个催货小组通过执行来弥补。而这 5% 的需求中，大概有 0.5% 属于停机待料，由全天候执勤的急单小组负责；剩下的 4.5%，由另一个小组按照正常催货流程来处理。

第三优先级：计划参数，不能满足

这适用于供应没法满足整体计划，比如需求预测拔高了，安全库存增加了，但还没有影响到实际的客户订单。这类催货由计划员主导，是计划员日常工作的一部分。如果供需不匹配，ERP 系统会自动产生催货指令，通过电子商务平台传递给供应商；如果供应商没法满足，就作为例外上了采购员的工作清单，以引起采购员的注意；采购员采取行动后，供应商还是没法满足新的计划，就上了计划员的雷达。

需要注意的是，案例企业的计划员要专注于需求预测、安全库存的设置，着眼几个星期外的需求，让采购和供应商能够满足总体计划，以预先解决 95% 的问题。停机待料、客户催料旨在解决今天和未来几天的问题，需要花大量精力催货，计划员基本不介入。这样做的目的，就是避免计划员经常性地陷入执行模式，导致没有充足的时间来做计划。

上述三种情况优先级不同，催货的具体做法也不同，但在流程上有共性：

（1）清晰的**优先级**。一旦陷入短缺状态，每个人都认为自己的需求最紧急。定义了清晰的优先级，有利于降低执行过程中的沟通成本，减少由此产生的混乱。

（2）**单一的责任人**。从客服到计划再到采购，每个产品的催货在每个环节都有唯一的责任人，当问题在一线没法解决时，就申诉到管理层。

（3）清晰的**申诉路线**。催货是打破正常的流程，通过获取更高的关注来解决问题。一旦得不到需要的关注，就得通过组织措施——层层申诉来应对。

催货本身充满不确定性。案例企业划分优先级，针对不同优先级制定流程的做法，好处是**以简单对复杂**，通过结构化的流程给整个业务系统注入一定的确定性，避免习惯性地陷入混乱。特别值得指出的是，这套做法能够把计划人员从日常的紧急跟催中解放出来，以便通观全局，做计划真正要做的事，那就是平衡整体的需求与供应。

在一个良性运作的供应链环境里，催货是日常工作的一部分。就如这家案例企业，按照目标设计，95%的需求由供应链的第一、第二道防线来满足（需求预测、库存计划），按部就班地**由流程和系统驱动组织**（否则太乱）；其余的5%由供应链的第三道防线来满足（催货加急），**由组织驱动流程和系统**（否则太慢）。

从供应链的角度看，**乱**的问题事关全局，需要计划职能来应对；**慢**的问题影响当下，需要执行职能来处理，如图2-18所示。如果计划把大量精力用在对付"慢"的问题上，就很难做好计划，最后导致更多"乱"的问题，而这正是众多企业的计划现状。

"乱"的问题事关全局　　　　　"慢"的问题影响当下
责任在计划职能　　　　　责任在执行职能

图 2-18　供应链要处理好"乱"和"慢"的问题

计划究竟该考核什么

在"中间治乱"的最后部分，我们探讨一下计划的指标体系。

指标体系是组织措施的重要构成，它驱动组织行为的改变，对组织、流程和系统的顺利运作不可或缺。对供应链来说，指标体系帮助我们了解每个环节的情况（不统计就不知道，不知道就没法管理），让我们驱动跨职能协作，实现端对端的计划和执行闭环体系。

首先，我们看一下供应链的整体指标体系，以及计划在其中的角色；其次，我们会谈到对计划的考核要超越准确度本身，而是聚焦客户和股东关注的业务结果，比如客户服务水平、资产周转效率；最后，我们会着眼跨职能协作，建立层层问责的闭环"责任链"，绩效考核在其中扮演关键角色。

计划的龙头地位体现在供应链指标上

供应链作为一个整体，一方面要让客户满意，否则企业就没有生意；另一方面要让股东满意，否则企业就没人投资。只有股东和客户都满意了，企业才能存在，才会创造更多的就业机会，履行更多的社会责任，改善更多人的生活。

反映到运营层面，供应链绩效主要可分为三大类：**客户服务水平**（比如按时交付）、**资产周转率**（比如库存周转率）和**运营成本**（比如人工、物流和仓储成本）。服务水平高是让客户满意，运营成本低、资产周转快是让股东满意。如图 2-19 所示，这三类指标就如凳子的三条腿，必须同时稳固，凳子才能站得住，企业才能生存和发展。

在上述三大类运营指标中，计划扮演了关键角色。**供应链的每类绩效，都可以从计划找到源头**。比如计划做得好，知道计划客户要的，客户服务水平就高；知道不计划客户不要的，库存就低，库存周转率就高。同样因为计划做得好，加急赶工就少，产能利用率高，运营成本低。

我们换个角度，从供应链指标的"金字塔"角度来看计划的角色。

如图 2-20 所示，我们把供应链相关的指标分为三个层次。最高层次是完美订单（这是客户关注的）和供应链成本（这是股东关注的）。[注]平衡响应

[注] 参考 Gartner 的定义，完美订单就是按时、按量、完全交付，质量完美且被客户接受。比如客户的订单上要三样产品，每样 100 件，10 月 1 日送达。只有把这三样产品每样都在 10 月 1 日一次送达 100 件，而且质量合格，被客户接受，这个订单才算完美订单。有一样产品只送了 99 件，那么这个订单就不完美。显然，这样的考核非常严苛，甚至可以说是最严苛的。

速度和响应成本，其实也是在平衡客户和股东的诉求，是每个企业都没法回避的。中间一层是端对端的现金流，这是公司的血液循环系统，企业破产最常见的原因不是资不抵债，而是现金流中断。最下面一层是运营层面的举措，由采购、生产、物流、配送等一系列职能分别负责，构成上两层指标的基础。雄踞塔顶的是需求预测的准确度，计划的核心指标之一。

图 2-19　供应链的三大类运营指标

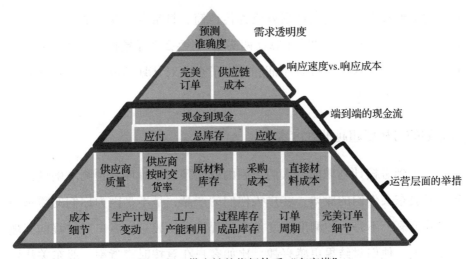

图 2-20　供应链的指标体系"金字塔"

资料来源：The Hierarchy of Supply Chain Metrics: Diagnosing your supply chain health, by Debra Hofman, AMR Research 2004.

计划影响到几乎所有的指标。比如说交付单的主要构成是按时交付，而计划直接决定了交付绩效。在供应链成本中，很大一部分是运营成本，而计划的好坏直接影响运营效率。在端到端的现金流中，三环之一是库存，而库存是计划的产物。库存高，资金积压到库存中，就没钱付给供应商，应付账款就多。到了运营层面，供应商的按时交货率、工厂的产能利用率、原材料的库存、产线上的库存、成品库存都与计划息息相关。

计划是供应链的引擎，扮演着龙头角色，原因就在这里。在运营层面，计划指导执行职能解决要什么、要多少、什么时候要的问题，这些事关客户服务水平、资产周转率和运营成本；在公司层面，计划代表供应链对客户服务水平、资产周转率等绩效指标负责，是供应链各职能的"代言人"，尤其是企业不设供应链管理部门时。[一]计划的水平，很大程度上决定了供应链运营的水平，也决定了企业能走多远。

欲戴王冠，必承其重。在企业里，一个职能的地位与其承担的责任成正比。计划要承担供应链的龙头地位，就得背相应的指标。不承担实质性的指标，计划就没有动力来改善，就得不到关联职能的尊重，也不会得到充分的资源投入。最终，计划就沦为传声筒、打杂者，既没能力也没意愿做好计划，一有问题就"瞎子算命两头堵"，要么怪罪销售和市场，要么怪罪生产和采购。这又反过来印证和加深了企业对计划的成见，导致计划职能的进一步边缘化。

对计划的考核要超越准确度本身

一提到考核计划职能，人们想到的就是预测准确度。预测准确度是重要，但股东买你们的股票，客户买你们的产品，是不是因为你们的需求预测准确度高？不是。预测准确度是个过程指标，股东和客户对**过程**的兴趣没那么大，他们对**结果**更感兴趣，比如客户在意按时交货率，股东关注资

产周转率和运营成本。

对于预测准确度，企业不能不统计，因为不统计就不知道，不知道就没法管理和改进。但是，企业不一定要把它当作关键指标（KPI）来考核——我们可以通过考核结果性指标，比如客户服务水平、资产周转率，来间接地考核预测准确度。

企业的**过程指标**有千百个，个个考核的话会消耗太多的资源，加剧职能之间的博弈等。而且过程指标好，并不是说结果就好，反之亦然。就预测准确度来说，比如你预测上周的需求是100个，结果没来一个订单，你的预测准确度是0。不过没关系，下周一来了100个订单，把你所有的货都买走了。客户满意吗？满意。股东满意吗？当然了。这就够了。

一旦开始考核预测准确度，就经常看到计划"画地为牢"，把那些自己不能控制的都排除在外。比如预测不准，因为销售、产品、客户经理没有及时通知，这当然不能由计划背锅了，于是就把那些剔除；预测本来准确，但生产和采购交付不到位，把那些也剔除……

这都是在操纵数据，让过程指标很好看。在那些没落的"贵族企业"，铁路警察各管一段，每个人把自己负责的那段的指标都做得很好看，但这都是些过程指标。各种操纵的结果是"手术很成功，病人却死了"，客户和股东得不到他们想要的，就用脚投票。

那怎么办？考核与股东和客户利益**直接相关**的指标。KPI里的K是"关键"的意思，即股东和客户关注的东西，那就是结果性指标。让计划对结果负责，来倒逼他们对过程负责。当然，任何指标都会有被操纵的风险，但结果性指标是真金白银，能操纵的相对有限。

放到计划上，结果性指标可以归纳为三个：**按时交货率**、**库存周转率**、**呆滞库存**。预测准确度低，这三个结果指标都不好；通过考核这三个结果指标，可以间接考核预测准确度这一过程指标。需要强调的是，这三个指标反映的问题各有侧重，一定要一起考核才行。

库存周转率反映的更多是**精益求精**。计划做不到精益求精，执行上拖派带水，整体库存就高，库存周转率就低。这就如那些虚胖的人，不锻炼，不按时作息，嘴巴也管得不好，胡吃海喝，最后就是一身肥肉。在指标设置上，企业可以通过库存的"四分法"⊖来设置库存金额指标，进而计算周转指标，或者在历史库存周转率的基础上，设置一定的持续改进目标。

呆滞库存，则更多地反映了**大错特错**，根源多是组织问题。就如前文所讲，能从数据开始，但不能由判断结束，把销售目标当作需求预测，层层博弈带来的多重预测，极度短缺时的过激反应，都容易造成大错特错，形成呆滞库存。在呆滞库存的目标设置上，有些企业用营收的比例来设定，比如呆滞库存不能超过营收的 ×%。

库存周转率、呆滞库存是股东关注的，而客户关注的则是**按时交付**。当能力一定的时候，按时交付和库存指标是矛盾的，摁下葫芦起了瓢。比如为了提高交付，就要多建库存；库存越多，出现呆滞的概率也就越大。能力改善了，两者相辅相成，可以共同提高。比如计划能力提升了，按时交付和库存周转都能提高，同时运营成本也会降低。

经常有人问，在任何既定时刻，企业的能力是一定的，那么这些指标如何取舍呢？我想说的是，这些矛盾指标是典型的**两难指标**，只能平衡，不能取舍。这就如采购，既要价格低，又要质量好，不能为价格而牺牲质量，也不能为质量而牺牲价格。应对方案是，让同一个人背这样的矛盾指标。对于计划职能来说，就是让他们同时对客户服务水平、资产周转效率、呆滞库存负责。

要知道，人天生就能应对一对矛盾指标：小孩子一生下来就有两个"老板"——爸爸妈妈，他们的诉求往往不同，有时一个让往东，一个让往西，但小孩天生就知道平衡，让爸爸妈妈都满意。在单一指标下，聪明人也会

⊖　四分法就是把库存分解为周转库存、安全库存、过剩库存、风险库存。周转库存和安全库存是合理的；过剩库存不合理，但在一定时间内能消耗掉，可以接受；风险库存不能接受，要重点管控。当然，我们不能头痛医头脚痛医脚。风险库存在成为风险库存之前，一定是以其他三种库存的形式出现的，要通过控制这三种库存来降低风险库存。四分法的计算、案例和详情可参照我的《供应链的三道防线：需求预测、库存计划、供应链执行》(第 2 版)，264 ～ 273 页。

干傻事。管理者的责任就是给每个职能、每个人都背上至少一对表面上矛盾、实际上统一的指标，这也是驱动跨职能协作的关键。⊖

还有个常见的问题：结果性指标很好，是计划做得准，还是执行弥补得到位，究竟功劳归谁？答案是，不管怎么样，计划都有功劳，因为计划不只是把预测做准，还要督促生产、采购来执行。一个好的计划不只是计划出来的，而且是执行出来的。

这就如老总交给你一件事，你的任务不只是安排给相关职能，而且要确保他们都做了。这事做好了，当然是你的功劳；做砸了，你得第一个站在老总面前解释。至于具体是谁做好或做砸了，那是进一步要考核的。这就形成了环环问责的"责任链"，是供应链协作和协同中不可或缺的。

建立层层问责的闭环"责任链"

让我们以需求计划为例，阐述计划的"责任链"这一重要概念。

首先，谁是需求计划的第一责任人？谁做的需求计划，谁就是第一责任人。我们说"做计划"，指确定最终的需求数量、需求日期，驱动供应链执行。**需求预测是个计划任务**，虽然销售、市场、产品管理等职能扮演关键角色。当然，计划职能太薄弱时，需求预测就可能成了其他职能的兼职工作，那么这些兼职职能就要承担相应的责任。

假定计划是需求预测的最终整合者，如果预测准确度低，导致出现短缺或过剩，那么计划就得首先挨板子，第一个站在老总面前解释。计划不挨板子，就容易出现"懒政"现象，**没有动力做好人**，比如主动对接销售端、供应端；也**没有动力做坏人**，比如及时暴露问题，督促销售、市场和供应链来改进。

在很多企业，一旦预测不准，计划就习惯性地把手指向销售：他们没说。是销售在找计划的麻烦，一副很无辜的样子。作为计划，销售不说，

⊖ 这样的指标是强相关的：①做不到要挨板子（被考核）；②企业要有能力客观量化（证明没做到）。强相关的指标驱动协作，这在我的《采购与供应链管理：一个实践者的角度》（第3版）中有详细阐述，26～36页。

那你问了没有？你问了，他们还是不说，那你有没有把问题反映给他们的上级或者你的上级？计划不挨板子，就开始扮演老好人，也就变得"人畜无害"，成了无用的代名词。

计划习惯性地把责任往销售头上推，其实是走阻力最小的路：计划怪销售，销售怪客户，而凡事不管有多大，一旦到了客户头上，就不了了之了——谁又能拿客户怎么样呢？所以我们经常看到这样的场景：需求预测不准，大家把矛头指向计划；计划呢，总能找到客户需求方面的问题，把责任推到销售头上，完成压力转移；而销售呢，想都不想就直接推到客户头上了。于是这压力就消失在棉花堆里了。这对大家来说都是最"合理"、最"安全"的做法。但结果就是形成企业的**受害者文化**——每个职能都认为自己是受害者，没法形成真正的责任机制，当然就没法改进了。

对应的责任机制，就是**层层问责**：需求预测不准，造成短缺或过剩，计划首当其冲挨板子，比如这个季度的奖金没有了。这就如你作为经理，手下的员工没干好活，你不能简单地说这是手下人的问题，不管怎样，你都得先站在老总面前挨批。如果预测不准是因为销售端的不作为，比如对客户的大规模异动管控不力，或者促销计划没有及时跟计划以及与供应链沟通，那销售就要跟着挨板子，比如少拿提成。

相应地，客户服务水平也是如此。比如按时交付不达标，计划首先是问责对象。如果是生产和采购的执行不力，那这两个职能也跟着被考核。这也给计划更多的动力，积极协调、管理生产和采购，让供应链执行更加可靠。

那么，对于计划的**最终**结果，也就是那堆成品库存，究竟谁来负责呢？**销售老总**。如果是销售的问题，这好理解。但计划人员做砸了，也得销售老总跟着背锅吗？是的。计划人员做砸了，他们首先挨板子，但最后那堆库存，即便是送人也得销售去送。销售老总对**最终的库存**负责，也给他足够的动力，驱动销售主动对接计划，完成"从数据开始，由判断结束"的**闭环**，来尽可能地提高预测准确度，预防后续的短缺和过剩问题。

要知道，其实所有的预测都是错的：不管需求计划做得多好，生产出来的东西肯定不是百分之百客户想要的；反之，客户想要的，注定有一部分不是我们已经生产出来的。计划的先天不足，要靠执行来弥补，在这里是销售来执行，把客户"不要"的给卖掉——客户"要的"，他们自然会找我们买（虽然酒香也怕巷子深）；销售的任务，更多是卖客户"不要"的（当然这有点简单化销售的任务）。

"不要"之所以打引号，是因为很多产品可以相互替代。比如客户要老白干，我们手头只有烧刀子。作为销售，如果你对库存负责的话，你会和客户说，没关系，老白干和烧刀子差不多，它们99%都是水和酒精，不行的话给您便宜5分钱？就这样，把客户"不要"的东西变成了"要"的东西，库存问题也就解决了。

销售对最终库存负责，就更有动力来管理需求，说服客户买已有的库存，牺牲点毛利也在所不惜（因为总比让库存呆滞报废要好）；销售对最终库存不负责，销售就会习惯性地拿计划做替罪羊——客户要的没有，客户不要的却有一大堆，你让我怎么完成销售目标？

企业常见的挑战，就是销售强势，责任链难以建立，没法建立闭环的需求计划。说说我曾经在一个会议上亲身经历的事：明明是个销售问题，但"秃子头上的虱子就是没法抓"，因为负责销售的是公司的二把手，就在会议室里坐着。负责追溯问题根源的计划，就只能不痛不痒，专打苍蝇，不打老虎，谈几件小事完事。

既然销售的问责机制没法建立，企业面临的选择就只剩下两个，但都不符合企业的长远利益：

（1）继续维持对计划的问责机制，但对销售没有问责，导致销售在需求管理上继续不作为，充满随意性。需求预测本身则更是"垃圾进垃圾出"，质量自然也是越来越差。计划职能两头受气，前端约束不了销售，后端对付不了供应链，越来越弱势，发挥不了应有的作用。

（2）为了维持"公平"，放弃对计划的问责机制，或者表面上有问责机制，但没有实质性的考核措施，就成了供应链怪计划，计划性销售，销售怪客户，最后不了了之。结果就是，预测变成儿戏，注定是越做越差。这也是为什么在很多企业，需求预测的准确度一直没法提高：**没有责任机制的事情，注定做不好**。

· 本篇小结 ·

这部分我们讲了"中间治乱"，即通过改善计划来降低库存、控制运营成本。这需要解决计划的三个根本问题：没有计划怎么办？如何避免大错特错？如何做到精益求精？

没有计划，容易助长借口文化的盛行，也意味着多个计划，供应链的协同就成了无本之木。计划不一定要多准，但我们要尽量做准，尽快纠偏。没法准确预测，并不是不能计划。把我们知道的写下来，把复杂的问题分解开，尽量具体落实到每一项，都可帮助从无到有制订一个计划。

把销售指标当作需求预测，没法整合销售端和运营端的最佳智慧，信息不对称而带来的层层博弈，以及短缺状态下的本能反应，都容易造成计划的大错特错。大错特错更多是个组织、流程问题，要打通销售与运营协调的流程来应对，在需求的不确定性大时尤其如此。

需求的可预见性高时，我们的目标是追求精益求精，在满足既定客户服务水平的同时降低库存，提高库存周转率。这需要减少批处理，提高信息化水平，提高信息流和产品流的速度。此外，我们还要提高计划人员的能力，使其掌握基本的数据模型，做好需求预测和库存计划。

计划的天职是抬头看路。信息化，让计划摆脱手工操作；绩效考核，驱动计划的全局观；专业化，设置专门职能来催货，把计划从救火的状态中解放出来。这些都是让计划聚焦长远和整体目标的关键。

欲戴王冠，必承其重。计划要成为供应链的引擎，就必须承担相应的责任，超越预测准确度本身，对客服水平、库存周转率和呆滞库存这样的结果性指标负责。最后讲到责任链。层层问责，建立闭环的计划责任链，是形成闭环的计划体系和供应链协同的基础。

资源　更多供应链管理的文章、案例、培训：

- 我的系列供应链专著，填补学者与实践者之间的空白。
  - 《采购与供应链管理：一个实践者的角度》(第 3 版)
  - 《供应链的三道防线：需求预测、库存计划、供应链执行》(第 2 版)
  - 《需求预测和库存计划：一个实践者的角度》
- 我的微信公众号，更新、更快，定期发布新文章。

后端减重

提高供应商管理能力，走轻资产运作之路

> "能人全都死在能耐上。"
>
> ——冯骥才，短篇小说集《俗世奇人》

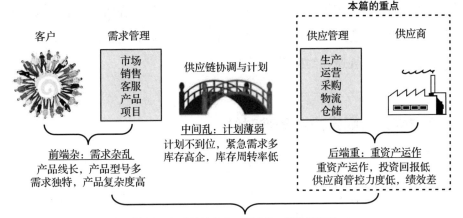

本篇的重点

前端杂，规模效益丧失；后端重，投资回报低；
中间乱，库存高，浪费多。这注定成本做不下来，速度做不上去

后端减重：加强供应商管理能力，走轻资产之路，改善资产回报率

　　第一篇我们讲了复杂度，即随着企业的规模不断增大，产品线越来越长、产品型号越来越多、独特设计泛滥，导致产品的复杂度大增。产品的复杂度增加了组织、流程的复杂度，也导致规模效益递减。这是供应链成本做不低、速度做不快的一大根因。**前端防杂**就是在新产品开发时，促进跨职能协作，推动产品的标准化、系列化、模块化，提高新品导入的成功

率；试错后要决绝，避免优柔寡断，对不成功的产品要尽快精简来止损，从而更好地控制成本。

第二篇讲的是"中间治乱"，即通过改善计划来降低库存，控制运营成本。我们着力应对三方面的挑战：没计划，必然是多个计划，导致供应链协同缺乏共同的基础；销售和运营协调流程没打通，计划没法整合跨职能的最佳智慧，就没法避免大错特错；信息化水平低，信息流不通畅，计划人员能力不足，就做不到精益求精。**中间治乱**就是建立层层问责的闭环体系，提高计划的准确度，做到之前先想到，以降低库存和运营成本。

这一篇我们要谈的**"后端减重"**，是指前端的需求进来后，后端的供应链以什么样的方式来实现：要么是自建厂房，自己生产，即垂直整合重资产运作；要么是外包，让专业的供应商生产，即轻资产经营。垂直整合增加了管控力度，但导致固定成本高昂，灵活性丧失，在营收增速放缓的情况下尤其明显。但轻资产有它的内在风险，必须提高对供应商的选择和管理能力，以有效规避和约束供应商的竞合博弈。

重资产带来的固定成本最难对付

从供应链的角度看，我们主要在对付三个层面的成本。如图 3-1 所示，最基本的是**要素成本**，比如直接人工、直接材料；然后是**运营成本**，涉及产能利用、库存周转等；⊖最后是**固定成本**，关系到重资产的投资决策等。这三类成本中，要素成本相对最为简单、直观，最容易对付；固定成本最为复杂，由于和固定资产打交道，也最难对付。

要素成本是变动成本，主要体现在采购和生产成本上。最简单的就是谈判降价，简单粗暴，短期效果明显，但降过几轮后，挂在低处的果实摘完了，就一日难似一日。于是，要素降本就转向低成本地区寻源，把自己

⊖ 注意这里的运营成本和财务上的定义不尽相同。

的工厂建到低成本地区，让供应商也发展到低成本地区，利用那里更廉价的劳动力。

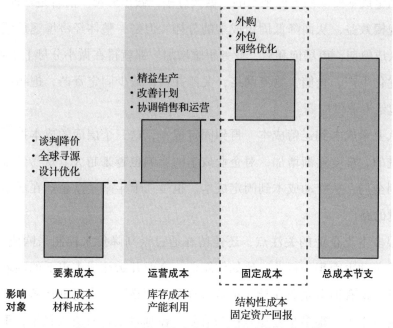

图3-1　三个层面的成本中，固定成本最难对付

　　除要素降本之外，企业还要内部挖潜，比如通过精益生产来降低生产成本，通过改善计划来降低库存成本。这就是在应对第二类成本：**运营成本**。流程再造、精益生产、六西格玛都是降低运营成本的利器。精益生产提高了效率，降低了浪费和运营成本；计划改善了，预测准确度更高，需求的变动更小，波峰、波谷更少了，整体的库存和运营成本就更低了。

　　但是，内部效率的提升，最终还是难以解决垂直整合下重资产的两个根本问题：①需求单一，规模效益不足；②成本刚性大，难以随着业务的变动而变动。

　　固定资产一旦投产，用也折旧，不用也折旧，这是成本的刚性所在。规模效益，则是因为垂直整合下，重资产的客户只有一个，那就是你自己，缺乏需求的聚合效应：建产能时，一般参考高峰期的需求，注定相当大一部分时间产能利用不足，单位成本做不下来。这是垂直整合带来的结构性问题，让企业在**固定成本**控制上挑战重重。

固定成本要从两方面来影响：**做大分子，做小分母**。前者是增加营收，提高规模效益，从而降低固定成本的分摊。但是，整体经济增速放缓，产品进入成熟期，市场饱和后，业务很难增加。那就得在做小分母上下功夫，比如优化生产、仓储、物流网络，关停并转，减少固定资产，把相应的任务外包给专业供应商。

从要素成本到运营成本，再到固定成本，这三个层面的成本控制是逐步渐进的，难度逐渐增加，对企业成本的影响也越来越大。从易到难，从局部到全局，从变动成本到固定成本，也是几十年来美欧企业在成本控制上走过的路。

很多本土企业的关注点，还停留在通过谈判降价来控制采购成本上。在有些劳动力密集的行业，比如纺织业，企业开始往成本更低的国家和地区转移。也有很多企业在导入精益管理和六西格玛，来降低运营成本。但在固定成本上，很多企业还是作为有限，在垂直整合时决策轻率，重资产运作相当普遍。

有些企业的净利润也就几个百分点，却动不动就拿几百万、几千万投入到固定资产中，一个又一个地建工厂。与此同时，市面上已经有众多的供应商，产能充裕，竞争充分。有限的资金投入到固定资产中，影响了在新产品、新技术上的资源投入。由于得不到资源保障，产业升级就成了空话。

重资产运作到了穷途末路

2013 年，《哈佛商业评论》上发表了一篇文章，题目是《六张图里的中国经济》，⊖说在过去 30 年里，资本投入是中国经济的主要增长源，远远

⊖ China's Economy, in Six Charts, by Mark Purdy, Harvard Business Review, hbr.org, November 29, 2013.

高过劳动力和生产效率的贡献（见图 3-2）。比如 2003 ～ 2012 年，中国的
GDP 年均增长率为 10.5%，其中约 3/4 来自资本投入，相比于之前 10 年的
比例要高。文章指出，随着中国国内人工成本的上升、经济增速的放缓，
未来的增长需要主要依靠生产效率的提高，即图 3-2 中的全要素。

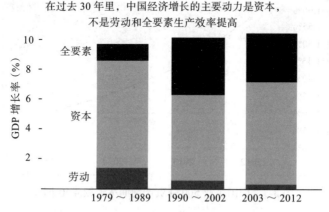

图 3-2　资本是中国经济增长的主要源泉

　　反映到企业层面就是，虽然企业的营收在增长，但固定资产的成本增
长得更快。相应地，整体盈利水平反而在下降。比如 2014 年，中国企业
500 强的收入利润率仅为 4.24%，连续 3 年下降，利润增长落后于营收和资
产的增速。中国企业 500 强的营收利润率不到美国企业 500 强的一半，资
产利润率更是连续 4 年下降，下跌到只有 1.3%（见图 3-3）。就净资产回报
来说，近 1/4 的企业不如商业银行的一年定期存款利率。⊖

　　本土制造业具备全球优势，得益于我们在生产制造上的大量投入。但
在年复一年的高投入下，边际效益递减，资产回报率越来越低。极端例子
如光伏行业，整个行业一度几乎破产。钢铁、煤炭、水泥、化肥、重工机
械，凡是你能想到的，前些年很少有产能不供过于求的。

　　发展离不开投资，但资产不能是增长的唯一驱动力。经济增速放缓，
重资产加剧了"增长陷阱"的威胁，即高成本下的低增长、不增长甚至负

⊖　中国大企业"虚胖"：制造业 500 强利润率创 6 年新低，华尔街见闻，wallstreetcn.com。

增长。**重资产驱动下的扩张获得了市场，却失去了利润；做大了规模，但
丧失了成本优势**。很多大型企业不是明亏也是暗亏，虽然账面盈利，但不
是来自主营业务，而是卖掉一块地或者剥离一些子公司什么的。

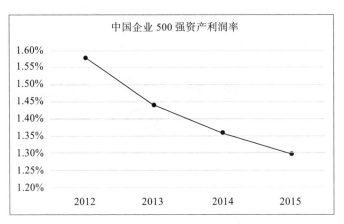

图 3-3　中国企业 500 强资产利润率连续 4 年下降

资料来源：2014 中国企业 500 强分析报告；新华网。

　　一转眼十余年过去了，我们早从 2008 年的金融危机中恢复过来了，也
先后经历了供给侧结构性改革、中美贸易摩擦、全球新冠疫情，整体经
济环境已经大为不同，但固定资产投资仍旧是 GDP 的最大部分。比如在
2020 年，国内 GDP 的 43% 形成固定资产，是成熟经济美国的两倍，也远
高于高速发展中的印度（见图 3-4）。

　　这些固定资产中，有相当大一部分成为厂房、设备，也就是本书所讲
的"重资产"。重资产的投资回报率低是个全球现象。制造业的资产重，投
资回报率低，资本就流入房地产市场，导致房地产价格飙升，这也解释了
为什么这些年来国内房地产市场火爆。

　　在北美企业看来，中国企业资金充沛，也是能够走重资产之路的一个
原因。其实不管多大的企业，资金总是有限的，垂直整合度高的企业尤其
如此。这些企业的普遍特点是资产重、库存高、现金短缺。一旦银根收紧，
这些问题会更加明显。更重要的是，有限的资金困在固定资产和库存里，

新产品的开发就投入不足，直接影响了产品的升级换代和企业转型。

图 3-4 GDP 形成固定资产的百分比，中国、美国、印度对比

资料来源：世界银行。

我们的解决方案就是，对于那些能够通过市场方式获取的资源，要尽量依靠专业的供应商，而不是一味自建工厂，垂直整合。下面我们先看一下，企业为什么会垂直整合，走上重资产之路。只有理解了重资产是怎么来的，才能解决怎么去的问题。

企业为什么要垂直整合

垂直整合有很长的历史，不同时期的动机不尽相同。

早期有些企业通过垂直整合，来扩大经营规模，或者确保关键生产原料的供给。到了 20 世纪末，控制型的组织结构不再流行，垂直整合也就不那么吸引人了，垂直整合解体成为趋势。进入 21 世纪以来，在成熟行业，垂直整合很少被当作竞争利器；但在新兴行业，比如新能源、电动汽车等领域，由于资产的专属性高，产品和工艺技术的迭代快，垂直整合增强了对供应链的控制力度，利于快速响应，所以特斯拉这样的企业垂直整合度较高，资产较重。

可以说，垂直整合的一大诉求是增加**控制力度**。

比如资产的专属性高，如果只有为数不多的几家供应商能提供的话，局部竞争不充分，关系理不顺，漫天要价怎么办？同理，专属性资产的客户有限，万一采购方不用了怎么办？所以供应商也不愿意投资这样的资产。那么采购方就可能进行垂直整合，增强控制力度。特斯拉的一体成型就是典型的例子：整车厂中，只有特斯拉在用，所以进行垂直整合，自建一体成型能力就是特斯拉的自然选择。

再如关键资源归我了，就不归竞争对手了，这在行业发展高峰期，资源紧缺的时候很重要，也是为什么有些新能源车厂会选择参股锂矿。至于为了保护知识产权和商业机密，对于核心产品自己设计、自己制造，那更是为了增加管控力度。

控制力度在产品生命周期的早期尤其重要。新产品阶段，大家拼的是差异化优势，谁先上市谁先获利，速度比成本重要，垂直整合下的响应速度更快。另外，新产品阶段，产品设计与工艺设计都没成熟，设计变更频繁，产品设计一变，工艺设计就得跟着变，每次都得和供应商讨价还价，周期长；如果已经锁定供应商，供应商还可能虚高报价。难以有效约束供应商，交易成本高，那就垂直整合，自己设计，自己制造。

控制力度也体现在质量、安全等方面。比如在养殖行业，温氏是轻资产，主要与农户合作；牧原是重资产，自己养殖。当非洲猪瘟来临时，消毒最难的养猪散户毫无抵抗能力；而垂直整合下的牧原，在"自育自繁自养"大规模一体化下，管控力度更强。在周期性需求旺盛的时候，牧原的重资产模式也增强了供应能力，一跃成为行业的领军企业。当然，猪瘟会过去，行业低谷来临时，两种模式的优劣就会翻个儿。

前些年，"地沟油"等问题严重的时候，有些企业就筹建自己的职工食堂，也是通过垂直整合的方式来增加管控力度。有些企业甚至自己种菜、养猪。再如2020年新冠疫情以来，由于供应不足，供应商需要优先服务大客户，于是一个商务车厂的领导就让采购探讨自制，也是为了增加管控力度。但问题是，商务车的品种太多，规模效益太小，专业的供应商都不愿意做，整车厂自己做的话问题只能更大。

还有些企业相信从轻到重，以轻资产来验证业务模式，然后通过重资产建立"护城河"，以增加竞争对手进入的难度等。这种观点在近年来颇有些市场，特别在"新零售"等领域。业务模式得到验证后，重资产进入能够推动短期的快速发展，给投资人一时的快乐。但是，靠重资产建立的"护城河"有一系列问题，防住了外人，也困住了自己，在"运动战"制胜的年代，这很致命。

比如厂房建好了，设备买来了，不管有没有业务，固定资产折旧都在发生，这时固定成本管控就很困难。垂直整合的资源需求单一（只有一个客户，那就是你自己），需求没有聚合效应，闲的时候闲死，忙的时候忙死，规模效益低下，所以不便宜。还有，长期处于封闭环境，垂直整合的资产面临的竞争不充分，与外面的专业供应商相比，能力差距会越拉越大。资源劣质化后，请神容易送神难，要脱手这样的重资产就不容易了。

这些都是垂直整合下重资产的缺点：丧失了**灵活性**，成本上**不便宜**，能力上**劣质化**。

垂直整合与否，关键在于平衡控制力度和灵活性，两者都不是免费的。垂直整合避免了通过市场方式与供应商做生意，以及外部的交易成本，但同时丧失了灵活性，增加了管理内部资源的成本（内部的交易成本）。经济学上有个"交易成本理论"，就是用来评估这两类成本的，决定是否要垂直整合。

比如通过市场方式获取资源，你要找供应商（搜寻成本），你要讨价还价、签订合同（议价成本），你要管理供应商（监督成本），供应商违约了又会造成麻烦（违约成本）。这些都是外部的交易成本。垂直整合时，内部协调也有成本，比如一层一层的官僚机制，而且企业越大，内部交易成本越高。当外部交易成本更高时，企业会倾向于垂直整合，规模也因而变得更大；相反，当内部交易成本更高时，企业就开始外包，规模也停止增长。

交易成本理论最早由科斯提出，后来经过威廉姆森完善，两者都因此获得了诺贝尔经济学奖。当然，这都是理论。作为实践者，我想讲的是，和我们做任何事情一样，垂直整合与否，取决于企业的**能力**和**意愿**：其一，企业的能力越弱，垂直整合度一般会越高，资产也越重；其二，垂直整合与企业的战略选择有关，有些企业就是比同行更喜欢垂直整合。

能力越低，资产就越重

同是手机厂家，为什么苹果外包生产，是轻资产；OPPO 和 vivo 有厂房，是重资产？同在家电行业，为什么惠而浦和伊莱克斯的资产较轻，很多产品外包生产；美的和海尔更重，有相当多的生产设施？再如，在同一个行业，越是往沿海走，一般企业越聚焦，外包越常见，资产就越轻；越是往内地走，企业的经营范围一般就越大，垂直整合的情况越常见，资产也就越重？

这后面的一大原因，很多企业不愿承认，但还是没法回避，那就是：①**技术创新不够**，品牌溢价能力不足，就没有足够的盈利空间来外包重资产业务，就如农牧经济时代低水平的自给自足；②**管理能力不够**，没法有效地选好、管好供应商，通过市场方式获取资源，所以就不得不垂直整合，自建产能，重资产运作。

这也解释了，早年的福特，因为管理能力较弱，从矿山到钢铁再到汽车，一度谋求建立行业链的垂直整合；[○]现在的福特，管理能力更强了，资产也就轻多了。这也是为什么整体而言，跨国企业资产最轻，民营企业居中，而那些大型国有企业最重。

能力强的企业会**横向整合**，那是大的吃小的，强的吃弱的，快的吃慢

○ 正是因为垂直整合度高，在 1929 年后的大萧条中，汽车需求锐减，福特的成本控制成为大问题。相应地，当时的克莱斯勒垂直整合度更低，在成本控制上挑战就更小。

的，难度较大，却是良性地做大。只有能力强的企业，才可能成为最强的横向整合者，也成为最后还站着的那几家企业，在成熟行业中尤其如此。比如在美国，成熟行业最后就整合到两三个巨头。

能力弱的企业，那就捡一条阻力小的路走，**垂直整合**进入供应商的领域，结果就变成了虚胖：虽然规模越来越大，但资源越来越分散，能力也越来越弱，最终难逃什么都做，什么都做不好的命运。比如前些年，有些企业为了"做大做强"，就走上了垂直整合的路，后来在"供给侧结构性改革"下，不得不去产能、去杠杆、去库存、补短板及其降成本。

重资产也与企业选择有关

对有些企业来说，垂直整合更多是企业的战略选择。

比如长期以来，比亚迪采取垂直整合战略，从整车到零部件，不仅是车身、发动机，还有空调、灯具、安全带、安全气囊以及倒车雷达，除了钢板、玻璃和轮胎外，都是自己制造。[○]这些年来，比亚迪对很多子公司关停并转，但垂直整合的幽灵还远未消失。有些重资产，比如新能源汽车方面的，因为产品还不成熟，垂直整合尚有一定的道理，但对那些有充分市场供应的，仍旧决定自制，则并不明智。

在垂直整合战略下，2008 ～ 2021 年，比亚迪的固定资产和在建工程逐年攀升，总额从 155 亿元一路上升到 815 亿元。同一时段，营收也在整体上升，但十几年如一日，营收上升的速度全面低于固定资产＋在建工程的增速，如图 3-5 所示。按道理，营收越多，规模效益越明显，需要的固定资产也应该越少，也就是说，固定资产的增速应该低于营收的增速。

一方面是人工成本飙升，另一方面是重资产回报率有限，人海战术加上重资产，比亚迪就成了典型的两面受敌。表现在财务指标上，就是净资产收益率整体走低，如图 3-6 所示。净资产收益率是企业盈利能力的一大标志，行业不同，标准也有差异，对美国标普 500 的公司来说，可接受的

○　会诊比亚迪："垂直整合"未能与时俱进，余跃，中国经营报，2011 年 12 月 17 日。

长期净资产收益率为14%。[一]在2013～2021年的9年间，比亚迪的净资产收益率（扣非/加权）有5年连2.75%（那是2021年银行的3年存款利率）都不到。就连新能源汽车大卖的2021年，虽然比亚迪的营收一下飙升到2100多亿元（2020年是1500多亿元），但净资产收益（扣非/加权）还是超不过把钱存银行。

2014年，比亚迪20周年庆典时，创始人王传福对着800余人的中高层团队，讲到过去的艰辛时，说着说着就流泪了。那时比亚迪连续3年在亏本的边缘徘徊，资产重，投入多，组织臃肿，对外反应迟钝。过去快10年了，随着新能源汽车的崛起，比亚迪的生意越做越多，财务状况却不见多少起色。长期垂直整合战略下，净资产收益率低的挑战不会改变，比亚迪要持续、稳定地超过银行存款利率，看上去还有一段路要走。

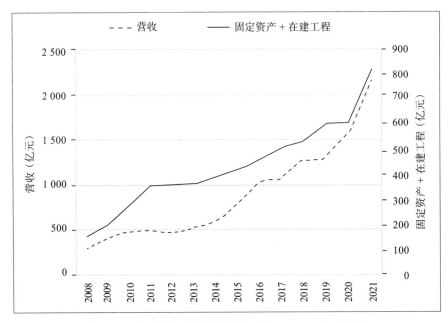

图3-5　比亚迪的营收和固定资产（2008～2021年）

资料来源：同花顺网站，10jqka.com.cn。

⊖ Return on Equity (ROE), by Jason Fernado, Investopedia, investopedia.com.

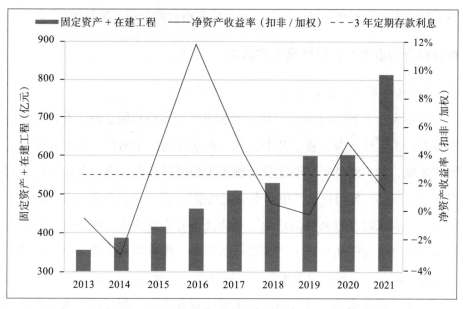

图 3-6　比亚迪的净资产收益率（2013 ~ 2021 年）

资料来源：东方财富网站，eastmoney.com；同花顺网站，10jqka.com.cn。

对于比亚迪这样的民营企业，垂直整合貌似没有选择，其实也是选择的结果。比亚迪刚开始做汽车时，配套厂商的价格高，而且不愿分配产能给比亚迪。这是小公司创业初始面临的典型问题。于是比亚迪选择垂直整合，从生产设备到零配件，都是自己开发、生产。后来营收做到百亿、千亿的规模，现在都 2000 多亿元了，有议价能力的时候还垂直整合，那就只能说是企业的选择了。

和企业的大多数问题一样，很多重资产问题表面上是因为"不能够"，根子上却是因为"不愿意"。比亚迪垂直整合了那么多的业务，难免让人联想到"肥水不流外人田"。至于国有企业通过重资产投入来做大，则更是"不愿意"的典型。"不能够"的问题相对好解决，"不愿意"的问题难。

不管是"不能够"还是"不愿意"，时过境迁，企业应该经常评审原来的决策。但对很多企业来说，重资产运作就如美国人车库里的杂物，只见往里塞，不见往外搬——资产一日日地增添，很多以后即使不怎么用了也不及时处置，就放在那里积灰尘。越是管理粗放的公司，越是如此。

垂直整合的重资产，最终难逃劣质化

先分享一段我自己的经历。

2003 年，我刚到硅谷的时候，老东家是个高科技制造商，有自己的清洗业务：买了台设备，雇了几个工人，在仓库的一个角落，把那些零部件上的油腻、灰尘清洗干净。这设备刚买来的时候还算先进，几年以后就变得相当老旧了，公司也是"小车不倒使劲推"，没意愿投资新设备。那几个员工，刚雇来时经过系统的培训，对清洗还有点专业度。但一直守着那台设备，零件从这一头放进去，从那一头出来，没有任何挑战，也没有机会与同行交流，在仓库的角落里落寞地过日子，专业能力一直在走下坡路。

后来，老东家启动外包战略，把清洗业务外包给附近的一家专业供应商：设备给了供应商，这几个员工也归供应商了。[⊖]这供应商有几个博士，专长于化学分析，他们定期检验清洗效果，不仅维修了设备，还改进了清洗配方，整个清洗过程控制更加到位，清洗的质量、按时交付率、损坏率等一系列指标都大幅改善。而那几个员工，清洗完本公司的零件后，还可以去清洗别人的零件，规模效益更好了；身处一帮专业人员之中，他们的技能也得到了很好的提升。[⊜]

我们再看个 IT 领域的例子。

有家日本公司，几千人的规模，有自己的软件开发部门，几乎所有的软件都是自己开发的。ERP 虽然用的是微软的 Dynamics，但那是多年前的老版本，这些年来在此基础上做了很多定制，补丁一个接一个地打。定制

⊖ 在北美，这是挺常见的：外包供应商经常把原来的设施和员工一起接收。这样一方面有利于外包过程中，历史经验和知识平稳过渡；另一方面也能够尽量减少裁员，减小对员工和企业社会形象的影响。

⊜ 对员工来说，职业发展也往往因为外包而带来更多的机会。比如原来给制造企业管仓库，员工的职业通道到顶就是库管经理；现在随着仓储业务的剥离到了专业的仓储企业，原来的员工也跟着一起过去，在专业的公司职业发展前景更加广阔，可以一路向上发展到总监、副总，甚至公司老总。

到什么程度呢？连新版本的 Dynamics 都没法上，因为和以前定制的功能可能不兼容，所以至今还在用非常老的版本。结果，虽然公司有几百人的 IT 团队，但信息化水平相当低。

这后面也能看到垂直整合后，内置资源的劣质化问题。刚开始，这些软件开发人员和外面的专业人员差不多，因为有很多就是来自专业软件公司的。但在同一个行业、同一个公司这种封闭环境里的时间长了，这些人的知识、技能就会落后。他们知道自己知道的，比如那些老软件的每个缺陷都烂熟于胸，但不知道自己不知道的，比如最新的技术发展情况。

我的老东家也有这么一群 IT 人员。他们大多在公司待了一二十年了（在硅谷的高科技界，这可真不算短了），一直在维护 ERP 软件，开发各种定制化功能。他们是非常资深的员工，年资久，收入比我们这些年轻的经理高，但我发现他们中有一部分人很不开心。想想看，多年如一日地对付那些相同的老问题，今天解决了，几天后又冒出来了，一直在打补丁，换作你，你能高兴吗？那为什么不走人，换个更有趣的工作呢？别忘了，这可是硅谷，全球信息科技的中心，有趣的事儿还少吗？

理由很简单：换不了。这些人长期在一个封闭环境里工作，能力提升跟不上业界的发展，早已劣质化，被淘汰了。他们找新工作，就如你把 10 年前的老产品拖出去卖，能卖出什么好价钱呢？企业效益好时，没人愿意去动他们；效益不好时，他们一旦被裁员，就很难找到同样报酬的工作了。

现在你也许能理解，虽说你们也有自己的仓储、物流人员，以及精益生产的工程师，却还在请第三方顾问来帮你们优化仓储空间，改善物流运输，推动产线的精益化运作：这些专业能力，一旦通过垂直整合的方式内置了，**除非是核心竞争力**，企业很难持续投入充分的资源，来持续提高。竞争不充分，就缺乏持续改进的动力，提升速度也会慢于专业的供应商，就不可避免地走上了劣质化之路。

对于核心竞争力来说，之所以称为"核心"，是因为它是企业赖以生存的能力，代表企业在市场上竞争，所以竞争是充分的，改进的压力是持久的。同样因为是核心竞争力，企业在资源投入上也更有保障。而非核心竞争力，背靠大树好乘凉，在核心竞争力的庇护下，很容易"偷懒"，最终能力一日不如一日。

伟大如英特尔，虽然长期是芯片制造业的佼佼者，但也难逃制造能力劣质化的命运，不得不在最新工艺上求助于台积电。[⊖]台积电这样的专业芯片代工商服务于各种客户，经受了各种各样的挑战，能力提升更快；英特尔的工厂长期服务单一的 CPU 业务，在制造工艺上近亲繁殖，自然没法和专业芯片代工商比。

垂直整合的重资产，成本上缺乏竞争力

对于重资产来说，一旦垂直整合了，需求单一，周期性、季节性、业务正常变动的影响就更大。而专业的供应商，因为需求更加多元化，东边不亮西边亮，不同需求的变动可能互相抵消，整体的需求变动一般更小。为了有效应对需求变动，确保产能和交付，垂直整合下就要建更多的富余产能，客观上造成产能利用率更低，单位成本更高，在成本上也失去竞争力。

这就是垂直整合的另一个结构性问题：**垂直整合并不便宜**。在行业高峰期或者旺季的时候，人们就会看到垂直整合的好处。但我们看不到或者不愿意看到的是，在淡季和低峰期，那么多的产能闲置，各种费用平摊下来，一点儿也不便宜。

20 多年前，我在美国的第一份工作是做采购，有些供应商经常来游说，说把一些下级供应商的工艺整合到它们的工厂，可以给我们更好的质量管控、更快的交付（这没错，因为可以减少产品在不同供应商之间来回往复，节省运输时间等）。在技术行当，下级供应商存在，一般都有技术原因，如果一级供应商要垂直整合，就需要采购方的技术支持来验证、认可，这需要资源投入，自然要有回报，要给我们更好的价格。那么我就问，价

⊖ 至于英特尔在制造工艺上是如何劣质化的，可参考我的《供应链管理：重资产到轻资产的解决方案》，36 ～ 39 页。

格上能降低多少？一谈到钱，供应商就顾左右而言他。刚开始我觉得供应商在蒙我们，想好处独吞。后来想通了，进行垂直整合后，供应商就根本没法做得更便宜，能维持原价就已经不容易了。

遗憾的是，很多企业并不理解这点，特别是那些因为"供应商报价太高"而决定垂直整合的企业。起初，这些企业到处询价，发现供应商报价都比自己算出来的高，就觉得这些供应商都在"欺负"自己，于是就自建产能，垂直整合。[⊖]垂直整合后，它们很快就发现，最糟糕的供应商，其实是自己的生产线和子公司：可以骂，但不能打；或者可以打，但不能打死。这也就罢了，如果独立核算的话，它们还会发现，自己的价格并没有竞争力。

这还得了，证据确凿，就告到老总那里。老总的解决方案简单粗暴，就是导入市场机制：不能光养马，还要赛马，让子公司和外面的供应商"公平竞争"。在"公平竞争"的压力下，子公司就不可避免地陷入双输境地：①如果在价格上与外面的供应商匹配，那么就得牺牲交付和服务来降低成本，这样在内部客户眼里就变得越来越不灵活，越来越"不听话"；②如果要维持交付、服务和灵活性，那么就得维持高价。两种情况母公司都没法接受，子公司就变得里外不是人。

在独立核算、自负盈亏的压力下，这些子公司也就开始"市场化"，不见兔子不撒鹰，在产能建设上更加谨慎，特别是季节性、周期性产能。我在深圳访问一家公司时，他们就在抱怨子公司的"劣迹"，说子公司通过内部关系拿到业务，转手就外包给第三方，而外包的结果呢，又因为管理不善，没法确保交付和质量。这是个千亿级的企业，向来秉承"肥水不流外人田"的宗旨，一直走的是垂直整合的路；后来产品成本压力越来越大，就把子公司"市场化"了；市场化的结果是，子公司的博弈措施就和第三方供应商差不多，也不愿意为季节性的需求建工厂、添设备、招工人，靠

⊖ 在市场竞争充分的情况下，众多的专业供应商都报价高，那么只能说明一点：你的价格算错了。作为采购方，我们没有生产这些产品的经验，在计算成本的时候往往做了错误的假设，常见的就是对于间接成本和固定成本的分摊，以及低估了产能闲置的情况。

内部天杀拿到业务，转手就外包给第三方。

这时候，那些当年垂直整合的始作俑者，就想方设法把业务外包给专业的供应商，而子公司则成了和专业供应商谈判的筹码。子公司的业务更少了，单位成本也就更高了，越来越成为母公司的负担，从母公司得到的资源投入也越来越少，设施设备没法更新，优秀员工留不住，加速走上了劣质化之路。

就这样，那些垂直整合的公司最终发现，自己的那些重资产最终没有带来多少成本优势，特别是产品大众化后，更是成了包袱，变为投资回报率的杀手。于是，这些子公司就益发边缘化了，在劣质化的路上越走越远。

想必现在大家明白，该如何回答下面这位经理人的问题了。

一位经理人最近遇到一个头痛的难题：应公司总体要求，新一轮招标拦标价下调 ×%，这对于他们控股的供应商压力巨大。用他的原话，这些供应商的"人力资源、硬件设施极其有限，市场竞争力很弱，主要依靠他们公司的采购份额维持生存"（其实和垂直整合的子公司是一个性质）。他想知道，该如何指导这些企业迎接挑战呢？

这不是控股供应商不愿参与竞争、迎接挑战，这是垂直整合的根本问题：在垂直整合下，控股供应商的成本高、能力弱是个普遍问题。面对同样的年度降价，它们比第三方供应商更难做到，倒不是因为它们有恃无恐不愿配合（虽然它们的配合意愿可能更低）。你是没法解决这个根本问题的，除非把它们关掉，或者让专业的供应商兼并整合它们。

业务的周期性变动，更加凸显重资产的挑战

在行业高峰期，有个养殖业巨头在探究垂直整合，或者和供应商合资，因为它们的需求量大，用一位员工的话说"能够养活一个行业"（在行业集中度只有10%多一点的养殖业，这显然不准确）。我想说的是，垂直整合的真正挑战不是需求量的大小，而是**需求变动**：垂直整合下的重资产必须

考虑季节性、周期性的需求变动，预留一定的富余量，造成淡季的产能利用问题，与需求量的绝对大小并没关系。

或许有人会说，如果需求稳定的话，垂直整合的重资产问题就没那么大。没错，但你见过哪个行业、哪个企业的需求是稳定的？在整体经济层面，我们面临周期性的波动；在行业层面，很多行业有明显的季节性、大小年；在企业层面，总有各种显著改变需求的事情在发生，比如促销、活动、产品更替，不管是自己导入的，还是客户、竞争对手带来的，要让需求稳定太难了。

垂直整合下，重资产的挑战是没法快速响应业务波动：旺季时，产能扩张跟不上业务增长，交付做不上去；淡季时，产能收缩慢于业务降低，成本降不下来。等产能终于建起来了，行业高峰期已经过了。忙的时候忙死，闲的时候闲死，供应和需求不能有效匹配，导致客户服务、资产周转、固定成本的问题并存，都是垂直整合下重资产要面临的挑战。

当然有人会问，如果我们外包给专业供应商，它们不是也得面对需求变动吗？没错，但由于供应商的需求相对多元化，需求的聚合效应更明显，不同客户、不同行业之间的需求波动可能互相抵消，或者部分抵消，所以总需求表现得更为平稳，对产能的挑战相对更小。

打个比方。假定你自建仓库，如果业务量增加30%，你的仓库很可能没有那么多的富余容量，这意味着你可能得再建个仓库（当然建的时候总会留一定的富余量，加剧了后续的利用不足）。但是，如果你是租用专业仓储供应商的空间，假定你的业务只占它们的1/3，那它们看到的需求变动就只有10%，或许稍微挤一挤就放下了，况且别的客户需求还可能下降。

这也是垂直整合的根本问题：垂直整合的重资产只有一个客户，那就是你自己；需求单一，需求的聚合效益不够，导致需求的变动更大，你要准备更多的富余产能来应对，从而导致产能利用率更低，单位成本也更高，主要是固定成本摊销。这和行业的周期性、季节性一道，对企业的供应链挑战很大，也让成本控制困难重重。

🔦案例　三一重工的扩张与收缩

2012 年前，三一重工是典型的重资产。一方面，国内经济快速增长，对三一重工产品的需求旺盛；另一方面，金融危机后的经济刺激方案，对需求再度火上浇油。三一重工决定做大盘子，垂直整合，进行重资产扩张。相比于营收的增速，固定资产和在建工程的增幅明显更高，如图 3-7 所示。

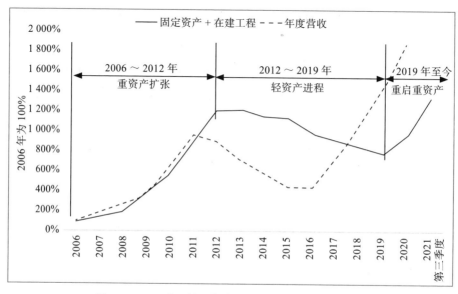

图 3-7　三一重工的重资产循环（以 2006 年为基准）

资料来源：东方财富网。

经济刺激方案结束后，行业供过于求，三一重工的营业额就连续 6 年下滑。拼投入、拼产能的时代结束了。由于过去固定资产投入多，三一重工的现金流紧张，负债多，消化不良。营收下降，但重资产带来的固定成本摊销则没有下降。作为上市企业，三一重工的盈利压力大增，于是就开始推动轻资产战略，连续 7 年关厂、裁员、卖设备，剥离不良资产，把很多自己做的外包给供应商。

从 2017 年起，三一重工的业务开始复苏，营收逐年增长。鉴于上一轮重资产扩张的惨痛经历，三一重工在固定资产投入上非常谨慎，继续推进轻资产进程，固定资产和在建工程的总金额持续下降。到了 2020 年，行业开始强烈反弹，三一重工再度走上垂直整合的老路，开始新一轮的扩张，比如投资兴建灯塔工厂、智能工厂，固定资产和在建工程再度大幅飙升。这后面也有补偿性的过度投资，为下一轮的产能过剩埋下了伏笔。

从三一重工的产能扩张与收缩上，我们能清楚地看到两个特点，也是各行各业的普遍现象：①在产能爬升上，重资产的扩张一般会比营收慢一拍。比如三一重工的上一个营收高峰出现在 2011 年，而固定资产和在建工程的峰值 1 年后才出现。②在去产能上，消化重资产的速度一般慢于营收的降速。比如，2012 ~ 2015 年，三一重工的营收下降了 1/3，但固定资产和在建工程基本持平。2011 年后的 5 年，固定资产和在建工程降速都低于营收的降速，这意味着固定成本摊销比以前更高。

对于垂直整合的重资产，或许有人会说，那我们为什么不向专业供应商学习，找更多的客户来多元化？这种想法很好，但可行性有限，主要有两方面的原因：

其一，有谁愿意做你的"备份"，淡季或行业低迷时填充你的产能，旺季或行业高峰期让你把产能移走去支持自己的生意？你当然会告诉别的客户你会一视同仁，但不管你怎么一视同仁，你还是自己的最大客户。要知道，你垂直整合的一大目的就是增加控制力度，确保自己的供应。

这就是通用汽车当年的困境。通用汽车以前垂直整合度高，有全球最大的汽车零部件制造业务，该业务一直想多元化，但很难打入别的车厂。后来通用汽车剥离该业务，独立上市（名为"德尔福"），甚至出售所有的股份，彻底放弃对德尔福的控股权，但还是没法让其他车厂放心。因为不管怎么样，通用汽车都是德尔福的最大客户，能够左右德尔福的资源分配。

其二，你也没有能力。让我们拿自建的职工食堂打个比方。你们公司自建食堂，招了几个大厨，早晨干两个小时准备早饭，中午忙三个小时准备午餐，晚上大家都回家了，一天也就五个小时的产能利用。那么大厨们为什么晚上不蒸些包子、做些盒饭去街上卖？技不如人，做了也卖不掉：通常自建食堂的大厨做得好你得吃，做得不好你也得吃，长期竞争不充分，能力必然退化，也就斗不过街道上那些充分竞争、优胜劣汰后的小饭馆了。

这也是为什么长期以来，英特尔为解决富余产能问题，进入代工领域，却斗不过台积电这样的专业芯片代工商，十年如一日地没什么实质性进展。如今"地主家也没有余粮"了：英特尔的制造能力退化到这一步，连自己的最新芯片都要台积电来代工了。

有些企业为了提高重资产的利用率，就在淡季多生产，这又造成整体的高库存：要提前生产，就得提前做预测；预测做得越早，准确度就越低，库存呆滞的风险也越大。要知道，垂直整合的重资产利用率低，根本原因是管理能力不足，没法有效通过市场方式获取资源；管理能力不够，自然也体现在预测准确度低上，库存就成了重灾区。重资产与高库存如影随形，原因就在这里。

小贴士　经济低迷时，重资产的挑战更大

行业扩张期，垂直整合下的企业管控力度往往更强，有利于获取更大的市场份额。比如牧原采取垂直整合战略，在 2020 年那一轮猪肉价高期间一举成为行业领头羊。但猪肉价低的时候呢？或许有人说，生意好的时候多赚点钱，生意差的时候就养人——行业性的低谷总会结束的。是的，但你不知道什么时候会结束，而这种不确定性会要了你的命，因为你不知道你赚的钱能撑多久。

这点我深有体会。2009 年春天，全球金融危机的余波传到了供应链的末端——设备制造行业。作为一家设备制造商，我的老东家的产品需求锐减：高峰期，设备的产量每个季度数以百台计；2009 年春季，全公司只生产了 6 台。老东家当时营收每年在 25 亿美元左右，为了应对周期性业务变动，手头仅现金就有 10 亿美元，加上应收账款等共 19 亿美元。对一家当时只有 4000 人的企业，这么多的现金应该能撑些年月吧？完全不是这么回

事儿。在全员大会上，CEO 和 CFO 给大家算了一笔账，坐吃山空，根本就熬不了几个季度。不得已，裁员 15%。即便如此，2009 年还是亏了 3 亿多美元。

　　对于本土企业来说，经济的周期性似乎并不是个大问题，低谷时无非少增长几个点，但还在增长，先前投入的重资产成为后续增长的基础。但周期性的确存在，从整体 GDP 的增速上能够很清楚地看到，如图 3-8 所示。

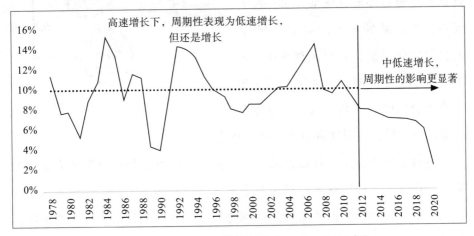

图 3-8　中国的 GDP 增长历史（1978 ～ 2020 年）

资料来源：Macrotrends, www.macrotrends.net.

　　2012 年前，国内经济高速增长，GDP 平均增速在 10 个点上下，虽有上下起伏，但影响不是很大：周期性表现为低速增长，但还是在增长。2012 年后，整体经济增速变缓，这些年的贸易保护主义、全球新冠疫情，更是加剧了中低速增长的常态化。整体经济增速变化如此，分解到具体的行业、具体的企业只会更显著，垂直整合下的重资产问题也将更严峻。

　　在美国，我们也看到类似的问题。20 世纪五六十年代，美国经济高速成长，垂直整合盛行，但重资产的问题可控；七八十年代，美国经济增速放缓，来自全球特别是日本企业的竞争加剧，凸显了美国企业的垂直整合问题，这就有了 90 年代以来，企业重归聚焦战略，垂直整合解体，以及 21 世纪以来的外包和轻资产进程。

垂直整合下，重资产成本的三条出路

垂直整合的重资产，其高成本有三条出路，如图 3-9 所示。

最好的出路是将重资产成本转移给客户，由客户买单。但这有前提，就是产品要有差异化优势，客户愿意买单。当产品处于生命周期早期时，差异化优势明显，客户愿意买单。速度比效率更重要时，企业更可能采取垂直整合战略。飞机、汽车、家电等行业都是这样，在早期垂直整合度都相当高。

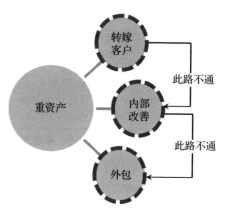

图 3-9　重资产成本的三条出路

不管是什么技术、什么产品，一旦进入成熟期，都很难避免大众化的宿命。在这个阶段，众多的竞争对手涌入，价格卖不上去了，成本压力就很大。于是企业一方面和供应商谈判降价，降低采购价格；另一方面内部挖潜，比如导入精益、六西格玛，降低运营成本。实在不行，就到低成本地区找供应商，或者把自己的工厂搬到低成本地区。

就拿美国来说，从全面质量管理到 JIT，再到精益生产、六西格玛、全球寻源，美国企业三四十年来一直在穷则思变。这些举措显著改善了美国企业的运营绩效，也提高了重资产的投资回报率，但都改变不了垂直整合的根本缺陷：需求单一，规模效益不够；竞争不充分，资源劣质化。

康明斯的一位经理人曾经感慨道，康明斯这样的巨头花费了大量的精力，实施 JIT，来更好地管理库存，导入计算机系统来提高灵活度，但都斗不过那些规模更小的供应商：它的专业化程度更高，规模效益更明显，员工积极性也更高，能以更低的成本、同等的质量生产出相同的产品。○

○ Strategic Sourcing: To Make or Not to Make, by Ravi Venkatesan, *Harvard Business Review*, November – December, 1992.

还有，品牌商可以到低成本地区寻源，专业的供应商也可以；品牌商在改善，专业的供应商也没有闲着，而且因为与多个客户合作，接触各种各样的挑战，改善速度更快。就这样，品牌商和专业供应商之间的差距不但没法消除，而且随着时间的流逝在加大。

最终的解决方案就是把重资产关停并转，连根拔起，通过市场方式，从供应商那里得到相应的服务。这就是**外包**。

就这样，美国企业从 20 世纪 80 年代的精益生产，到 90 年代的六西格玛，再到 2000 年后的大规模外包，垂直整合解体，完成了应对重资产问题的"三级跳"，如图 3-10 所示。比如通用汽车剥离零部件制造业务，成立德尔福；波音剥离堪萨斯威奇托的制造业务，成立独立的势必锐航空系统公司；IBM 虽一度代表整个计算机行业，在大型机上一路垂直整合，但在个人电脑上大幅外包，直到后来彻底退出。

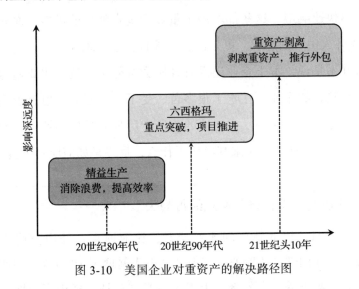

图 3-10 美国企业对重资产的解决路径图

对于本土企业来说，我们的改进路径大致类似，比如先后导入全面质量管理、精益生产、供应链管理等，不过在时间上滞后一点。但在外包上，本土企业尚未形成气候，我想有几个原因：

其一，品牌溢价能力不足，没有足够的利润空间来外包。这就如小农经济下的自给自足。相当多的品牌商还以制造为主，并不是说它们的制造能力有多强，而是因为品牌建设、产品设计能力太弱，没有别的选择。但反过来，正因为将大量的资源投入到了重资产的制造，导致在品牌、设计上投入不足，最终形成恶性循环。

其二，外部压力不够，没有足够的动力来外包。美国企业外包，一大动力来自股东的压力：华尔街追求更高的回报，而在同一个行业，鲜有例外，轻资产的企业都比重资产的企业投资回报率更高。在国内，股东整体上是弱势群体，话语权不够，就算股市低迷，你见到有几个上市公司的老总、高管被开除或者辞职？

其三，整体管理能力不够，没法有效通过市场方式获取资源。比如需求管理不到位、计划多变，给供应商带来太多的成本，反过来被转嫁到采购方；对供应商选不好、管不好，拿不到应得的价格和服务，没法有效驱动供应商快速响应。这些都增加了重资产垂直整合的可能，而有些企业"肥水不流外人田"的意识，更是助长了垂直整合之风。

但这并不是说，本土企业还没有开始尝试外包。就连比亚迪这样长期热衷于垂直整合的企业，在吃了很多苦、受了很多罪后，也意识到重资产之路不通，开始换种活法。比亚迪的重资产历程颇具代表性，下面我们系统地看一下，比亚迪这些年来都经历了什么，最终是如何应对垂直整合的。

🔦案例　比亚迪：垂直整合模式的得与失[⊖]

2010年9月，巴菲特访问比亚迪时，比亚迪正在经历公司历史上的"至暗时刻"。在内部，比亚迪员工数从9万人暴增至18万人，组织臃肿不堪，净利润大幅下跌；在外部，上百家昔日"铁杆"经销商退网，消费者

⊖　该案例摘自《比亚迪的"改革"与"开放"》一文，作者罗松松，"远川研究所"微信公众号，2021年12月23日。在垂直整合上，比亚迪是个非常有代表性的企业。很早我就想写一个它的案例，找资料的时候看到罗先生的这篇文章，拜读完后甚为佩服，自己觉得怎么写也不会写得更深刻、更全面，于是就征得罗先生的同意，将其纳入本书。我对大小标题和文字做了些简单的修改，增加了通用汽车、英特尔等事例。

投诉众多，负面信息接踵而来。

最终，2010年的销量定格在43.7万辆，只有预定目标的一半，股价在一年半内跌了85%。次年，比亚迪开始了史无前例的裁员，为公司立下汗马功劳的销售总经理引咎辞职。他后来说："比亚迪不会像以前那样追求快了，我们应该慢下来反省。"

反省什么问题？管理层的盲目自信、销售端的激进扩张、生产线的人海战术、公关的鸵鸟策略，都是可以吐槽的点。但是当时比亚迪内部其实都很明白自己的病症是什么，那就是老板王传福所信奉的**垂直整合**模式。这种模式创造了销量每年翻番的神话，是比亚迪崛起的最大秘密；同时，它也带来资产重、投入大、组织臃肿、对外反应迟钝等一系列副作用，将比亚迪置于困境。

1. 垂直整合的甜头

垂直整合可以说是王传福骨子里的基因。

20世纪90年代末，王传福从体制内下海，靠生产镍镉电池获得第一桶金，并且在实践中摸索出一套屡试不爽的打法：进入一个技术密集型行业，将自动化生产线分解成一道道人工可以完成的工序，然后依靠自研的半自动化设备和廉价劳动力，将成本压到最低，通过性价比来击败对手。

凭借"人+夹具=机械手"的配方，比亚迪电池的固定资产投资不到三洋、东芝等日本对手的1/10，价格不到40%，靠性价比获得了摩托罗拉、诺基亚等大公司的订单。到2003年比亚迪开始造车时，它生产的镍镉电池、镍氢电池以及锂电池已经分列全球市场份额的第一、第二和第三，之后成功在深交所上市。

经此一役，王传福一跃成为"电池大王"。他认为"一切技术专利都是纸老虎""买的不如自己造的""让我搞一个亿的生产线，门都没有"。带着这些偏激的想法，王传福闯入了汽车行业，第一件事就是收购北京一家模具厂，并且推动比亚迪走上一条垂直整合+半自动、半人工生产线之路。

在汽车行业，垂直整合即纵向一体化，基本等于零部件自给自足，而这种模式往往会催生一个个巨无霸工厂，登峰造极的就是福特的胭脂河工厂。这个工厂建于20世纪20年代，面积有540个足球场大，里面除了有生产发动机、底盘、轮胎等汽车零部件的车间之外，还有电厂、炼煤厂、炼钢炉、轧钢厂等。此外，消防站、警察局、医院等生活设施也一应俱全。在20世纪30年代的高峰期，在此工作的人数超过10万人。

在胭脂河，亨利·福特将垂直一体化模式做到了极致，每49秒就能生产一辆汽车，每辆车的价格也降到500多美元。高效的生产方式和走量的定价策略，让亨利·福特攫取了巨大财富，成为第一代"汽车大王"，这也为后来的王传福提供了某种借鉴。

2003～2010年，比亚迪旗下的配套厂已经扩展至数百家，除了玻璃和轮胎，汽车零部件（包括油漆）几乎都是自产自销，连广告也是自己设计。这种体系非常封闭，和当时的国际趋势完全背道而驰。

20世纪90年代后，国外整车厂为了缩短研发周期并降低资产负债率，不断将零部件外包，外包对象从组件、模块、子系统上升到系统集成与测试。整车厂的零部件自制率不断下降，到21世纪初，福特只有38%，克莱斯勒只有34%，[一]除了发动机、车身、底盘和悬架系统之外，其他大部分都是由供应商设计和制造。

但王传福依然坚持垂直整合，关键原因在于外购零部件太贵。20年前，汽车关键零部件无一例外都被外国巨头垄断，[二]国内企业难以望其项背，技术层面的悬殊差距让外国巨头可以坐地起价。对比亚迪这样初出茅庐的小公司来说，要么认栽，要么回去自己硬啃。

比亚迪汽车电子及零部件事业部总工程师罗如忠，曾分享过一个故事：他们早年向博世采购刹车系统，对方报价2000元/套，比亚迪觉得太贵，决定自己搞，成功之后，比亚迪拿着自家产品再去找博世，对方报价竟变成800元/套。

[一] 中国滞后的汽车零部件产业，汽车人杂志，2008年4月7日。

[二] "垄断"一词，我有不同看法。对于全球供应而言，汽车零部件市场竞争充分，很多一级供应商（比如德尔福）都破产了，如果果真"垄断"的话，还不把成本转移给客户？外国巨头集体垄断的说法也值得商榷。这就如在很多领域，中国企业占据绝大部分全球市场，但这些企业之间互相竞争，并赚不了多少钱，甚至还导致了行业性亏损。

这段经历让他得出一个结论：全球化采购战略实际上是国外对中国汽车企业使用的"洗脑术"。[⊖]他表示，"国外总在宣称全球采购能够降低成本，实际上，国外零部件厂商采取的策略是，你没有，我就高价卖给你，你有了，我就低价不让你生存，从而牢牢把持产业链"。

比亚迪拒绝了"洗脑术"，转身拥抱了烂熟于心的"人海战术"和"半自动产线"。比如，在生产第一款车 F3 时，车身等零部件需要依靠人力在不同车间之间转运，而在生产中高端轿车 F6 时，冲压和焊接岗位依然"人满为患"。[⊜]

这种落后的生产方式带来了很多质量隐患，但却控制住了成本。比如 F6 的模具几乎都是自研，与外包相比，开发周期从原本的 1 ～ 2 年缩短至 8 个月，成本从 1.5 亿元降低到 8000 万元，F3 和 F6 的价格只有丰田花冠和凯美瑞的一半。尤其是 F3，成为最快突破 10 万辆销量大关的国产车型。

凭借性价比，比亚迪获得了长达 6 年的红利期，并且获得"股神"巴菲特 2.3 亿美元入股，王传福也被芒格评价为"爱迪生和韦尔奇的结合体"，风头一时无两。

2. 垂直整合的反噬

俗话说：成也萧何，败也萧何。随着人口红利的慢慢消退，一直顺风顺水的比亚迪很快就因为"垂直整合"而遭遇到了成立以来的最大危机。

电池是王传福的发家之本，也让比亚迪将业务拓展到了手机零部件和代工领域，垂直整合被视作比亚迪的独门武器。从 2009 年开始，王传福迫不及待地想将这套组合拳复制到其他领域。

首当其冲的是电动车。当时，中国的新能源车补贴刚启动不久，一辆乘用车最高补 6 万元，客车最高补贴 50 万元，王传福认为时机已到，于是推出了第一款插电式混合动力汽车 F3DM 以及纯电动车 E6。并且按照过去的打法，收购了一家客车公司，入股了西藏一座锂矿，为了生产车用动力

⊖ 比亚迪：全球采购是洗脑术，秦月产 3000 台，新浪汽车，2015 年 5 月 27 日。
⊜ 比亚迪王传福"放卫星"的背后，汽车商业评论，2007 年 9 月 10 日。

电池，一度成为全球最大的磷酸铁锂材料买家。○

其次，王传福在 2009 年年底启动"硅铁战略"，开始在光伏发电领域大规模复制 IT 与汽车领域曾经的上下游一体化模式。考虑到太阳能发电不稳定的特点，又在深圳建了两座示范性的储能电站。王传福认为，汽车和储能电站不过是一个更大的手机壳，最终都会被比亚迪的电池塞满。

然而，这种简单的复制非但没有带来预期的协同效应，反而更加彻底地暴露出了垂直整合的问题：**重资产、抗风险能力弱、组织平庸化**。

为了打造"光伏 + 储能 + 电动车"三驾马车，比亚迪到处招兵买马，到处融资，员工总数从 2009 年的 9.7 万人暴增到 2010 年的 18.3 万人，旗下的事业部多达 19 个，业务庞杂，组织臃肿，资产负债率同期也从 52.9% 蹿升到 2010 年的 60.1%。

由于资源倾斜给了新能源业务，比亚迪的燃油车研发和产线改造被拖累了，新产品上市时间一再推迟，只靠 F3 和 F0 勉力支撑。为了完成年度目标，比亚迪向经销商疯狂压货，招致抵抗，最终引发了一场声势浩大的"退网门"——2010 年有 308 家经销商退出比亚迪。

在光伏领域，比亚迪也大手笔投资了从硅料到硅片、从组件到电站的完整产业链，王传福对其寄予厚望，然而却被欧美"双反"（反倾销和反补贴）政策打了一个措手不及，无锡尚德以及江西赛维等龙头公司宣布破产，比亚迪的利润也被无情吞噬。

此外，汽车零部件由于常年内部自产自销，没有市场机制约束，质量和腐败问题也开始频发，"为了寻求内部过关，（比亚迪）零部件厂长多会请品质处和工程院同事以团建的名义参加各种饭局、KTV 等"。○

2011 年，在中国车市增速最猛时，比亚迪汽车的销量不增反降。之后又由于光伏、磷酸铁锂电池等新业务的拖累，净利润更是从 2009 年的 40.8 亿元暴跌至 2012 年 2.1 亿元。

一向心高气傲的王传福也站出来，主动承认比亚迪由于过度追求规模，

○ 比亚迪悄然启动硅铁战略　商业化难题考验王传福，第一财经日报，2009 年 12 月 1 日。
○ 比亚迪电动车大败局，环球企业家，2011 年第 20 期，110 ～ 118 页。

失去了一家制造企业对品质的敬畏之心。[⊖]为此，王传福开始收缩销售网络，削减资本开支，在内部发起"质量整风运动"，最关键的是，重新审视垂直一体化模式。

在技术和市场都比较成熟的行业，比如服装、家电和消费电子行业，垂直整合很少被视作竞争利器。从2009年开始，中国超越美国成为全球第一大汽车产销国，市场愈发成熟，消费者对品质要求更高。相比于垂直整合，专业供应商的性价比优势也更突出，比亚迪过去屡试不爽的"成本第一"的打法反而制约了公司的成长。

在意识到这种模式的弊端之后，比亚迪从2012年左右开始推行"事业部公司化"，将一些没有竞争力的业务关停并转，比如模具、橡胶和涂料等。比亚迪也开始大规模采购先进设备，取代之前的人海战术，同时引入国际供应商，采购关键零部件，比如涡轮增压器、喷油嘴、高压油泵等。这样一来，比亚迪的零件自制率从80%降至50%左右，接近国内平均水平。

经过三年的调整期，比亚迪的汽车销量才勉强回到47万辆（2013年），但已经被之前比它落后的长城（75.4万辆）和吉利（54.9万辆）甩出一个身位。之后又因为国内新能源市场发展比较缓慢，比亚迪销量依然低迷，2015年只有38万辆，比2009年少了6万辆，但员工人数却从9.7万人飙升到19.6万人。

比亚迪急需一场"大手术"。

3. 鲶鱼、瘦身与独立

2017年，王传福判断垂直整合模式的红利已经见底，包括电动车在内，比亚迪在产品、价格和技术上有被竞争对手全面超越的危险。[⊜]

在市场端，当年中国汽车销量创下有史以来最高的2901万辆（此后开始连续负增长），而比亚迪只卖了41.6万辆，市场份额从最高时的3.74%降至1.68%。此外，当年中国新能源汽车销量同比增长53%，而比亚迪只增长了15%。

⊖ 《王传福：技术智造》，顾倩妮、张强著，企业管理出版社，2020。

⊜ 比亚迪悄然启动硅铁战略　商业化难题考验王传福，第一财经日报，2009年12月11日。

在技术端，特斯拉当年开始在美国交付 Model 3，续航最高为 499 公里，价格为 4 万美元左右，并且采用了全新的电子电气架构，辅助驾驶能力远超同行，并且可以实现软件在线升级。相比之下，比亚迪当年推出的宋 EV 续航最高为 300 公里，售价高达 25.59 万元，辅助驾驶和 OTA 能力几乎为零。

在电池端，比亚迪早在 2007 年就推出了磷酸铁锂电池，而且出货量随整车一直稳居国内首位。然而，2011 年才成立的宁德时代却趁着"白名单"将韩国企业挡在门外的窗口期，圈走了诸多国内整车厂，并且最终在 2017 年反超比亚迪，成为全球第一大动力电池厂。

在内忧外患之下，王传福决定亲手打破内部的层层壁垒。相比于 2012 年的小修小补，这次的改革更加彻底，而且更有章法，基本上可以总结为三步走：引入鲶鱼—瘦身放权—分拆独立。

2016 年年底，王传福要求旗下所有事业部摸查外部的供应链资源，然后和内部进行对比，该采购的采购，该关门的关门。但因为动了很多人的蛋糕，这项工作一直推不下去，导致王传福在会议上大发雷霆，当场宣布关闭经营不善的座椅厂，⊖然后和佛吉亚成立生产座椅的合资公司。

为了防止下面的人阳奉阴违，王传福直接规定了一些车型的外部配套率，比如纯电动车要求 50% 以上，价格合适的话可以提升到 75%。从那之后，供应商的报价单如雪片般飞到了比亚迪采购部的办公室里。

大面积切换外部供应商之后，比亚迪的事业部编制不断缩减。2017 年 11 月，在比亚迪成立 23 周年的活动上，王传福当场宣布，将比亚迪庞杂的事业部划分为乘用车、商用车、云轨、电子和电池五大事业群，推动决策权下放和零部件外供。

"各事业部吃大锅饭，只和自己比，不和同行比，就会失去竞争力，只赚比亚迪的钱，那不叫本事，拆出去赚市场的钱才叫本事，那才意味着产品有竞争力。"⊜

⊖ 王传福数次发飙推动史上最大转型，比亚迪欲告别垂直整合模式，汽车商业评论，2017 年 5 月 21 日。

⊜ 盛世危言，对话王传福，财经汽车，2021 年 12 月 19 日。

　　王传福说得没错，通用汽车当年剥离零部件制造业务，成立德尔福时，也有着同样的诉求。但是，德尔福长期在通用汽车的翅膀下，能力早已退化，没法和外面的专业供应商竞争。德尔福的市场化历经了二三十年，客户的多元化一直不理想，德尔福先后经历破产、拆分，可以说是一地鸡毛。[⊖]

　　此后，比亚迪开始和同行眉来眼去。2018 年，王传福密会北汽前董事长徐和谊、长城汽车创始人魏建军等人，讨论包括动力电池外供等问题。到了 2020 年，比亚迪不再遮遮掩掩，正式推出"弗迪系"，成立五家独立的零部件公司。

　　比亚迪公司高层毫不避讳地表示，比亚迪不仅想成为一家世界级整车厂，而且想成为新能源领域的"博世"（全球排名第一的汽车零部件供应商，2021 年营收为 787 亿欧元），而决定比亚迪"博世"成色最大变量的无疑是电动车中最贵也是最重要的零部件之一：电池。

　　宁德时代在 2017 年反超比亚迪之后，又在 2018 年创下 24 天过会的记录，打开了融资的任意门，之后疯狂扩产，产能从 2017 年的 17 GWh 飙升到 2021 年的 200 GWh 左右，而且绑定了宝马、奔驰、特斯拉以及蔚来等头部公司，成为车企宣传时一张不可或缺的名片。反观比亚迪，外部客户屈指可数，一直被对方压着打。

　　目前比亚迪电池的外部客户只有一汽红旗、福特、韩国现代等极少数车企。长安虽然在 2018 年和比亚迪成立了一家电池合资公司，但目前的供应商仍是宁德时代和中航锂电。这和英特尔产能过剩，想做代工商给别人制造芯片，多年没有实质性进展何其相似。根本原因，还是离不开垂直整合下内置资源的劣质化。这不，同样垂直整合的特斯拉，在一些电池新技术上，就已经落后宁德时代这样的专业供应商。

　　王传福亲手拆散了一手打造的垂直一体化模式。按他的说法，他想在内部孵化出更多的"小王传福"和"小比亚迪"。这种"复制 ×× 个 ×××"的理想通常看起来都很美好，但做起来并不容易。否则，当年某

　　⊖　关于德尔福的案例，可参考我的《供应链管理：重资产到轻资产的解决方案》，119～120 页。

地级市宣称的"投资 5000 万元培养 100 个乔布斯"的宏伟蓝图早就实现了。在王传福面前挥之不去的，仍然是"开放"和"封闭"两种矛盾和挑战。

聚焦核心竞争力，外包非核心业务[⊖]

比亚迪"开放"和"封闭"的纠葛，其实就是外包和垂直整合之争。这里的关键就是核心竞争力：对于核心竞争力，即便是重资产也要垂直整合；对于非核心业务，即便轻资产也应借助更为专业的供应商资源。

从字面上看，核心竞争力是能够给企业带来持久的差异化优势、竞争对手难以复制的能力。核心竞争力与外包如影随形：要聚焦核心竞争力，势必要外包非核心、不擅长的业务；两者结合，成对运作，可以极大丰富供应链管理，对于提高投资回报率，降低垂直整合的重资产风险意义深远。

核心竞争力理论的产生有其深刻的背景，那就是多年来美国企业过度多元化，失去了聚焦，降低了全球竞争力。往前走半个世纪，美国企业纵向垂直整合度高，横向无关联多元化严重，出现了很多巨无霸集团公司：什么都做，什么都做不到最好。20 世纪六七十年代，很多这样的集团公司失败了，从而投资人和金融学者转向支持更加聚焦的企业。也可以说，**核心竞争力是对过度多元化的纠正，是大工业化后的再度聚焦**。

刚开始，人们把聚焦理解为砍产品线，降低产品和业务的复杂度。但是，产品线过窄，会系统地增加市场风险。同时人们也注意到，有很多日本和美国的企业，比如索尼和三菱、3M 和惠普，虽然产品线众多，却也很成功。但这些企业并不是高度的垂直整合，也和一般的集团公司大不一样：这些企业的不同产品的市场可能各不相同，但**关键技能**相同，也把大量的非核心业务外包。而这"关键技能"，就是核心竞争力的原型。

1990 年，普拉哈拉德和哈默尔在《哈佛商业评论》上发表文章，正式

⊖ 摘自我的《供应链管理：重资产到轻资产的解决方案》，130 ～ 138 页，机械工业出版社，2021，有删节和修改。

提出"核心竞争力"的概念：我们没有能力把所有的事都做好，那么就聚焦有限的领域，其余的外包给更专业的公司去做。[⊖]乔布斯重回苹果后，精简产品线；库克加盟苹果后，外包生产、物流、仓储，可以说是核心竞争力理论的完美实践。

从时间顺序上，先有核心竞争力的概念，做好理论准备（20 世纪 90 年代）；后有大规模外包，改善企业的投资回报（2000 年前后）。核心竞争力与外包相结合，能够给企业带来一系列好处：

其一，内部资源可以聚焦到企业最擅长的领域。

其二，完善了的核心竞争力可以形成壁垒，竞争对手难以逾越。

其三，最大限度地利用供应商的投资、创新和专业能力，在技术和市场需求的快速变化下，显著降低企业风险。

核心竞争力与外包的流行，也与企业竞争形态的变化有关。

传统上，企业是基于有形的资产竞争，比如有生产能力，能够确保原材料的供应等。这是原始资本主义时期的特点，短缺经济时代也是如此：家有余粮，心里不慌。时至今日，有些内地企业还习惯于炫耀有多少资产，其实就是这种思路的延续。

20 世纪 80 年代，信息时代、知识经济的到来，让企业从有形的资产竞争向无形的知识竞争过渡。人们的关注点也从"硬实力"转向"软实力"，**设计、品牌这样的无形资产成为核心竞争力，而制造、仓储、物流等有形资产则越来越成为外包的对象。**

这里的一大挑战就是如何识别核心竞争力，确保企业把资源投到合适的地方。

核心竞争力必须满足三个条件

在普拉哈拉德和哈默尔发表于《哈佛商业评论》的经典文章中，他们

⊖　The Core Competence of the Corporation, by C.K. Prahalad and Gary Hamel, *Harvard Business Review*, May–June 1990 Issue.

对核心竞争力定义了三个条件，至今仍具有指导意义。

（1）**延展性**：核心竞争力要有助于开发更多的产品、服务，让企业得以进入更多的市场。通俗地讲，核心竞争力不是"金蛋"，而是能够下金蛋的"鸡"。核心竞争力给企业带来的是可重复获得的利益，而不是一锤子买卖。对于只能带来一次性好处的能力，不值得持续投入更多的资源。

在硅谷，创新往往是在满足特定客户的特定需求时发生的。优秀的工程师想出个好点子，就开始创业，就去找天使投资。而天使投资者最关注的问题之一是：你找到第二个客户了没有？这就是在验证创新的"延展性"：有了第一个客户，不一定会有第二个客户，但有了第二个客户，就可能有第三个、第四个客户，业务才可能做大，才值得投资。

（2）**有用性**：核心竞争力要给企业带来显著的贡献。这意味着其价值要被客户认可，才能给企业带来收益，而且是**高于平均水平的收益**。[⊖]客户认可是多方面的，但真正认可的试金石是愿意买单，支付高于平均水平的价格：赚不到钱的能力不是核心竞争力。

俗话说得好，亏本的买卖也要行家做。有些能力是不赚钱的，但为了关键客户不得不维持，不过这样的能力只能算是辅助性的，以维持现状为主。它不是核心竞争力，要避免不断投入更多资源。

（3）**独特性**：核心竞争力要难以模仿，也就是说，要有一定的门槛。这种门槛可以是技术性的，也可以是管理性的；可以是重资产，也可以是轻资产；可以是有形的，也可以是无形的。关键是要有一定的持久性，难以被模仿，这样企业才可以持续投资，进一步提高进入的壁垒，领先和吓阻竞争对手。

比如发动机技术就是本田的核心竞争力，表现在：①它能帮助本田开发割草机、扫雪机、摩托车、汽车和越野车等多种产品，进入相应的市场（延展性）；②客户认可，比如在美国，本田汽车的价格要显著高过美国

⊖ "高于平均水平的收益"是我个人的理解，原文并没有看到这样的词句。在我看来，资源都可以或多或少带来回报，关键是要高于市场平均水平。

同档车，但大家还是愿意买，就我自己来说，都买三辆本田了（有用性）；③本田的发动机技术经过了长期的积淀，竞争对手难以模仿，短期难以超越（独特性）。

相反，作为高科技企业，拥有钣金制造能力，能否让你进入多个市场（延展性）？不会。客户会不会因为你有自己的钣金车间，就和你做生意，支付高于市场平均水平的价格（有用性）？当然不会。你能建个钣金车间，你的竞争对手就建不了（独特性）？也不是。你很快会发现，钣金加工不是你的核心竞争力。同理类推，你的很多重资产都不是核心竞争力，虽然它们在特定的时刻对你来说很重要，比如增加了管控力度，改善了交付和质量等。

市场上已经有很专业的供应商，而且竞争很充分。但为了"肥水不流外人田"，自建多个工厂，是不是核心竞争力？当然不是。客户不会因为是你自己工厂做的，就支付你更高的价钱（有用性）；那些工厂的管理、技术能力有限，没有什么进入壁垒（独特性）。它们当然不是生金蛋的鸡，能让你进入更多的领域（延展性）。肥水不流外人田不过是小农意识，是人性的贪婪和管理能力低下的衍生物罢了。

相信现在大家会明白，为什么造手机不是罗永浩的特长，而脱口秀看上去更像老罗的核心竞争力了。

三个条件都具备，才能成为核心竞争力。之所以要强调这点，是因为对于任何能力，凡是企业决定垂直整合，走上重资产之路的，总能找到理由来自圆其说，在特定的情况下，有些理由看上去还很充分。但是，必须同时具备三个条件，才能成为核心竞争力。

不要被曾经擅长的所绑架

2010 年前后，海尔尝试转型，外包投资回报率低的生产制造，力图把资源投放到"微笑曲线"两端的研发与营销。对于海尔的"去制造化"，外界的质疑声不断，比如"对于核心技术专利优势、产品品质把控能力、品牌附加值等方面都不足的海尔，甚至中国本土家电企业来说，'去制造化'并不适合"。[⊖]这些质疑后面的逻辑是，因为你不擅长做某些事，所以你就不应该做那些事；你应该聚焦你擅长的，擅长的就是你的核心竞争力。

其实这是对核心竞争力的曲解：**擅长的或者做得最好的并不一定是核心竞争力**。比如你是家大型企业，一直以生产制造为生，生产制造当然是你最擅长的。但是由于人工成本飙升，你的生产制造成本上升，在制造领域不再有竞争力。这个时候，就会出现没有核心技术，研发不强；没有品牌优势，营销不强；没有成本优势，制造不强。一手破牌，你究竟该打哪张？

这张牌不是生产制造，因为你知道，企业规模这么大，生产的成本不可能做到最低。与其抱残守缺，就像一些大型日本企业那样，在曾经占据优势的生产制造上一条路走到黑，不如寻求新的增长点，向研发和品牌进发。虽然说船大难掉头，但好处是这时候企业已经做大了，具备资源优势，总的来说是要人有人、要钱有钱，只要瞅准机会，投入资源，成功的可能性还是挺高的。

任何竞争优势都是暂时的。对于大公司来说，真正的竞争优势是可以不断否定自己，把资源投入到回报更高的领域，就如IBM在过去100年里所做的。**而资源回报更高的，往往不是公司最擅长的**：如果一家公司擅长于某个领域，一定是在该领域如果经营了一段时间；而如果经营了一段时间，回报高的领域一定有很多竞争对手进入；竞争对手多了，回报自然就降下来了。

再说说不擅长。二三十年前，我们的企业擅长制造吗？不擅长。但我们有人工成本优势，最后做成了世界工厂。20世纪90年代，IBM从制造业向服务业过渡时，擅长服务吗？也不擅长。但IBM借助雄厚的资本、客户资源和管理能力，做成了服务业的翘楚。苹果做手机前擅长做手机吗？小米做电商前擅长做电商吗？三一重工做挖掘机前擅长做挖掘机吗？都不擅长。但它们都有特定的资源，可以把这些资源转化为新领域的优势，最

⊖ 海尔裁员背后：空心化严重 重要产品都被外包，中金在线，news.cnfol.com。

终把这些不擅长的做成了核心竞争力。

不要被自己曾经擅长的所绑架。企业要发展，就要不断自我否定，脱离舒适区，进入自己看上去并不擅长的领域。万事开头难，企业做任何事，刚开始都不熟悉。这就如人总是被晋升到并不胜任的职位上一样。只有资源投入了，管理者的注意力聚焦了，才可能做好。**盲目地坚持曾经"擅长的"但已经没有竞争力的"优势"，往往是被历史扣作人质，成为企业新生的大障碍**。只有放弃曾经"擅长的"，才能把精力和资源集中到新的增长点上。要知道，企业大都死在擅长的事上。借用冯骥才《俗世奇人》中的一句话就是，"能人全都死在能耐上"。

旧酒装进新瓶，仍然不是核心竞争力

当然，有的企业在抱残守缺上也不是一成不变的，而是不断地把"旧酒"装进"新瓶"。在生产制造上，就是这些年的热词：工业4.0、自动化工厂、智能化工厂。有些企业，比如三一重工，再度祭起垂直整合的大旗，希望通过无人化、自动化，让制造成为核心竞争力。

自动化战略部分解决了人工成本飙升的问题，但一次性的对重资产的巨额投入，却让固定成本的问题更大、更难对付；一旦产品升级换代了，自动化生产线就可能过时，或者需要花费高昂的代价来改造。在宣传中，人们经常把自动化等同于灵活性。其实，自动化生产线往往更不灵活，对批量的要求也更大——试想想，一排机器人站在那里，能比一排工人更灵活吗？这与需求的碎片化、小批量化的趋势背道而驰。就连极度推崇自动化的马斯克也说，特斯拉的过度自动化是个错误。[一]

太阳底下无新事，自动化、无人化也不是这几年才有的事。20世纪80年代，通用汽车就在做类似的尝试，投入450亿美元的巨资搞自动化（这一金额超过当时丰田和本田的市值之和），最终的结果是"没有效率提升"，[二]

[一]　马斯克的推特@elonmusk，2018年4月13日。

[二]　History of Manufacturing Practices in the US, Japan, and China, www.QualityInspection.org.

加速了通用汽车的垂直整合解体。

在工程机械行业，北美的卡特彼勒在多年前就开始外包，走上了轻资产之路；日本的小松，虽然整体上资产相当重，但重资产投入还是很谨慎的。像三一重工这样的企业，却再度扬起垂直整合重资产的风帆。我们一直说，和国际同行的差距在于技术和品牌。如今，将巨额的资金投入到了制造上，投入到研发和品牌建设上的能有多少？

工程设备是典型的周期性行业。现在是重资产扩张，几年后注定要收缩。三一重工这样的企业已经有过痛苦的经历，那为什么还要这么做呢？这么多的企业，为什么在轻资产、重资产上轮回，甚至一轮比一轮更重呢？一个企业这么干，可能是那个企业本身的问题；一群企业都这么干，这后面一定有**能力短板**，其中一大原因就是供应商的选择和管理能力不足，没法有效通过市场方式获取资源。

供应商主要分为两类：有能力也有脾气（配合度低），比如提供核心零部件的那些全球供应商；没脾气也没能力（没有技术优势），比如提供一般零部件的那些本地供应商。对于前者，企业没法形成跨职能、跨层级的合力来有效约束供应商的博弈，也就拿不到想要的价格，改善不了交付，于是就在进口替代、关键零部件自制的幌子下垂直整合。这点好理解。那么对于一般零部件，本地供应商没脾气也没能力，为什么也拿不到想要的呢？

这里的关键原因有二个：其一，在最低价导向和年复一年的残酷的谈判降价后，一般零部件的供应商盈利严重不足，没有足够的资源来建设产能、改善制造能力；其二，多点寻源，短期关系盛行，供应商面临的不确定性太大，对于周期性、季节性的需求，就不愿也不敢投入产能。

对于供应商来说，这些企业主要是通过导入竞争来管理的，这在供过于求的情形下尚可。风水轮流转，一旦供不应求，品牌商就会处于劣势，拿不到它们想要的价格和交付。这样，垂直整合就成了自然选择：一方面已经有成熟的专业供应商，另一方面企业却在不断投入巨资进行垂直整合。

选好管好供应商，避免垂直整合重资产

我们知道，企业获取资源的方式有两种：要么自己做，垂直整合，重资产；要么供应商做，市场方式，轻资产。当企业选不好、管不好供应商时，就没法有效通过市场方式获取资源，从而转向垂直整合，以重资产方式获取资源。

供应商选不好、管不好，有些的确是因为情况特殊，比如资产的专用性强，双方高度博弈，交易成本太高。当技术处于新兴阶段的时候，这种情况比较常见。比如在电动车领域，特斯拉和比亚迪这样的整车厂垂直整合度高，建有自己的电池工厂。但更多的情况下，却是因为管理方式简单粗放，没法理顺供应商关系，没法有效约束供应商的博弈、投机行为。

那么，如何有效约束供应商呢？要么通过商务合同，要么通过长期关系。当双方的利益诉求能够清晰表述，一是一、二是二时，我们会通过**合同**来约束双方的博弈；当双方诉求有很多不确定性，没法清晰表述时，我们就需要借助**关系**来约束双方的行为。从这两个维度出发，我们可以把供应商关系分为五类，如图 3-11 所示。

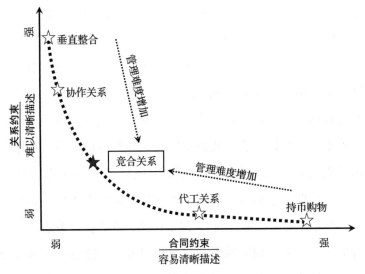

图 3-11　从垂直整合到持币购物，中间有很多选择

一个极端是**持币购物**，这是百分之百地靠合同束约束供应商，采购方不承担任何重资产风险，完全依赖**市场**机制与供应商打交道，对供应商有选择、没管理，一个不行就换另一个。这适用于供方市场充分竞争，需求可清晰描述，更换供应商的成本相对较低的情况。需要注意的是，自由是有代价的：持币购物最自由，但采购方对供应商的管控力度也最弱。

另一个极端是**垂直整合**，让资源提供方成为公司的一部分，百分之百地靠关系来约束。在垂直整合下，采购方的管控力度最强。但控制也不是免费的，代价是重资产风险高、灵活度小：这活儿归自己的工厂做，你没有选择的余地，不喜欢也得想办法和工厂协作，把问题解决了。这适合于市场机制失效的情况，比如围绕专用资产高度博弈，需求没法清晰表述等。

从完全靠市场机制，到完全靠内部协调，中间还有很多过渡形式，我们可以简单地将其分为**协作关系**、**竞合关系**、**代工关系**三种。

协作关系下，需求的不确定性很大，很难通过合同来清晰描述，合同的约束力因而有限。但是，在长期关系的约束下，供应商愿意与我们协作解决问题。"关系"在这里就是"社会契约"，让供应商不计较一时的得失，而是为更大、更长远的目标共同努力。

协作关系有三点要求：①长期关系，供应商的短期损失可以在长期得到回报；②供应商的数量有限——协作关系需要大量的资源来维护，我们没法和每个供应商都建立协作伙伴关系；③共同解决问题，而不是把问题转移给供应商。这些我们在后面还会详细讲到。

企业管理能力不足的时候，协作关系的这三点一点也做不到：供应商选不好、管不好，所以一直在找新供应商，导致供应商数量膨胀；没有能力推动内部职能协作解决问题，就把问题转移给供应商；没有能力兑现长期承诺，于是短期关系盛行。所以，即便暂时是协作关系，比如，供应商新近导入，大家还处于"蜜月期"，但很快就会变成竞合关系。

竞合关系下，双方面临的不确定性相当大，不能清晰地通过合同来约束；双方的互信不够，没法基于关系来约束双方的博弈。供需双方互相依赖、互相提防，边博弈、边合作。在供应商关系中，**竞合关系**最具挑战，对采购方的管理能力的要求也最高。

代工关系下，双方的合作界面相当清楚，但没有持币购物那么简单；不确定性有，但相当低，双方的关系可以主要通过合同来约束。与持币购物不同的是，供应商需要按照采购方的要求来定制，双方的互动也比持币购物更多。

代工关系下，理想状况是，采购方没有进入制造领域的意图，代工商没有推出自有品牌的计划，双方的能力互补，竞争关系较弱，协作基础较强。但即便如此，双方也都不想互相绑定，采购方会寻找更好的代工商，代工商也会寻找更多的客户。这种表面上的均衡，经常可能演变为局部的不均衡，变成竞合关系，比如：产品升级换代，需求的不确定性增加；工艺锁定了，代工商的议价能力增加；代工商想推出自有品牌，与采购方竞争等。

可以说，在供应商关系中，**竞合关系是常态**。于是，企业经常性地面临两难选择：协作关系建立不起来，竞合关系又摆不平。结果，要么继续轻资产，承受供应风险；要么转向垂直整合，以承担重资产风险为代价。

解开供应商竞合关系的死结

对于竞合关系，我们可从商务和技术两个维度着手，系统应对，如图 3-12 所示。

在**商务**上，如果能有效改善供应商关系，比如通过长期关系来约束供应商，以弥补合同约束不足的现实，变竞合关系为协作关系，那么这就是最佳的解决方案。如果关系改善失败就垂直整合，那么增加了重资产运作的风险。当然，维持现状，继续博弈，忍受供应绩效的诸多问题，也是众多企业的无奈选择。

在**技术**上，如果能够在设计的标准化和模块化上发力，能够更明确、清晰地描述需求，就可以通过合同更好地约束双方的关系，把竞合关系简化为代工关系其至于持币购物的关系。模块化、标准化也降低了供应商的入行门槛，增加了竞争的充分度，削弱了单个供应商的议价能力。当然，模块化本身对采购方的能力要求更高，实施难度也很大。⊖

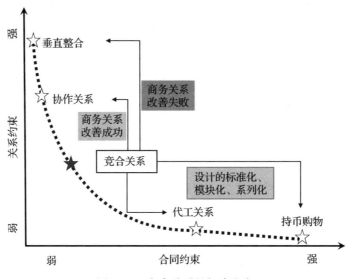

图 3-12　竞合关系的解决方案

商务和技术解决方案不是互相排斥的，而是相辅相成的，经常同步推进，比如一方面改善商务关系，另一方面推动设计标准化。下面我们重点说一下商务关系的改善，也就是说，实现协作关系的先决条件。

协作关系的三个必要条件

协作关系与它的变种"合作""共赢"等一起，可能是供应商关系中经常被滥用的词语。在我看来，真正的协作关系必须具备三个特点，即三个必要但不充分的条件：①长期关系；②和数量有限的供应商做生意；③共同解决问题，而不是转移问题。

之所以"必要但不充分"，是因为协作关系还涉及双方的力量对比、产

⊖　对于模块化及其挑战，可参考我的《供应链管理：重资产到轻资产的解决方案》，159～194 页。

品差异化程度等多个因素。比如采购方在体量上有绝对优势，就容易形成传统日企那样的主从关系；产品的创新度高，毛利就高，可以给供应商更多的利润空间，就更容易形成协作关系。如果产品大众化了，毛利很低，我们就和供应商一直为那最后5分钱死磕，你知道，拿到那5分钱，三年后企业就死了，拿不到的话，企业今年就死了，那是几无可能建立协作关系的。

先说**长期关系**。在经典的日企案例中，[⊖]那些爷爷一辈一起做生意，孙子一辈还在一起做生意的企业，维系双方的纽带要么是长期合作形成的"社会契约"，要么是相互持股下的主从关系。[⊖]主从关系的前提是双方存在实力差距，就如大名与家臣、师傅与徒弟、老大与小弟一样，前者能够决定后者的命运，但也会顾及后者的生存。实力差距大，反倒容易形成长期关系——极度的不平衡，反倒是平衡。

类似的情况在一些内地企业也可以看到，特别是较为封闭的行业，供应商的选择有限，在业务上高度依赖主导企业，后者对供应商有很强的支配能力。主导企业与供应商一起成长，双方的老板往往是老朋友，甚至是在同一个村子长大的。但是，这种关系很难维持到下一代，特别是规模到了一定地步，要纳入职业经理人的时候——企业天生不信任职业经理人，而职业经理人为了证明自己，往往会聚焦短期利益，比如频频谈判降价，于是就会陷入竞合关系。

长期一起做生意，并不意味着是长期关系。这点你应该深有体会：隔壁老王两口子结婚30多年，时间是够长了，但每3个月就闹一次离婚，N个短期关系组合到一起，还是不算长期关系。我为什么要这么讲呢？每个行业看上去都很大，其实都很小，主要的客户、主要的供应商也就那么几

⊖ 我们说的经典，指的是20世纪八九十年代的日本企业。最近二三十年来，日本企业的供应商关系也在发生显著改变，有些企业也变得非常短期化，特别是日产、夏普等那些经营不善、陷于困境的企业。

⊖ 这里说的主从关系，并不是我们要追求的长期关系。主从关系的好处是稳定、协作，但不无问题，比如在封闭的体系下，内部供应商缺乏改进动力，而更有竞争力的供应商难以纳入，最终导致整个链条缺乏竞争力，跟垂直整合的问题有点类似。

个，虽然长期做生意，客户和供应商频繁博弈，其实是长期的竞合关系。

长期关系与其说是时间导向，不如说是**关系**导向：有些人和你第一次做生意，你就能感觉到他是冲着长期关系去的，因为他说的、做的都是确保你不要少赚你的那一份。你知道，这个人可以信任。**凡事先替对方的利益着想，**人敬我一尺，我敬人一丈，都是长期关系的试金石；我的是我的，你的也是我的，你的不是我的就不公平，注定没法建立长期关系。

长期关系的基本假定是未来还要一起做生意，不协作的话就可能失去未来的生意。这从根本上约束了双方的博弈，促进了协作关系。这也能够解释，为什么火车上卖水的售货员对你爱理不理，能宰你多少就宰你多少，因为那是短期关系，这次做完生意，下次见到你都不知是猴年马月了；而楼下便利店里卖水的售货员对你很友善，因为她不但想做你今天的生意，而且想做你明天、后天的生意，主导她的行为的是长期关系。

所以，供应商关系不能做成一锤子买卖。有些企业没有底线地导入竞争，供应商的数量一天天膨胀，竞争异常充分，供应商有今天没明天，未来业务没有任何保障，也就没有什么可失去的了，为短期利益博弈就成了供应商的最佳选择，采购方自然就没法有效约束供应商，协作关系也就建立不起来了。

这也就说到了**和数量有限的供应商合作**，这是协作关系的第二个必要条件。协作关系需要精心维护、深耕细作，特别在复杂的外包环境下，需要投入大量的资源，你没法和众多的供应商都紧密协作。这就和养育孩子一样，如果你一连生五六个，孩子们连鞋子都没得穿，哪还谈得上精心呵护呢？

当然有人会问，只和数量有限的供应商合作，竞争不充分怎么办？其实，在能形成**实质性竞争**的情况下，有一个竞争对手就是充分的竞争。[○]典

○ 你一米八，他一米七五，你们两个能够掰手腕，是"实质性"的竞争对手；同事小姑娘一米六，你们两个没法掰手腕，不能算是"实质性"的竞争对手。对于竞争的充分性，以及波音和空客的例子，在我的《采购与供应链管理：一个实践者的角度》（第3版）里有详细的阐述，278～283页。

型的例子是商用大飞机，全球只有波音和空客两个供应商，但它们能掰手腕，是实质性的竞争对手，结果是两家的平均净利润也就几个点——净利润低，是充分竞争的体现，否则的话，还不把成本转嫁给客户，牟取暴利？这也是为什么在美国和欧洲，如果政府说你垄断，你只要能找到一个实质性的竞争对手，反托拉斯法就不再找你的麻烦了。

人们总是担心竞争不够充分，就给供应商导入一个又一个的竞争对手。一旦供应商绩效不好，就马上联系到竞争不充分上去。其实不是竞争不充分，而是**管理不到位**——不管供应商有多先进的技术或独特的产品，你都能找到至少一家实质性的竞争对手。企业的误区是习惯性地拿竞争代替管理，通过市场行为导入一个又一个的竞争对手，而不是采取管理措施，选择合适的供应商，督促、帮助它们改进，和供应商共同解决问题。

在管理能力强的企业，对供应商是重选择、重管理，供应商的"口子"是关着的；在管理能力弱的企业，对供应商是轻选择、重淘汰，供应商的"口子"是开着的。快速发展后的企业，在供应商管理上往往属于后者，一方面供应商数量庞大，管理资源分散，没法和关键供应商深度协作；另一方面还在继续找供应商，给供应商导入更多的"竞争者"。

于是就出现这样的情况：生意就那么点儿，池塘就那么大，里面的王八却有一大堆，竞争实在太充分了，把水搅得太混了，结果没有一个王八能够生存，没有一个供应商把你的生意当生意了。不确定性的事情太多了，供应商还敢备库存、备产能吗？它们于是开始"不见兔子不撒鹰"，本来可能的协作关系，就这样变成了典型的竞合关系。结果，有能力也有脾气的供应商欺负你也就罢了，没脾气也没能力的供应商也欺负你，而你却是不值得同情的。

这里的解决方案，就是给供应商"收口子"，只和数量有限的优质供应商合作。但前提是提高对供应商的选择和管理能力，对采购和供应链的管理能力提出更高要求。更多细节，请参阅我的红皮书《采购与供应链管理：一个实践者的角度》。那本书已经写到第3版了，里面有大半内容是有关采购与供应商管理时。

我们接着看协作关系的第三个必要条件：**共同解决问题，而不是转移问题**。

问题就两种解决办法，一种是共同解决问题，另一种是把问题变成别人的问题。共同解决问题是协作关系的核心，而转移问题则是竞合关系的标志。打个比方，竞合关系是简单的物理反应，水是水，油是油，没法生成新物质；协作关系是化学反应，水乳交融，能产生有差异化的结果：**差异化的优势是协作解决问题的结果**。

所谓"供应商问题"，其实很多时候是采购方的问题。比如，为什么供应商有质量问题？是因为我们的设计不优化、验收标准不明确。为什么供应商交不上货？是因为我们的预测准确度太低，供应商没能有效备库存、备产能。这些问题大多是需求端造成的，而供应商是没法解决需求端的问题的，采购方更合适来解决。尤其在轻资产的复杂环境里，供应商承担更多的增值任务，采购方更需要投入资源，督促、帮助供应商解决问题。

比如业务发展迅速，那么我们就要及早预测，尽快纠偏，指导供应商备产能、备库存。不确定性太大，我们不愿承担预测的风险，那么供应商就只能自己预测。但因为供应商离需求更远，预测准确度更低，或者就"不见兔子不撒鹰"，最后还是害了我们。再如供应商对我们的预测不放心，那么我们一方面要督促需求端提高预测准确度，另一方面要正视供应商的顾虑：它究竟要什么样的承诺，才愿意雇人、建产能、备库存？

要知道，供应商有顾虑总是有原因的，这个供应商有，别的供应商也会有，你是绕不过去的。在外包环境下尤其如此，因为外包对象的专属性一般较高，供应商的库存、产能风险也更大。否则，供应商做砸了，我们不管是找新供应商，还是垂直整合自己做，都意味着很高的成本和风险。

对供应商要有选择、有管理

在竞合关系下，供应商的可替代性较低，作为采购方，我们不能把淘汰作为供应商管理的方法，而是对供应商要**"有选择，有管理；先督促，后帮助**（见图 3-13）**；谁选择，谁管理"**。

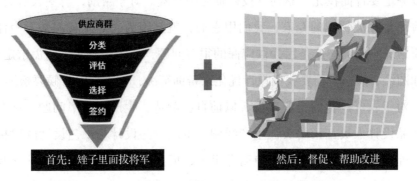

图 3-13　对供应商要"有选择，有管理；先督促，后帮助"

选择不可替代。这和雇人是一个道理：你不会在街上随便雇个员工，你当然也不应该随便选个供应商。对于错误的供应商，我们是没有资源来管好的，不管企业的规模有多大，资源有多充足。这要求我们对众多的供应商进行分类、评估、选择，从技术、质量和商务的角度选择最合适的供应商，争取首发命准。

即便是最合适的供应商，也不是完美的：有能力的供应商有脾气，没脾气的供应商没能力，这注定我们没法通过选择就能解决所有问题。不管用什么方法，供应商选择都是"矬子里面拔将军"，虽然找到了个子最高的，但还是个矬子，只能算及格，远不是 100 分。那差距就要通过后续**管理**来弥补。这就是供应商的"有选择，有管理"。

这就如雇员工一样：我们经过一轮又一轮的面试，终于雇到我们认为最好的但还不算完美的员工。那些差距就留给后续的管理来补齐，比如通过绩效考核来**督促**员工改进，通过传帮带来**帮助**他们改进。不管是督促还是帮助，企业都需要投入资源。越是管理粗放、能力不足的企业，越是执迷于寻找完美的供应商，幻想以选择代替管理，这无异于白日做梦，自欺欺人。

先督促、后帮助的顺序不能乱。试想想，一个供应商几百、几十人都没法把自己管好，我们采购方派去几个人，能帮它管好吗？天助自助者，所以一定要督促在先，驱动它投入资源来自救。对于帮助，有些人有疑问：供应商是相关领域的专家，我们用它们，就是因为它们比我们强，为什么还要帮助它们呢？这是因为供应商的很多问题，根源来自我们的需求定义，比如图纸、规格，需要我们设计优化来帮助解决，该松绑的时候要松绑。

对于轻资产化的企业来说，以前自己制造，生产线出了问题，你会看到产品设计人员三天两头往生产线跑，解决产品设计与工艺设计的对接问题；外包以后，制造搬到供应商那里了，但产品设计与工艺设计的交互关系依然存在，而且因为组织的分散变得更困难了，需要投入更多的资源来应对。

督促是商务手段，主要由主导商务关系的采购职能负责；帮助是技术手段，主要由设计、质量等职能负责。这样，商务手段和技术手段结合起来，督促加帮助，才能系统地改善供应商的绩效，确保以市场方式获取资源，而不是垂直整合自己做。

此外，竞合关系下的很多供应商提供关键资源，是典型的有能力也有脾气的供应商，已经超越采购单一职能能够应对的程度，必须上升到公司层面，整合跨职能、跨层级的力量来管理。

比如在公司层面达成共识，签订长期协议或框架协议，设定成本、交付、质量和技术支持等多个方面的目标。这是做出实质性的承诺，需要双方老总级别的人来签，不容易，往往要很长时间才能达成共识，但好处是在**公司层面**设定了双方的期望，能更有效地约束双方的行为，指导工作层面的双方行为。否则，在工作层面就容易陷入一城一池的争夺战，时时竞合，系统地增加了出现僵局甚至关系破裂的风险。

在框架协议的基础上，如果供应商没有达到目标，那就要督促供应商制订改进方案，定期回顾，督促**双方**投入资源来解决问题。注意这里指的是双方，而不只是供应商，因为很多问题是采购方的需求定义造成的。这些问题一般都不是小问题，要解决的话，总是要投入资源的。资源掌握在谁手里？公司高层。这就是为什么框架协议要双方的高层签订，才能驱动双方的资源投入。

接下来，我们谈谈"**谁选择，谁管理**"的问题。

对于供应商，很多企业是集中选择，分散管理：选择权相对集中，比如归总部的采购，以获取更大的规模效益；管理一般比较分散，主要靠内部用户，比如子公司、工厂和项目。这样做有两个问题：其一，选择供应商往往是价格导向，在采购价格这样的单一指标驱动下，容易牺牲内部客户的利益，比如交付、质量和服务；其二，内部客户往往既没能力也没动力来管理供应商，供应商的管理流于形式。

比如，工厂、项目面临的一般都是订单层面的问题，诸如交付、质量，它们的解决方案也大多是催货、质检等"打补丁"的方式，以期解决眼前的问题。造成这些问题的根源，往往在供应商的组织、流程和信息系统层面，工厂、项目不主导商务关系，就很难在供应商层面驱动改变；它们也没有动力解决这些供应商层面的问题，以让供应商更好地支持其余工厂。

这样的"有选择，没管理"放到复杂的竞合关系下，问题只会更多。解决方案就是"谁选择，谁管理"：作为采购，如果你选择了供应商，你就要为供应商的整体绩效负责，比如交付、质量和服务。这样的话，价格、质量和交付这些表面上矛盾、实质上统一的指标，才能驱使采购兼顾多方利益，做出更均衡的决策，争取全局优化。

当然，这并不意味着采购要做所有的事——具体的事务还是要归具体的职能来应对，比如质量应对品质问题，设计处理技术问题。采购要有**能力**驱动其他职能，在竞合关系的管理上扮演好核心角色，而这正是很多企业的采购的挑战所在。这种能力短板，一般体现在技术和商务两个层面：

其一，在技术领域，采购没法驱动技术力量解决供应商关系中的技术问题，更谈不上在标准化、模块化、系列化上投入更多的资源，以推动供应商关系向图 3-12 中的代工关系、持币购物发展。

没有资源来解决问题，采购就只能把问题转移给供应商，做"空手套白狼"的买卖，其实就是率先博弈，成为竞合关系的始作俑者、机会主义的先行者。那些有能力也有脾气的供应商，必然以博弈和竞合来应对。

于是竞合关系就陷入僵局，朝着双输的方向发展：要么是双方不配合，产品设计与工艺设计没法交互优化，成本降不下来，然后采购方就导入更多的供应商，导致采购额更分散，降低了规模效益；要么是供应商已经投入的资源得不到应有的回报，而采购方却在垂直整合，重复投入资源进入重资产运作。

其二，在商务领域，采购自身能力不够，只能做些订单层面的"小采购"，没有能力维护复杂的供应商关系、管理内部客户的期望，也就没法寻求你赢我输、你输我赢外的第三种解决方案，推动供应商关系向图 3-12 中的协作关系发展。

解决方案就是，打铁还需自身硬，采购首先要加强自身的力量。在组织上，要增加更有能力的人员；在流程上，要完善关键流程，比如供应商的选择与管理；在信息系统上，要上基本的系统，订单层面的业务自动化，把团队的力量释放出来做"大采购"。

这些在我的《采购与供应链管理：一个实践者的角度》（第 3 版）一书中有详细的阐述。接下来，我想聚焦供应商管理上的几个普遍误区，看看如何避开这些误区，从而提高企业通过市场方式获取资源的能力。

避免供应商管理的三大误区

管理粗放的企业，在供应商管理上普遍存在一些误区，这里主要讲三个：其一，分权太细，把供应商作为一个整体却没人负责，这注定供应商选不好、管不好；其二，轻选择、重淘汰，在供应商管理上不作为；其三，过度依赖市场竞争，而不是通过管理行为来和供应商合作。

误区一：分权过细，供应商成了"公共草地"

1968 年，环境经济学家哈丁发表了《公共草地的悲剧》一文，分析公共草地为什么长不好：这块草地是大家的，你把牛赶去放，他把羊赶去放，人人都在放牛放羊，但因为是公共财产，谁也不会去维护。长此以往，草地的命运就是必然沙化。

你看图 3-14，左边的海地，山是大家的，结果山上连草都不长；右边的多米尼加，山是私人的，你看那树长得多茂盛。不要以为这是两个国家：这是只有一沟之隔的两块山坡。

图 3-14　一沟之隔，多米尼加的私人山地保护良好，海地的公共山地光秃秃

资料来源：rudhro.wordpress.com.

这道理很简单：人人都拥有，其实是人人都不拥有，就如人人都负责、人人都不负责一样。但这与我们管理供应商有什么关系呢？

我们知道，在供应商的选择与管理上，质量负责品质问题，设计解决技术问题，采购对付商务问题，三大职能互相支持、互相制衡，是良性的三权分立。但是，为了预防供应商相关的贪腐，很多公司就实行分权，比如在采购部里分多个组：第一个组专门负责寻源、找新供应商，第二个组专门负责谈价钱、谈合同，第三个组专门负责核价，第四个组专门负责管理供应商，第五个组专门处理订单，第六个组专门负责验收，再加上专门负责技术的设计、负责品质的质量、负责合法合规的审计，以及负责支付的财务，就成了七权、八权、九权、十权分立。

分权太细的结果是，把供应商作为一个整体，谁也不负责，供应商就成了"公共草地"。你知道，如果一件事落实不到一个具体的人头上，这事注定做不好。**分权过细，没有人把供应商作为一个整体负责，是供应商选不好、管不好的根本原因之一。**

于是，人人都找供应商的麻烦，拿到自己想要的。比如核价的只管砍价，跟单的只管催货，设计要求供应商免费打样，财务不按时付款，连仓库也巧设名目，不给好处，就在来料验收上给供应商"穿小鞋"。供应商受了委屈，合理诉求得不到满足，却没人替它们出头：去找寻源，寻源的说，"我的任务是只把你引入，量产阶段的事我管不着（而且不能管，否则我的权力过大，有悖分权的初衷）"；找订单处理，采购说，"我们只负责发送订单，商务关系不归我们管"；找所谓"供应商管理"部门，那几个人说，"我们只负责汇总绩效，出一些不痛不痒的报表，实际的管理工作不归我们"。

多权分立就如"铁路警察，各管一段"，能够避免出现强权职位以及相应的贪腐。你现在如果超出自己的职权范围，人家会怀疑你拿了供应商的好处。但多权分立的恶果有两个：**一是采购方没法形成合力，在与强势供应商的竞合博弈中，容易被各个击破，保证不了公司的应得利益；二是把供应商变成了公司的"公共草地"，供应商的合法权益得不到保护，不得不通过非正常渠道找靠山，反倒会系统地造成腐败。**

先说形不成合力。

在一个公司里，采购、质量、设计是与供应商打交道的三个基本职能。这三个职能利益诉求一致吗？不一致。往往是采购在威胁供应商，说"我知道你今年能够给我 5 个点的降本，但就是不给，那以后的生意就不麻烦你了"，意思是要淘汰供应商。但设计那边，新图纸出来要赶快打样。谁打样快？老供应商，因为他们熟门熟路。图纸发 Email 给供应商就可以了。质量边看边盘算，"你们两个职能在那里掰手腕，但不能牺牲我的质量标准"。就这样，三个职能利益诉求不一致，就形不成合力；没有合力，就形不成战略；没有战略，就注定为了短期利益而牺牲长期利益，为了局部利益而牺牲全局利益，最终被供应商各个击破。

那么，谁来协调这三个职能的利益诉求呢？**采购**。道理很简单：供应商是采购的供应商。这个时候你就会想，如果我们的采购平均只有两年的工作经历，有没有能力站在资深的研发和质量人员面前，侃侃而谈供应商管理战略？你现在明白，要找更资深的人来负责供应商战略，这就是非常具体的组织措施。

轻资产外包时，我们把原来自己做的交给供应商做，供应商变成了企业的延伸，与我们更多的职能打交道，而供应商相关的协调工作也变得更复杂。作为企业与供应商的窗口，采购扮演着关键的角色。硅谷的一位首席采购官说得好，采购经理的地位就如供应商的总经理。这对采购的能力要求很高，采购要能很好地协调各职能的诉求，争取整体供应绩效最优，总成本最低。

再说系统地造成腐败。

分权过细的情况下，作为"公共草地"，供应商的命运就是被"沙化"。为了生存，供应商只有两个选择：优质供应商的选择多，就淘汰劣质客户，这是优质供应商流失；劣质供应商选择少，就只有硬扛，但为了避免被淘汰，就找个靠山，把自己变成"有主人"的。

什么样的人会成为靠山？要么是管理层，要么是技术强人。无利不起早，没有好处的话，这些靠山凭什么替供应商出头？所以找靠山的过程就是个贪腐的过程。拿人钱财，与人消灾。这些靠山本来就是一些胳膊粗、拳头大的人，能够影响公司决策，现在拿了供应商的好处，就躲在暗处做了很多有利于供应商但不利于企业的决策，更大的腐败就是这样来的。

可以说，多权分立对制衡"小采购"还是有点用的。但是，前门驱虎，后门讲狼，却产生了更大的腐败。不信，你去查一下，看哪个七权、八权、九权分立的公司根治了供应商相关的腐败问题？

那怎么办？解决方案就是**设置专门的职位，对内负责协调各职能，对外代表公司维护供应商关系**。在北美企业，商品经理、品类经理、供应商关系经理等就是这样的职位。这样做的好处是多方面的：**一方面，供应商的合理诉求有专人负责，背地里找靠山的情况就会减少，客观上减少了腐败；另一方面，这个职位有利于公司内各职能形成合力，一致对外，保护公司的应得利益**。这对管理强势供应商尤其重要——强势供应商的竞合行为难于管理，一大原因就是技术、质量和采购形不成跨职能、跨层级的合力，被供应商各个击破。

不过话又说回来，这个职位的权力过大怎么办？**权力大并不可怕，可怕的是没有约束的权力**——没有约束的权力必然导致腐败。而这约束，就得从供应商的寻源流程与绩效管理说起。

小贴士　如何约束采购的权力

我刚到硅谷的时候，第一份工作是管理供应商。作为供应商业务经理，我对供应商的选择和整体绩效负责，却不存在权力过大的问题：在供应商的选择方面，公司有完整的寻源流程，留给个人的发挥余地很小；在供应商绩效管理上，公司有健全的系统，如果选择了糟糕的供应商，能及时从供应商绩效中反映出来。

比如在纳入供应商时，供应商必须通过公司的质量、生产和物料管理体系评估，每个评估都有七八十个问题，每个问题都有相应的打分标准，由三个不同的职能来评估打分。供应商必须达到最低标准，或者有清晰的改进方案来达到标准，才能成为公司的供应商。这些措施有力地限制了供应商业务经理的个人权限。

另外，即使我干了坏事，对设计、质量施加影响，选了不合适的供应商进来，也很难过后续的绩效管理关：在我的老东家，每周我们都会回顾供应商上1周、上4周、上13周（一个季度）的绩效；我选的供应商绩效不达标，那我就上了高层的雷达，我得站在高层面前解释，为什么我选择了按时交付率只有35%的供应商，我在采取什么措施，把它提高到95%；如果第2周还是30%、40%的按时交付率，我得继续解释，继续改进；如果第3、4周的绩效还没有实质性改善，公司就开始怀疑我；第5、6周，公司已经在调查取证；第7、8周，他们可能已经把我移交法院了。

我的老东家这样的企业之所以能这样做，是因为有细致的供应商绩效管理。比如对于每一个订单的每一行，采购都要确认交付按时还是不按时，质检人员都要确认质量合格还是不合格，汇总起来，就能相当**客观**地得到供应商的按时交付率、质量合格率等绩效数据。但在那些管理粗放的企业，这些却是没法做到的。

比如我问一个管理粗放的企业，你们统计供应商的按时交货率吗？我们当然统计啊。怎么统计？我们打分。多久打一次分？每个季度或半年。想想看，如果我问你，两个月零29天前的那批货，供应商是按时交付还是不按时交付，这分怎么打？你只能乱打——你根本记不住那么久的事，也记不了那么多的事。

于是，如果分打得高，采购就认为是自己的功劳，拍着胸脯说，"瞧我选的供应商多好"；如果分打得低，采购就跳脚，说"我的供应商每次都按时，就是因为前天那颗螺丝钉晚了5分钟，你就给它不及格，不公平"。告到老板那里，老板也没办法，主观打分就这样。

在供应商绩效中，按时交货率可以说是最直观、最简单的了，如果这都没法**客观**量化，质量、服务等指标就更不用谈了。没法客观量化的就没法管理。这就是为什么在有些公司，人人都知道供应商有问题，大家都知道这个供应商是谁选的，但就是没法证明，因为没法**客观**量化绩效，来证明这个供应商有问题，除非这个供应商出了严重的安全、质量事故，这才一竿子捅到底，抓出一堆贪腐分子来。

现在你应该看出区别了：供应商经理这样的职位，在管理相对完善的全球企业（注意，这里的前提是"相对完善"，有些全球企业的管理也同样很粗放），敢于干坏事的概率就比较小，因为系统、流程相对完善，供应商绩效可以相对**客观**地统计，企业能够通过**结果**管控员工行为，所以在过程管控上就松点儿；在管理粗放的企业，贪腐的风险就相当高，因为系统、流程不完善，绩效没法有效**客观**量化，没法有效通过结果约束员工的行为，就只能通过**过程**管控，那就是多权分立、人盯人，而分权过细，又造成供应商作为一个整体没人负责的问题。

与供应商相关的贪腐是管理能力不够，没法有效约束与供应商打交道的人员的行为。这表面上看是个组织行为问题，其实更多地和系统、流程有关：企业要构建基本的信息系统，员工要按照流程来操作，每一步都收集合适的数据，力求客观地度量结果，通过结果来有效约束员工的行为。

我访问过很多企业，有些每年几十亿、上百亿元营收的企业连 ERP 都没有，绝大多数没有供应商管理系统（SRM），这样与供应商相关的绩效数据就很难被统计、汇总。这是个信息系统问题。即使有了信息系统，员工还得做那些事，比如围绕每个订单的每一行，把那一件件事儿都做了，收集、整理相应的数据，这是个流程问题。

或许有人会问，那么大的企业，几千、几万个订单，这么详细地管理绩效，那得投入多少资源呢？但问题是，离开绩效管理，我们就没法有效约束员工，也没法指导在后续寻源中选择合适的供应商——毕竟，大部分业务是由老供应商做的，以前的绩效是最可靠的寻源依据。一旦供应商选择错了，则需要投入更多的资源来善后，这就形成了恶性循环。

误区二：轻选择、重淘汰，不作为的逃避主义

虽然说在规模上，很多企业完成了从"小白兔"到"大狮子"的转变，但在意识上，小公司的心态还很普遍。表现在供应商管理上，就是轻选择、重淘汰，这是又一大误区。

如果你是一家小公司，八成没有资源重选择、重管理：你派不出 5 个

工程师到供应商现场考察 3 天，而且供应商也不跟你玩，因为你一年就做那么点儿生意。所以你往往是轻选择、重淘汰：派一个最有经验的员工到供应商那里看看，差不多的话就给它点儿生意（轻选择），大不了换掉（重淘汰）。

但公司大了，可失去的就多了，轻选择、重淘汰带来的风险就更高，首发命中就更重要。同样的轻选择、重淘汰，对不同规模的公司影响不同。这有点费解，让我们来打个比方。

你到街边大排档吃东西，吃了块坏鸡肉肚子痛，这对你是大事，对别人来说不是：你赚那么多钱，还贪便宜吃大排档的东西，活该。大排档都是些小生意，没什么可失去的，出了质量问题也没人当回事。但是，如果你在麦当劳吃了块坏鸡肉，那可不得了，头版头条都会报道，说麦当劳又在卖坏鸡肉了，第二天麦当劳的股价就可能掉下来 N 个百分点。

我们的企业都是从小企业成长起来的。有些企业体量已经非常大了，但"心智"还远没成熟，还在延续小企业的做法，对供应商的轻选择、重淘汰就是例子。频繁更换供应商带来的质量风险，公司越大，影响也越大。对每个供应商都是浅尝辄止，就如在地上挖了很多井，但都不深，一个也没挖出水来，最后得到此地无水的结论，走上垂直整合的路。

我碰到过好几个案例，企业都成长到几亿、十几亿元的规模了，产品开始向中高端迈进，对供应商的要求也更高了。但这些企业依然沿用小企业的做法，对供应商一直是轻选择、重淘汰，质量、交付、成本问题不断。到最后，就连钣金件这样的简单零部件，都开始垂直整合，自建车间来生产，走上从轻到重的路（以后注定是关停并转，再从重到轻）。[⊖]

企业规模小的时候，在供应链上没有多少话语权，能够改变的非常有限，逃避往往是最理性的选择。比如供应商质量、交期、价格等出现问题时，作为小客户，你很难驱动供应商来改进；同样因为太小，你也没有能力

⊖　企业从轻到重再到轻不是必经之路。在我的《供应链管理：重资产到轻资产的解决方案》有更详细阐述，18 ～ 20 页。

和资源帮助供应商改进。二十六计，走为上计，换供应商就成了自然选择。

等公司规模大了，双方关系的主导者就变成了采购方。主导角色也意味着要有所作为，而不是一味逃避。很多公司并没有意识到这一点。比如有家企业是行业的领头羊，在当地和行业里颇有影响力，但它还是延续小公司的做法，供应商绩效一出问题，首先想到的就是再找个新供应商。结果就是：供应商越来越多，采购额越来越分散，公司的话语权越来越小，整体供应商绩效也越来越差，走上了恶性循环之路。

对很多企业来说，虽说规模都到了几十亿、几百亿元了，淘汰仍旧是供应商管理的主要手段。**淘汰其实是逃避的代名词。当公司成为行业、地区性的大企业后，逃避的自由就越来越少。**一方面，都发展到这种规模了，最好的那些供应商往往已经在和你做生意；另一方面，从产能角度来说，你对产能的要求那么高，别的供应商会有那么多的富余产能，闲置着等你用吗？

想想看，如果你是家小公司，只占供应市场产能的 0.5%，这生意给哪个供应商都能消化掉；现在你成了大公司，需要行业产能的 15%，如果随意更换供应商的话，哪个供应商留着那么多的富余产能，就等着竞争对手没产能时来接你的生意呢？这样的供应商早就因为平日产能利用率低、单位成本高而破产了。既然谁都没有这么多的富余产能，那么找个新供应商，新供应商往往需要更长的时间来扩张产能、经历学习曲线，所以督促和帮助现有供应商改善，往往是更理性的选择。

一句话，在供应商管理上，**大公司要有所作为**。轻资产后，与相对简单的零部件相比，外包的任务更为复杂，更换供应商代价会更高，在供应商管理上就更需要有所作为，也就是重选择、重管理，有选择、有管理。

小贴士　公司大了，打车 App 那种方式就不是解决方案

有家企业营收达几十亿元，是行业最大的几家企业之一。它所处的行业季节性明显，一到旺季，供应商就产能不足，是个老问题。老总说，现

在打车 App 很流行，为什么不用打车 App 的方式，在旺季的时候出较高的价格，吸引供应商合作呢？我告诉他，如果你是小公司，打车 App 的方式或许可行；但现在是大公司了，打车 App 的方式没法解决你的问题。

试想想，早晨 8 点，上班高峰期，突然下起了瓢泼大雨。和周围千百个路人一样，你赶忙躲到街边，开始用打车 App。假定这一带有 1000 辆出租车，现在有 1500 人在用打车 App，你就知道，不管大家愿意出多少钱，注定有 500 人打不到车。为什么？总体产能不足，供应没法有效满足需求；等供应终于能够满足需求时，比如别的车从老远跑过来时，雨早已经停了。

作为行业最大的几家企业之一，你在供方市场的产能占用率很高，季节性的产能需求就像下雨天大家都想打车，单纯依靠市场机制来管理供应商产能就会失灵。这时候，大家不但比金元，而且比拳头，对供应商们威逼利诱。不过现实是，你的主要竞争对手钱不比你少，拳头也不比你小，你很难拿到它们占掉的产能——你的金元和拳头只能对付那些小竞争对手，但因为产能缺口太大，供应商们即使把小客户的业务都放弃了，还是满足不了你的需求。

这就是说，**当你成为一个行业的几个老大之一时，就不能只靠市场机制来分配现有的资源，而是要靠管理手段，确保创造足够的产能和资源**。市场是只无形的手，但也有失灵的时候，尤其是在短期需求和供应严重不匹配的时候。打车 App 采用的是分配机制，不是创造机制。一旦没有创造出来，供给和需求严重不匹配时，只靠分配机制没法解决大公司的问题。

那么怎么才算有所作为呢？让我们继续以供应商产能管理为例。

我在北美半导体设备行业工作多年，这个行业周期性非常明显，几年好、几年差，几个月内需求上下变动 30% 都很正常。当行业开始复苏时，供应商的产能爬坡是个大问题。作为行业里最大的几个客户，我的老东家这样的企业认识到，不能简单地依靠打车 App 的方式来分配供应商有限的产能，而且要像狮了放翻野牛一样创造产能，确保供应商准备足够的产能。

一种做法就是及早给供应商预测，并持续滚动修正，帮助供应商规划产能。预测给了一级供应商以及关键的二级甚至三级供应商后，公司就每周会召开例会，评审关键供应商的产能，围绕瓶颈产能制订改进方案；采购经理们就定期、不定期访问供应商，落实产能爬坡计划。管理过供应商的人都知道，供应商什么都好谈，就是钱难谈：产能爬坡需要供应商雇人、买设备，是个花钱的事，供应商有顾虑。你有顾虑，那就都提出来，然后能说服的说服，不行就找他们的老板，或者让你的老板找他们的老板。实在不行，买断或部分买断产能也是一种选择。

供应链的产能计划是长周期任务，一定要由预测驱动。提供预测意味着风险，万一预测错了怎么办？如果你是供应商的主要客户，不愿承担风险做预测，那就只能靠供应商做；而供应商离需求源更远，预测的准确率更低，能备对产能的概率也只能更低，最后还是影响到采购方。在供应链上，做某项决策谁处于最佳位置，谁就应该做这个决策，承担相应的风险。否则，整体风险会更高，整体成本也会更高。这也是有所作为。

这后面还有大量的细节来落实，比如详细的产能分析、瓶颈确认、差距关闭计划，以及情景分析：需求预测再飙升10%、20%、30%怎么办？50%呢？很多跨国企业有强大的采购管理部门，以及技术力量雄厚的供应商开发职能，比如供应商工程师，在商务层面督促供应商改进，在技术层面帮助供应商改进，采取的就是两手都要抓、两手都要硬的有所作为之举，也让这些企业能够更加轻资产。

我们讲这些，是因为周期性、季节性的需求是个大挑战，对供应商轻选择、重淘汰、不作为不是解决方案。正因为如此，有些企业就走上了垂直整合的老路，又造成后续的重资产问题。看到企业动辄把千百万元投入到重资产，我总是忍不住想，如果把那些钱很小的一部分投入到采购，多雇一些更有能力的经理人，让企业在供应商管理上更有作为，重资产的问题肯定会小很多，整体成本也更低，整体投资回报也更高。

误区三：过度依赖市场竞争来管理供应商

在供应商管理上，还有一大误区就是过分依赖市场机制，不断通过导入竞争来管理供应商，乃至其成为采购工具箱里唯一的一把锤子。

用市场竞争代替管理，容易出现两个极端：**要么不作为，要么作为过度**。不作为就是完全依赖市场来管理供应商，有选择，没管理，广种薄收，一个不行再找一个。管理过度则是借助规模优势，仗着自己拳头大、胳膊粗，习惯性地通过转移问题来解决问题，如果供应商不服从，就导入更多的竞争，从而导致劣币驱逐良币，优质供应商流失，而供应商数量不断膨胀。

完全依赖市场竞争是典型的原始资本主义的做法。资本主义发展几百年后，人们越来越清楚地意识到，市场经济并不意味着完全依赖市场机制，因为市场机制也有失效的时候。即便在市场经济高度发达的地区，人们也越来越多地通过谈判、协作等管理措施来解决问题，而不是完全依靠赤裸裸的市场竞争。

在国家层面，国家越来越多地介入市场。比如 2008 年的金融危机中，各国政府投入大量的资金救市，这在传统的市场经济看来是不可想象的，但结果不会撒谎：1929 年的大衰退在全球延续了十多年，而 2008 年的金融危机，主要经济体没几年就恢复了过来。在 2020 年后的新冠疫情期间，如果没有各国政府的强力介入，大批的企业就会倒闭，大量的人员就会失业，世界经济必然需要更长的时间来恢复。

在企业层面，虽然美国企业奉行的是随意雇佣制[⊖]，但很少看到企业在用，因为建制完善的美国企业在雇一个人或开除一个人上异常谨慎。如果一个经理随便开了一个员工，公司的人力资源部门会让他承担责任——他要和员工制订绩效改进方案，督促帮助员工改进，经过一段时间（比如 90天）还没有达到目标才能解雇。随意雇佣制是雇主的"核武器"。既然是"核武器"，是威慑力量，就不能常用，否则就变成了《孙子兵法》中的"下

　⊖　随意雇佣制，指公司可以随时有理由或没理由解雇员工，而不负任何法律责任，有劳资协
　　　定的例外。

策攻城"，威力大减。

人们普遍曲解了市场竞争。我们不能否认市场竞争的有效性，但一旦滥用，就会付出高昂的代价：供应商数量膨胀，规模效益丧失；供应商的忠诚度下降，竞合博弈行为加剧；劣币驱逐良币，优质供应商流失。这都让企业难以有效通过市场方式获取资源，增加了垂直整合的风险。

小贴士　异常充分的竞争与劣币驱逐良币

除非是非常标准的产品，否则产品和产品是不同的。比如兰州拉面，虽说配方、加工过程都差不多，但你知道，北大街的马师傅就是比南大街的牛师傅做得好吃。再如在半导体设备行业，那些关键零部件的图纸设计、所用设备、加工工序都一样，但即便是同一供应商的不同生产设施，制造出来的零部件性能都可能不一样（这就有了英特尔的"严格拷贝"，一经锁定，不能再变）。

所以，产品天生都是不一样的。如果完全基于价格，为这些貌似一样、实则不一样的产品制造一个异常充分的竞争环境，最后就是"劣币驱逐良币"。

比如马师傅的拉面好，价格就高点；牛师傅的拉面差，价格就低点。如果只以价格作为标准，马师傅就没有竞争力，他的选择就只有两个：要么关门，要么向牛师傅看齐。马师傅的拉面好吃，自然有好吃的原因：要么是用了更好的料，要么是花了更多的功夫。向牛师傅看齐说白了就是偷工减料。当然也可能是马师傅技术高，但技术是怎么练出来的？靠时间。他可能多做了几年学徒，多拜了几个师傅，这都是成本。

如果这样的成本转化不成收益，那么后来者就不会花那么多精力去学习，以后牛师傅就越来越多，马师傅就越来越少，街上的拉面也就越来越难吃。那么说，牛师傅是"充分竞争"的胜利者？当然不是。还有质量更差、价格更低的杨师傅、朱师傅。就这样，拉面的价格是越来越低，不过质量也越来越差，劣币完成了对良币的驱逐。

或许有人会问，如果马师傅是薄利多销，和牛师傅价格一样呢？在价格至上、充分竞争的情况下，马师傅一开始"物美价廉"、薄利多销，大家就会都到马师傅那里吃面。牛师傅、杨师傅、朱师傅们怎么办？很简单：降价。马师傅只有跟进的份儿。这就如劣质供应商降价了，作为采购，你做的第一件事就是要质量更好、价格也更高的供应商匹配。就这样，薄利变成了微利，几轮后就成了无利。为了生存，马师傅要么另寻出路（优质供应商流失），要么开始跟牛师傅看齐，偷工减料，变成他们中的一员，两者都是劣币驱逐良币。

管理粗放，价格至上，很多企业随时随地导入供应商，刻意制造异常充分的竞争，干的就是劣币驱逐良币的勾当，供应商无利可图，采购方最终自己也成了受害者。

我经常拿东莞、昆山的钣金件供应商做例子。钣金没有多少技术含量，供应商很多，竞争异常充分，采购们三天两头来砍价，三天两头更换供应商。到最后，有能力的供应商退出了，因为它们有更多选择；剩下的那些，接电话的是老板、送货的是老板、做设计的是老板、处理质量问题的是老板、收账的也是老板——盈利不足，企业没法负担工程师、客服、质量等支持人员。

至于剩下的供应商，价格是足够低，但质量和服务也足够差，一遇到季节性、周期性需求，往往没资源、没产能，很难有效支持你的业务需求。如果你的产品要升级换代，它们有钱更新设备、更新工艺，给你做更好的机箱吗？没有。这也解释了，为什么有些产品没什么技术含量，市面上有很多供应商在做，但还是有那么多的企业在垂直整合。

那么怎么办？我们的解决方案就是采取管理措施，对供应商"收口子"，做到有选择、有管理，先督促、后帮助供应商来改进，我们在前文已经详细讲过（见图3-13）。

要知道，只靠市场机制是没法差异化的。市场机制加上管理措施，才是企业差异化的根本。这也解释了，为什么都在用同样的供应商，两个客户规模市差不多，—个客户能拿到它想要的，而另—个就拿不到。两个客户处于同样的市场环境，能用的市场竞争方式也差不多，不同之处是管理行为。前者采取管理措施，提高了通过市场方式获取资源的能力；后者纯粹依赖市场竞争，供应绩效不保，增加了垂直整合重资产的风险。

· 本篇小结 ·

这部分我们讲的是垂直整合的重资产。在垂直整合下，需求单一，规模效益不足，单位成本高；长期竞争不充分，资源容易劣质化。这是垂直整合的两个结构性问题，在经济增速放缓、产品进入成熟期后更加难以对付。解决方案就是通过市场方式获取资源，也就是外包给专业供应商。

外包的是非核心竞争力的业务。企业要从延展性、有用性和独特性三个方面入手，识别核心竞争力。也就是说，核心竞争力是能生金蛋的鸡，而不是金蛋（延展性），能帮助企业获得高于平均水平的回报（有用性），有一定的门槛，难以模仿（独特性）。只有三者都具备了，才算具有核心竞争力。核心竞争力和外包一道，帮助企业走上轻资产之路，降低成本刚性，提高投资回报率。

外包也要求选好、管好供应商。选择不可替代。我们对供应商要有选择、有管理，谁选择、谁管理。在供应商管理上，我们要督促在先，让供应商投入资源自救；帮助在后，协作解决问题。我们也要避免一系列误区，比如：①分权太多，把供应商做成"公共草地"；②轻选择、重淘汰，在供应商管理上不作为；③过度依赖市场机制，用竞争代替管理。

资源 更多供应链管理的文章、案例、培训：

• 我的系列供应链专著，填补学者与实践者之间的空白。

   ◦《采购与供应链管理：一个实践者的角度》(第 3 版)

   ◦《供应链的三道防线：需求预测、库存计划、供应链执行》(第 2 版)

   ◦《供应链管理：重资产到轻资产的解决方案》

- 我的微信公众号，更新、更快，定期发布新文章。

参考文献

详细的参考文献以脚注的形式标明在正文里了。这里把主要的罗列一下，帮助感兴趣者进一步参考阅读。

[1] MARIOTTI J L. The complexity crisis: why too many products, markets, and customers are crippling your company-and what to do about it[M]. Massachusetts: Adams Media, 2008.

[2] STALK G, HOUT T. Competing against time: how time-based competition is reshaping global markets[M]. New York: Free Press, 1992.

[3] GEORGE M, WILSON S A. Conquering complexity in your business[M]. New York: McGraw-Hill, 2004.

[4] WILSON S A, PERUMAL A. Waging war on complexity costs: reshape your cost structure, free up cash flows and boost productivity by attacking process, product and organizational complexity[M]. New York: McGraw-Hill Education, 2010.

[5] PRAHALAD C K, HAMEL G. The core competence of the corporation[J]. Harvard Business Review, 1990（5）：79-93.

[6] 刘宝红 . 采购与供应链管理：一个实践者的角度 [M]. 3 版 . 北京：机械工业出版社，2019.

[7] 刘宝红 . 供应链的三道防线：需求预测、库存计划、供应链执行 [M]. 2 版 . 北京：机械工业出版社，2022.

[8] 刘宝红 . 需求预测和库存计划：一个实践者的角度 [M]. 北京：机械工业出版社，2020.

[9] 刘宝红 . 供应链管理：重资产到轻资产的解决方案 [M]. 北京：机械工业出版社，2021.

后 记

新冠疫情这几年，我困守硅谷，不能回国，在一个人的世界里写作。

后院的桃花开了谢了，梨花开了谢了，橘子的新果已经结上，但枝头挂的还是上一年的果实。孩子们的学期开始了，结束了；又开始了，又结束了。窗前的无花果树，从刚有女儿的小腿高，一路长到快两米高了。疫情虽在，但岁月却是如此静好，静好到奇幻且不真实。

写作是个漫长而艰辛的过程。在骄阳似火的加州，这本书终于写完了。一直不满意，自己跟自己过不去。担心不够精练，担心和其他几本书重叠，担心浪费读者的时间。很高兴我写完了，很高兴你也读完了。完了就完了，又可一身轻地上路，开始下一段故事。

我觉得自己很幸运，在一生最黄金的时段，能够不依附任何组织，专心写作，做喜欢的事。这都要感谢这么多的读者，十年如一日不离不弃。正是因为你们，我才有动力一年年地写下去。我还在写，表明我还在学习，还在成长；你还在读，表明你还有动力提高。让我们继续同行。

刘宝红 | Bob Liu

"供应链管理专栏"创始人 | 西斯国际执行总监

www.scm-blog.com | bob.liu@scm-blog.com

1（510）456 5568（美国）| 136 5127 1450（中国，微信同）

2022 年 6 月 11 日于硅谷